series
田園回帰
8

世界の田園回帰

11ヵ国の動向と日本の展望

日本では若い世代の農山村移住傾向がみられるなかで、首都圏の人口シェアは高まり続けている。一方、フランス、ドイツ、イタリア、英国などの先進国では1980年代から都市部への人口集中は緩和され、「逆都市化」の動きがみられる。オーストリア、スウェーデン、カナダ、米国、ロシア、キューバ、韓国を加えた11ヵ国の田園回帰と農村再生の動きをとらえ、日本の動向とつなぎ、新たな都市−農村関係と文明のあり方を展望する。

大森彌・小田切徳美・藤山浩 編著

農文協

田園回帰の息吹

フランス

パリの最高学府・高等師範学校（ENS）で行われた「農民になりたい!」イベントで直売する野菜農家（右） 86頁

フランス

右◆ENSでの「農民になりたい!」イベントには、野菜を配布する産消提携団体がブースを出した 86頁

左◆中央山地に位置するカンタル県モロンピーズ村では、衰退したテラス状のブドウ畑が地域振興策として復元され、新規参入のワイン農家が定着した 83頁

イタリア

スローフード協会が2年に一度トリノで開催する食の祭典「サローネ・デル・グスト」。「プレシディオ」(稀少と認証された食材)のブースでチーズが売られていた 127頁

英国　サステナブルコミュニティとして田園環境が保護され、移住者の人気を集めるケンブリッジ市近郊のキャンボーンヴィレッジ。住宅地の雨水を貯留する湖（下）と緑豊かなフットパス（左）　163頁

オーストリア　エネルギーを含めた森林の利用が全国で進められ、多くの雇用を生み出している。「バイオの町」ムーラウを象徴する木造橋（左）とザンクト・ランブレッヒトの燃料倉庫（上）　182頁

ロシア 「都会で働き、ダーチャ(郊外の菜園付きの小屋)で田舎暮らしをする」二地域居住のライフスタイルが定着。家も畑も自分でつくり(左)、隣近所で料理を持ち寄って収穫祭を開く(上) 208頁

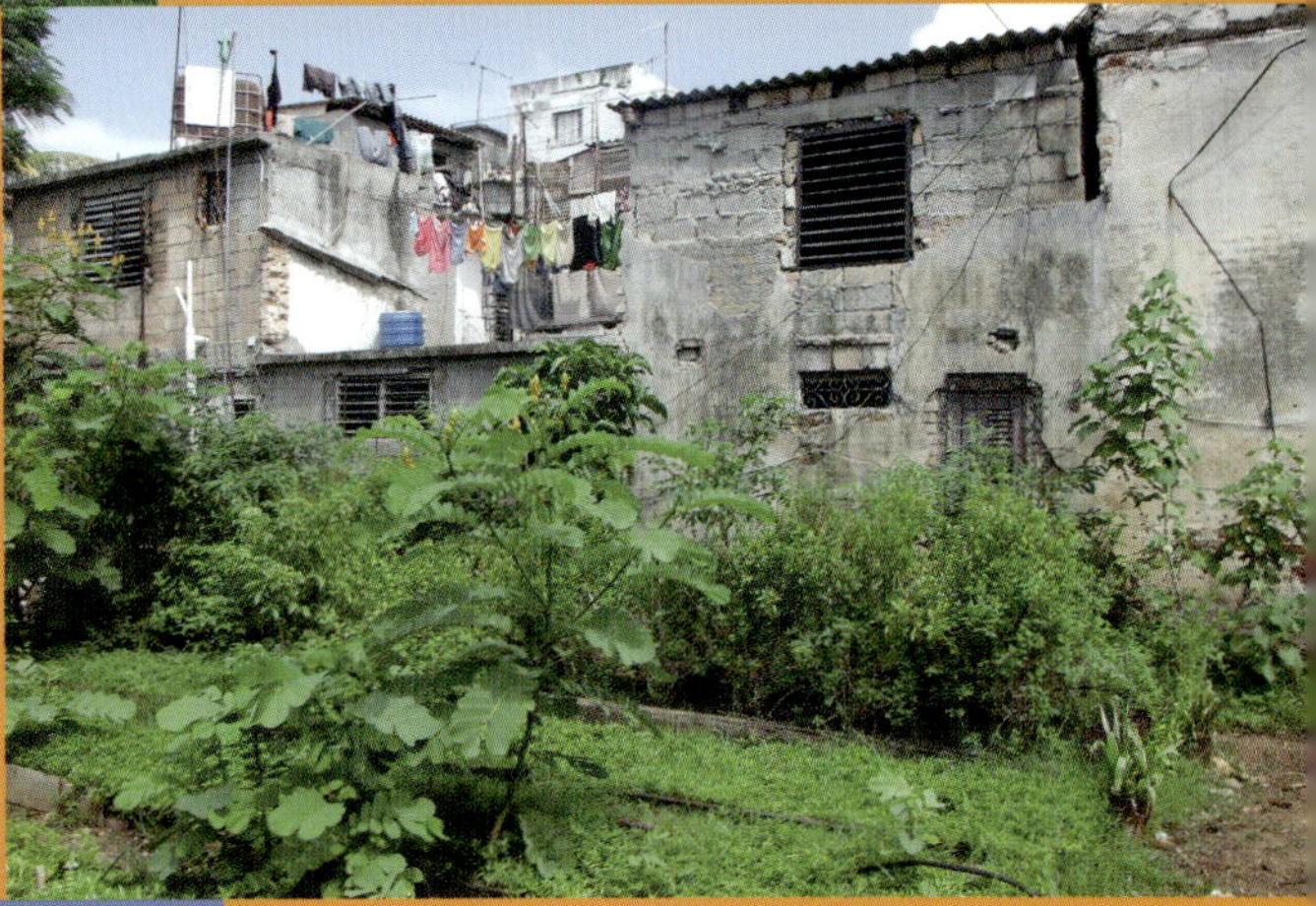

キューバ
首都ハバナの市街地内にある都市農場 216頁

韓国
都市から農村への移住した「帰農者」の家。床下で薪を焚いて温めるクドゥル部屋もこしらえた 226頁

はじめに　つながっていく日本と世界の田園回帰

本「シリーズ田園回帰」が始まり、2年が経とうとしている。その間、「田園回帰」という言葉は、多くの書物やマスコミだけでなく、政府の政策文書にも、数多く登場するようになった。また、何よりも、地域現場において、「田園回帰」の新しい風を受け入れ、吹き込む人々の姿が、全国的に目立ってきている。そうした新しい時代のうねりとこの「シリーズ田園回帰」が共鳴・連動しえたことは、シリーズの展開にかかわった者として、大きな手応えを感じているところである。

さて、最終巻である本書『世界の田園回帰』は、単に、世界の田園回帰の動向を紹介するものではない。

第Ⅰ部では、「日本の田園回帰　総括と展望」と題して、これまでの多様な視点から田園回帰を論じてきた7巻までの内容を踏まえ、これから進むべき、深みと広がりのある田園回帰の方向性を提示している。

第Ⅱ部では、先進国を中心に、フランス・ドイツ・イタリア・英国・オーストリア・スウェーデン・カナダ・米国・ロシア・キューバ・韓国の11ヵ国における田園回帰の動向や構造が展望されている。その内容は、海外における田園回帰を多様な角度からとらえている。国によっては、再び都市への人口集中が始まり、田園における「田園らしさ」の喪失といった現象もみられる。しかし、対象国全体としては、日本でみられるような田園地帯における極端な人口減少には直面していない。このような安定した田園回帰のあり方を支えている社会経済の仕組みや人々の価値観について、各章で丁寧な解説がされている。これからの日本の田園回帰の深化を考えるうえで、おおいに参考になるものと考える。

終章では、日本における最新の田園回帰状況を共有したうえで、世界各国の田園回帰構造を集約し、持続可能な文明のあり方と結びつけて、田園回帰の今後の展開を考えていく。

この1世紀あまりの地球全体の変化を宇宙から眺めれば、最大の変化は、多くの人々が都市に集まって暮らすようになったことだ。世界全体の都市人口率は、２００７年に、史上初めて5割を超えた。現在では、世界人口の54%が、都市に居住しており、今後はアジア・アフリカで急速に都市化が進むと予測されている。[*1] 問題は、こうした地球規模の都市化のいっそうの進展が、果たして持続可能なものか、そして長い目でみて、私たちの暮らしを幸せにしていくものかということである。

先進国の多くでは、第Ⅱ部でも示されているように、早いところでは１９８０年代前後から都市への人口集中傾向は緩和され、田園回帰の基調がみられる。日本は、都市や首都圏への集中傾向がいまも続いている、例外的な先進国なのだ。今後、アジア・アフリカの諸国で、日本以上に急速に都市化が進み、多くの巨大都市が出現する可能性が高まっている。そうした空前の都市化を、果たして地球の資源やエネルギー、環境は、支えていけるのだろうか。また、都市への集中と裏腹に、各国の農山村地域は健全さを保つことができるのだろうか。そして、この２０１０年代、日本の大都市で顕在化した一斉高齢化をはじめとする地域社会の限界状況は、何十倍の規模で押し寄せてこないであろうか。

私たちが、日本の田園回帰のあり方を真摯《しんし》に考えることは、実はこうした地球規模におけるこれからの都市と田園のあり方を考えていくことにつながっていく。本巻は、「シリーズ田園回帰」の最終巻であるが、同時に持続可能な文明への転換に向けて田園回帰が果たす意義と可能性について、新たな扉を開く1冊になることを目指している。

２０１７年1月　　編者を代表して　藤山 浩

*1　UN, *World Urbanization Prospects: The 2014 Revision*

series 田園回帰 8

世界の田園回帰――11ヵ国の動向と日本の展望

目次

はじめに……1

I 日本の田園回帰 総括と展望

第1章 田園回帰の意味するもの――共生の思想と地域の自治……8
東京大学名誉教授 大森彌

第2章 日本における田園回帰――シリーズ各巻の位置づけ……42
明治大学 小田切徳美

II 田園回帰をめぐる世界の動き

第1章 フランス編 小さなコミューンが地域自治と田園回帰に果たす大きな役割……62
東北大学 石井圭一

コラム　「百姓」になりたがるエリートたち……ジャーナリスト　羽生のり子　86

第2章　ドイツ編　「再都市化」のなかでの田園回帰……明治大学　市田知子　94

第3章　イタリア編　農村における創造的暮らし
——ひとと地域を育むアソシアシオン……龍谷大学　大石尚子　118

コラム　地域へのこだわりと誇りが醸し出す農村の魅力……農的社会デザイン研究所　蔦谷栄一　149

第4章　英国編　田園回帰による田園らしさの喪失をいかに回避するか……千葉大学　木下　剛　156

コラム　コミュニティ再生の事務局を担う移住者たち……地域計画研究所　井原満明　169

第5章　諸国探訪編　この国のここに注目したい
オーストリア　森の農民が再生可能エネルギーの担い手となる……東北芸術工科大学　三浦秀一　178

III 田園回帰の深化――文明論的視点から

I

日本の田園回帰　総括と展望

第1章

田園回帰の意味するもの

――共生の思想と地域の自治

東京大学名誉教授　大森　彌

本シリーズの主題である「田園回帰」は、21世紀の半ばへ向かう日本社会の新たな潮流を表す言葉となろうとしている。その含意と意義について主として地方自治論・地域論の観点から述べてみたい。田園回帰は、人口減少時代の到来とそれへの政策的対応の結節点における重要な変化を象徴していると思われるからである。

1　戦後の人口動態と「創生法」の成立

(1)静止人口1億人構想

敗戦の1945年、日本の人口は約7200万人であった。その後1955年には約9000万人、1970年には1億人を突破した。その後も緩やかに増加し続け、2010年には約1億2800万人に達した。高度成長期を通じて約5000万人も増えた。これにともなって工業化・都市化が加速化し、資源の少ない狭い国土における人口圧力を国内で吸収できたといえる。それは、海外から食糧・物資・石油が調達でき、人々が創意工夫し物づくりに励み、外貨を稼いだからであった。

１９７４年、当時の厚生大臣の諮問機関、人口問題審議会（２００１年1月に廃止）は、地球規模の食糧問題や石油危機などを時代背景として、我が国の人口が20世紀末までに相当程度増加するとの予想を踏まえて、人口再生産力が損なわれる事態が危惧されるとし、「静止人口」（純再生率が１となり、人口が増加も減少もしない状態）になるのが望ましいとしていた（「日本人口の動向―静止人口をめざして」）。当時の人口は1億１００５万人であったから、静止人口1億人構想だったといえる。

しかし、静止人口論は具体的な政策課題にならず、人口は緩やかに増え続けた。ところが、日本の総人口は、２００８年12月の1億２８０９万９０００人をピークに減少の局面に入った。

（２）戦後日本の人口動態と出生率

戦後の人口動態をみると、１９４７年〜49年に第1次ベビーブームが起こった。第1次ベビーブーム期の年間の出生数は約２７０万人で、49年には最高の出生数２６９万６６３８人を記録した。出生数は、その後、１９５７年まで減少し続けたが、58年から増加に転じた。１９６６年の「丙午《ひのえうま》」の年に出生数は１３６万９７４人まで落ち込んだ。丙午とは、干支《えと》のひとつで、60年に1回まわってくる。丙午の年に生まれた女性は気性が激しいという迷信から、この年に子供を産むのを避けた夫婦が多かったと考えられている。翌年から増加に転じ、１９７１年〜74年まで第2次ベビーブームを迎え、この時期の年間出生数は約２００万人で、73年には２０９万１９８３人が生まれている。第1次ベビーブーム世代は「団塊の世代」（堺屋太一氏の造語）、第2次ベビーブーム世代は「団塊ジュニア」と呼ばれている。

しかし、１９７５年に出生数は２００万人を割り込み、それ以降、毎年減少し続けた。１９８４年には１５０万人を割り込み、１９９１年以降は増加と減少を繰り返しながら、緩やかな減少傾向となっている。２０１３年に最低の１０２万９８００人を記録している。そして、２０１６年に生まれた日本人の子供は98万１０００人と統計を始めた１８９９年以降で出生数が初めて１００万人を下回る見込みとなった（厚労省人口動態統計年間推計、2016年12月22日）。

合計特殊出生率は、第1次ベビーブーム期には4・3を超えていたが、1950年以降急激に低下した。その後、第2次ベビーブーム期を含め、ほぼ2・1台で推移していたが、1975年に2・0を下回ってから再び低下傾向となった。1989年にはそれまで最低であった1966年の数値（1・58）を下回る1・57を記録し、さらに、2005年には過去最低である1・26まで落ち込んだ。2005年の1・26から2013年の1・43までやや回復したが、1・4台で推移している。

人口増の三つ目の山が1997年頃に来てもおかしくはなかった。しかし、第3次ベビーブームは起きなかった。未婚率の上昇、晩婚化・晩産化の進行、出生児数減少傾向により、少子化が進展していた。結婚して子供を産まない若い世代が増えた。年頃になったら所帯をもって一人前という世間常識が崩れ始めたと思われる。もともと単身者が多い東京だけではなく、全国的な傾向として出生数の減少が起こったからである。

（3）超少子高齢化と創生法の成立

国立社会保障・人口問題研究所の2012年1月の推計では、総人口は、2030年（中位推計）に1億1662万人、2050年に9708万人、2060年に8674万人、2100年に4959万人になるという。明治末期頃の人口規模に戻っていく。しかも、1900年当時5％程度であった高齢化率が、2100年には40％程度と推定される。人口が急減していくなかでの超高齢社会の姿が浮かび上がってくる。人口約1億2700万人を支えてきた経済・社会・政治・文化システムが今後も持続可能であるかどうか、大きな疑問と不安が募り始めた。これまでの生活水準・生活様式の見直しも迫られるかもしれない。超少子高齢化によって、これまでのような社会保障制度の維持は可能であろうか。人口急減は危機だととらえられ、その危機克服の政策が台頭した。それが、「まち・ひと・しごと創生法」（以下、創生法）の成立（２０１４年11月21日）となった。

創生法は、「人口の減少に歯止めをかけるとともに、東京圏への人口の過度の集中を是正し、それぞれの地域で住みよい環境を確保して、将来にわたって活力ある日本社会を維持していくためには、国民一人一人が夢や希望を持ち、潤いのある豊かな生活を安心して営むことができる地域社会の形成、地域社会を担う個性豊かで多様な人材の確保及び地域における魅力ある多様な就業の機会の創出を一体的に推進すること（以下「まち・ひと・しごと創生」という。）が重要となっている」としている。これは、明らかに人口政策とそれに関連した地域政策の展開である。

2 「地方消滅」論に対する地方自治論の応答

（1）「地方消滅」論の衝撃

「創生法」の成立を促した重要な契機は「地方消滅」論であった。発端は、増田寛也・人口減少問題研究会が発表した論文「２０４０年、地方消滅―『極点社会』が到来する」（『中央公論』２０１３年12月号）であった。そのなかで「地方が消滅する時代がやってくる。人口減少の大波は、まず地方の小規模自治体を襲い、その後、地方全体に急速に広がり、最後は凄まじい勢いで都市部をも飲み込んでいく」と人口減少の末路を指摘した。地方から若者たちが大都市に流出していったが、その若者たちは子供を産み育てる余裕がない。このままでは「本来、田舎で子育てすべき人たちを吸い寄せて地方を消滅させるだけでなく、集まった人たちに子どもを産ませず、結果的に国全体の人口をひたすら減少させていく」とし、これを「人口のブラックホール現象」と名づけた。

ついで、「日本創生会議・人口減少問題検討分科会」（分科会長・増田寛也）の「成長を続ける21世紀のために『ストップ少子化・地方元気戦略』」（2014年5月8日）が公表された。まとめて「増田レポート」と呼ばれ、人口減少の問題に対する中央政府の政策転換を促すきっかけとなり、広く自治体関係者の関心を喚起した。増田氏は元岩手県知事で、総務大臣を務めた人である。

「増田レポート」は、大都市への人口移動が収束しない場合の人口推計によって、2010年と比べ2040年に若年女性（20〜39歳）が50％以上減少する896自治体を「消滅可能性都市」とし、そのうち2040年に人口が1万人を切る523の自治体は「消滅可能性が高い」とし、それらの自治体名がわかる一覧表を示した。20〜39歳の女性に眼を向けた理由は、現在生まれてくる子供たちの95％以上をこの年齢層の女性が産んでいるからである。

「消滅可能性都市」と名指しにされた市区町村に衝撃が走った。「地方消滅」という思い切った表現を使って、急激な人口減少（社会減と自然減の同時進行）によって市区町村の存立基盤が危機に瀕することに広く警鐘を鳴らしたといえる。

（2）自治体は自然消滅しない

「地方消滅」とか「消滅可能性が高まる」というと、人口減少で自治体が消滅すると思われやすい。しかし、問題なのは、こうした推計が描く未来の姿が人々の気持ちを萎えさせてしまうことである。市区町村の最小人口規模など決まっていないにもかかわらず、若年女性の半減で自治体消滅の可能性が高まるといわれると、「ああ、やっぱり、だめか」と人々が諦めてしまい、市区町村を消滅させようとする動きが出てきてしまうことである。

論理的には、ある自治体の人口が限りなくゼロに近づいていけば、自治体は存在理由を失っていく。しかし、自治体とは、その代表機関である議会の議員と首長とを住民が直接選挙し、課税権をもち、一定の行政水準を維持するために地方交付税交付金の配分を受けている法人なのである。地方自治法は「地方公共団体は、法人とする」と定めている。ここで法人であるとは、契約の当事者になれること、法人の任務は機関にさせること、他の法人と違って「政府（統治主体）」であることを意味している。この法人である自治体が自然に消滅することはない。

自治体の消滅とは、法人格を有する地方公共団体がなくなることである。消滅というと自然の趨勢としてなくなるというイメージがなくはないが、ある地方公共団体を法人として消滅させるには人為的な手続きが必要である。関係市町村が合併を協議し、都道府県議会に合併申請を出し、その承認を得て初めて、それまでの市町村が廃止され、新たな法人としての市町が設置されるのである。

我が国には「明治の大合併」と「昭和の大合併」の歴史があり、1999年3月31日を起点とする市町村合併を「平成の大合併」と呼んでいる。「平成の大合併」で1999年4月から2010年3月末では、市町村数は3232から1742へ減少し、特に人口1万人未満の町村は1537から465へ激減した。自民党の「市町村数を約1000に減ずる」という目標には届かなかったが、市町村合併は、国等の関係者の当初の見込みを上回る進展をみせたといえる。

合併には、市と町村とが対等な形で合併し新たな市をつくる場合や町村が対等の形で合併して新たな市か町をつくる場合（新設合併）と、ある市に近隣の町村が吸収される場合（編入合併）とがあるが、いずれの場合も町村が廃止・消滅することになる。合併の本質は、小規模を理由とした「町村たたみ」なのである。

市町村合併にともなって、おびただしい数の市町村が法人格を失い消滅したが、市町村が消滅するとは、当の市町村が自ら法人であることを放棄する場合である。それは、法人としての任務の遂行を、法人の機関である議会（議事機関）および首長（執行機関）との二つを選んでいる住民が断念するときである。自然条件や社会・経済的条件が厳しい地域であっても、首長・議会・地域住民が、自主・自律の気概をもって、人口減少にともなう危機を乗り越えようとする強い意思をもち、自治体の自治を放棄しないかぎり、市町村が消滅することはない。これが、「地方消滅」論に対する「地方自治」論からの応答である。

なお、合併で消滅した市町村の区域にはコミュニティ充実策を講じようという考え方がある。確かに、外に向かって区域を拡大するならば、従来以上に内における地域自治の充実を図らなければならない。[*1] もちろん、合併にともなって地域コミュニティの維持および発展が可能となるような配慮は必要であるが、失われた自治体の自治を地域コミュニティで代替できるはずはない。繰り返せば、自治体は独立した法人なのであって、それが失われた後の区域に、どのように地域コミュニティを整備しても、それは、新たな基礎的な自治体内の地域住民団体であり、参加と協働の単位にとどまるのである。新たな自治体の区域に組み込まれた地区が衰退しないかどうかは、新自治体の地区政策とともに、各地区が参加と協働の単位としての力を発揮できるかどうかによっている。[*2]

3 「地方創生」――地方と東京圏の対比

(1) 地方創生と地域創生

国でも世間でも一般に「地方創生」といっているが、創生法には、「地方創生」という言い方は出てこない。石破茂大臣が「地方創生担当」になり、また創生本部事務局の山崎史郎氏が「地方創生総括官」と呼ばれたこともあって、創生法に基づく国と自治体の政策展開が「地方創生」を目指しているかの印象が強い。その理解の仕方に注意が必要である。

一般に、「地方」の字義は、①全国津々浦々の地域、②国に対する地方公共団体、③首都およびそ

＊1 大森彌・大和田健太郎『どう乗り切るか市町村合併―地域自治を充実させるために』(岩波ブックレットNo.590、2003年3月)を参照。

＊2 ちなみに、地域コミュニティが成り立つためには、少なくとも二つの条件が要る。ひとつは一定程度のプライバシーの共有である。個人情報を何が何でも守ろうとする人の間ではコミュニティは成り立ちえない。相手がどんな人かがわからなければお付き合いのしようがないからである。もうひとつは一緒に汗を流すような共同作業があり、それを互助の精神で労力とお金と時間を出し合って行うことである。それによって、住民の誰もが地域のなかで、それなりの居場所と役割をもつことができるからである。

れに準ずる大都市以外のところの三つである。創生法は「まち」といっているが、普通は、「まち」は都市を、「むら」は農山漁村を意味しているから、「むら」は除外されているのではないかと疑問がわく。しかし、創生法では「潤いのある豊かな生活を安心して営むことができる地域社会の形成」とか、「地域社会を担う個性豊かで多様な人材の確保」とか「地域における魅力ある多様な就業の機会の創出」と言っているから、ここでの「地域」あるいは「地域社会」から「むら」が除外されているとは考えられない。「まち」とは、全国津々浦々の地域を指していると理解できる。

ところが、創生法には「東京圏への人口の過度の集中を是正し」とあるため、東京圏とそれ以外のところを区別している。それが「地方」ということになる。しかし、この「地方」の使い方では、「東京圏」にある自治体は「地方」ではなく、「地方創生」の外にあるかのように思われやすい。東京圏にある市区町村も、それぞれにひとつの「地方」であるはずである。

「地方創生」ではなく「地域創生」が本筋であるととらえ直したとき、より深刻な問題になるのは東京をはじめとする大都市圏の少子化のはずである。創生法に基づく人口政策の成否は、「地方創生」といって自治体間で人口増を競い合わせるのではなく、合計特殊出生率が全国で最も低い東京圏（2015年の東京都は1・24）の現実を変えられるかどうかである。

東京圏では、地方圏から若者を吸収しつづけながら、どうして、その若者たちが安心して結婚・妊娠・出産・子育てができないでいるのか、その生活構造こそが問題である。この点では東京圏こそが、いまや、過疎地域とは違った意味で条件不利地域であるといえる。これに新たな展望を開くような具体的な政策を打ち出せなければ、創生法による人口政策全体は成功しないのではないか。

（2）地方への新しいひとの流れをつくる

ところで、東京圏とは、東京都、神奈川県、埼玉県、千葉県を合わせた区域を想定し、人口約

3500万人を擁する巨大都市圏のことである。国の「総合戦略」は、地方への新しいひとの流れをつくるために、東京圏年間10万人入超の現状を2020年に地方・東京圏の転出入均衡を達成するとしている。そのために地方から東京圏への転入を約6万人減らし、東京圏から地方への転出を約4万人増やすとしている。

日本国憲法第22条は「何人も、公共の福祉に反しない限り、居住、移転及び職業選択の自由を有する」と規定している。ある市町村で生まれ育った人が、その故郷で暮らそうが、他の地域に出ていって暮らそうが自由である。住民基本台帳法によって転出・転入届は義務づけられているが、どこへ移転し、どこに居を定め、どんな職業に就こうが、個人の自由である。この自由が前提となっている以上、地方から東京圏への流出を食い止め、東京圏から地方への移住を増やすことができるかどうかは、ひとえに、それを可能にする社会的、経済的な施策の実効性にかかっているということになる。これは相当に難事である。

2015年、東京圏への転入超過は約12万人で、4年連続増加しており、むしろ東京圏への集中が加速しているというのが現状である。[*3]

確かに、地方圏の若年世代が進学や就職を契機に〝東京圏に吸い寄せられ〟、しかも、出生数が減っていけば、地方圏の人口減少に歯止めがかからない状況が続く。若者たちが生まれ育った故郷から教育や就職の機会を求めて他の地域へ出ていくことを無理にとどめることはできない。外へ出ていって大きく羽ばたきたいという若者の志は是とすべきである。しかし、生まれ育った地域で生き抜きたいと思う若者の願いもかなえられてしかるべきであるし、U・J・Iターンを受け入れる条件も整える必要がある。

すでに超高齢社会が到来し、若者の流出が止まらない市町村では、必死になって若者の定住、移住者の受け入れ、6次産業化、空き家対策、都市・農山村交流、育児支援などの手を打ってきている。

＊3
まち・ひと・しごと創生本部事務局「総合戦略の改定に向けて」2016年12月

それでもなおいっそう、人口の流出を減らし、流入を増やすための工夫が求められている。

4 都市割り食い論と市町村合併

(1) 都市選挙戦略と市町村合併推進

都市と農山漁村との対立をことさら強調する政界の言説が「平成の大合併」を推し進める動因となり、町村が苦境に立たされたのは、まだ記憶に新しい。

1998年7月の参院選では、大都市における3人区以上の選挙区で自民党候補者が全員落選し、「都市割り食い論」が高まった。「農山村を優遇しすぎて都市が割を食っているから、その分を取り戻せ」という意見であった。政権は橋本龍太郎首相から小渕恵三首相へ移った。1999年7月、地方分権一括法(475本)が成立したが、このうち、合併特例債の創設や合併算定替の期間延長などを盛り込んだ合併特例法のみが直ちに公布された。

2000年4月に森喜朗内閣が発足し、6月の衆院選で自民党が都市部で苦戦した。森首相は保利耕輔自治大臣に対して市町村合併の強力推進を指示した。8月、自民党の野中廣務幹事長が党本部で講演し、「交付税による自治省の護送船団方式が、市町村合併を阻害している」「財政力が弱い(自治体)ほど、重点的に交付税が行く制度が大都市の不満を呼んでいる」と交付税のあり方を批判した。

市町村合併が、さらなる分権改革(事務権限の移譲)のためということだけでなく、都市選挙戦略の発動という面をもっていたことがわかる。そのため、都市と農山村の対立がことさら強調されることとなった。合併をするか、しないかの選択を迫られた市町村、とりわけ農山漁村に所在する町村は、合併推進の動因として都市選挙戦略が働いていることに強い危惧を抱いた。

何より、政権党からみて都市部における選挙結果の不調が、農山漁村と町村への財政的優遇と結びつけられて論じられ、それが、実際に地方交付税の削減にまで結びつけられたからである。「都市住民の犠牲の下で農山村を優遇し、その結果、町村は無駄な支出を行っている」「どんなに小規模で財政効率が悪くとも交付税で財源保障がなされているかぎり、自主的な合併が進むはずがない」といった、相当に乱暴な議論が公然と行われていた。「平成の大合併」は終息したが、また別な形で「都市割り食い論」が首をもたげ、都市と農山漁村が対立するような事態が生まれないともかぎらない。

(2)「小さな政府」実現のために、小さな自治体をつぶす

「平成の合併」の展開を振り返ってみると、国が明確な合併政策を打ち出したのは、「骨太の方針2001」ではなかったかと思われる。2001年4月26日、自民党、公明党、保守党を与党とする小泉純一郎内閣が発足し、「聖域なき構造改革」を打ち出し、その一環として、「地方に出来ることは地方に、民間に出来ることは民間に」という「小さな政府」を具現化する政策を推進した。それまで大蔵省が握っていた予算編成の主導権を内閣に移すため、2001年1月に内閣総理大臣を議長とする経済財政諮問会議を設置し、同年6月に経済政策・財政政策の柱となる基本方針が答申・閣議決定されることになった。それが「今後の経済財政運営と経済社会の構造改革に関する基本方針」で、「骨太の方針2001」と呼ばれた。その後も、この基本方針策定の方式は踏襲された。

「骨太の方針2001」において、地方自治に関する構造改革は、その「第4章　個性ある地方の競争――自立した国・地方関係の確立」の「3．自立し得る自治体」に示されていた。そこでは、「自助と自律に基づく新たな国・地方の関係の実現には、まず、受け皿となる自治体の行財政基盤の拡充と自立能力の向上を促し、国に依存しなくても『自立し得る自治体』を確立しなければならない」

とし、そのために、「(1)すみやかな市町村の再編を　市町村合併や広域行政をより強力に促進し、目途を立てすみやかな市町村の再編を促す。(2)規模等に応じて市町村の責任を　人口数千の団体と数十万の団体が同じように行政サービスを担うという仕組みを見直し、団体規模等に応じて仕事や責任を変える仕組みをさらに検討する。（たとえば、人口30万人以上の自治体には一層の仕事と責任を付与、小規模町村の場合は仕事と責任を小さくし、都道府県などが肩代わり等）」としていた。これが「骨太の方針2001」の本筋であった。

この「骨太の方針2001」に書かれている「(1)すみやかな市町村の再編を」と「(2)規模等に応じて市町村の責任を」という二つの方針は、小規模町村の整理（消滅）と特例町村制を促すもので、「小さな政府」を実現するために、小さな自治体をつぶす政策であったといってよい。市町村合併は、2005年前後に最も多く行われた。1999年3月末に市町村数は3232（市670、町1994、村568）だったが、2010年3月末には1728（市786、町757、村185）とほぼ半減した。市の数は増え、町村が激減した。

5 「骨太の方針2001」に書き加えられた「都市と農山漁村の共生と対流」

(1) 都市と農山漁村の共生と対流という視点の由来

「骨太の方針2001」には、おやと思う指摘がなされていたのである。経済財政諮問会議が、基本方針の素案を発表したのは2001年6月11日であり、これをめぐり関係者間で文章表現の決着に向けて折衝が行われ、閣議決定されたのは6月26日であった。素案の段階では、構造改革のための7つの改革プログラムの「(6)地方自立・活性化プログラム」のなかに、都市と農山漁村の関係を展望する表現は一切なかった。素案の末尾は「意欲と能力のある経営体に施策を集中する等により農林水産業の構造改革を推進することが重要である」で結ばれていた。それは、明らかに停滞する産業にかわり新しい成長産業に経済資源を流していく構造改革路線を農林水産業分野でも推し進めることを明言するものであった。

ところが、閣議決定された「基本方針」では、上記の素案の後に、「また、地方の活性化のために、都市と農山漁村の共生と対流、観光交流、おいしい水、きれいな空気に囲まれた豊かな生活空間の確保を通じ『美しい日本』の維持、創造を図ることが重要である」という一文が書き加えられていたのである。この追加は、どうやら時の武部勤農林水産大臣の意向が反映したものと思われる。2001年6月28日の「小泉内閣メールマガジン」で、武部大臣は、「都市と農山漁村の共生・対流をめざして」と題して次のように書いている。

「昨今、さまざまなメディアで**都市と農山漁村間の対立がとりあげられています。しかしアメリカの一地方であるカリフォルニア州よりも小さな国日本で、『都市だ』『地方だ』という風に考えること自体、おかしなことだと思います。**

ところで皆さん、おいしい水、きれいな空気、美しい自然のもとで、家族一緒に野菜や花を作ったり、山に登ったり、釣りをしたりしたいという願望はありませんか。

人間は自然界の一員ですから、誰にもこういう願望が潜在的にあるはずだと思います。ところが、それは都会では享受できません。地方の人達も、都会のエキサイティングな魅力にあこがれがあると思います。

だから、私は都市と農山漁村の共生・対流の時代、つまりは誰もが都市生活と農村生活を共に手にすることができる『二重生活時代』を享受できる21世紀にしたいと思っているのです。

つまり、交通インフラが整備され、加えてIT革命が進み、情報通信インフラが農山漁村にも整備されれば、いつでも、どこでも、誰でもが同じ条件下で『仕事と生活を両立させる時代』、そんなライフスタイルが可能になると私は確信します。[*4]」

(2) 田園回帰の時代の予兆

生物学で共生(symbiosis)とは、異種の生物が緊密な結びつきを保ちながら、お互いに助け合って生きることを意味している。これと似た概念に「共存」がある。生物界で「共存」(coexistence)とは、一定の範囲のなかで、自分の縄張り(餌場)に侵入してこないかぎり、あるいは侵入してもそこから退散すれば、それ以上相手を攻撃しないことである。これに対して「共生」は、むしろ、相手と一緒でないと困ること、片方がいなくなると、もう片方の生存が危うくなるような、切っても切れない関係にあることを意味している。

この「共生」の概念を都市と農山漁村との関係に応用すれば、都市には都市としての暮らし方と価値があり、農山漁村には都市とは異なった暮らし方と価値があることを双方が認め合い、お互いに足らざるところを補い合う必要があることを理解し、共に生きていこうという関係を築き維持することになる。

しかも、それまでは聞きなれなかった「対流」と書かれていた。流体力学や伝熱工学では、対流(convection)とは、温度の上がった軽い気体や液体は上昇し、温度の低いものは下降して、空間的に循環流が生じ、これによって空間内の熱が移動することを意味している。これを都市と農山漁村の関係に転用すると、農山漁村から都市への人々の一方的な移動ではなく、都市から農山漁村への人々の還流も重視することになる。それによって、人々は都市と農山漁村双方の魅力を享受できる。

しかし、都市と農山漁村の間の単なる行き来ならば、それは交流の活発化でほぼすんでしまう。都

*4 2002年5月30日の衆議院農林水産委員会での審議におけるやりとりのなかでも、武部大臣は、「都市と農山漁村の共生・対流ということを私は去年以来唱えているわけでありまして」と発言している。

市から農山漁村への人々の還流の動きに、日本社会のゆくえを左右する、どのような重要な意味が内包されているのか。それこそが、単なる対流ではなく「田園回帰」の動きではないかと考えられる。「平成の大合併」で数が激減したとはいえ、全国の町村は、国土の約7割を占める農山漁村地域を抱え、これら町村の活動によって、空気、緑、水など生命の営みに不可欠な自然環境の維持がなんとか可能になっている。その農山漁村が衰退していけば、一見して強そうにみえる都市は、その生存のための自力救済手段を欠いているがゆえに衰退していく。こうした共滅を回避するためには、都市と農山漁村の共生関係を堅固なものにしていく以外にない。

どのような経緯であれ、「骨太の方針2001」のなかに、「都市と農山漁村の共生と対流」を強調する考え方が埋め込まれていたことは記憶にとどめられてよい。それは時代転換の予兆であった。

6 都市と農山漁村を行き交う新たなライフスタイル

(1)「オーライ！ニッポン会議」の成立

「都市と農山漁村の共生と対流」は、その後の国の政策に反映されることになった。農水省（農村振興局農村政策部都市農村交流課）は、「都市と農山漁村の共生・対流について、「都市と農山漁村を行き交う新たなライフスタイルを広め、都市と農山漁村それぞれに住む人々がお互いの地域の魅力を分かち合い、『人、もの、情報』の行き来を活発にする取組です。グリーンツーリズムのほか農山漁村における定住・半定住等も含む広い概念であり、都市と農山漁村を双方向で行き交う新たなライフスタイルの実現を目指すものです」と説明している。

２００２年9月には、政府の内部組織として「都市と農山漁村の共生・対流に関するプロジェクトチーム」が設置された。こうした政府の動きに呼応して、２００３年6月23日には、「都市と農山漁村の共生・対流推進会議」が発足している（設立時代表・養老孟司氏）。これは、都市と農山漁村を双方向で行き交うライフスタイル（デュアルライフ）の普及・啓発活動を国民運動として推進するための組織で、趣旨に賛同する企業、ＮＰＯ、市町村、各種民間団体および個人が会員となっている。キャンペーンネームとして「オーライ！ニッポン」を使い、通称を「オーライ！ニッポン会議」と称している。「オーライ！ニッポン」とは都市と農山漁村を人々が活発に「往来」し、双方の生活、文化を楽しむことで、日本がall right（健全）になることを表現したという。

（2）共生・対流モデルの抽出

総務省は、２００６年度国土施策創発調査として「都市と農山漁村の新たな共生・対流システムの構築に関する調査」を行い、２００７年3月に「都市と農山漁村の新たな共生・対流システムモデル調査報告書」をまとめている。

この調査の趣旨は次のように述べられている。「従来、農山漁村地域では、自らの魅力向上と都市住民への情報発信等を通じて交流の推進が図られてきたが、休暇の集中など農山漁村側だけでは対処の難しい課題もあり、従来の取組だけでは共生・対流の更なる推進が期待できない場合が多くみられる。このような中、先進的な一部の地方公共団体では、持続的な地域資源の活用を図りつつ、従来にないパートナーとして都市側の自治体、ＮＰＯ、企業等との連携・協働に着目し、先進的な取組を模索する動きが出始めており、国の進める『都市と農山漁村の共生・対流の推進』におけるブレーク・スルーとして期待されている」とし、全国に四つのタイプの計11フィールドを設定し、新たな共生・対流システムの立ち上げに先進的に取り組むことによって、課題の抽出や解決策の検討、地域特性に応じたモデル化を進め、新たな共生・対流システムの普及・展開の可能性と推進方策を明らかにする、としていた。

ここでいう「新たな共生・対流システム」とは、「都市部と農山漁村地域の双方が、一方だけでは対処の難しい課題の解決に連携・協働して取り組むことで双方にとりwin-winとなるような、社会的定着性のある仕組み」であるとしている。

四つのタイプとは、①団塊世代向け居住・定住促進モデルの確立に関する調査（上士幌町、青森県、江津市）、②広域合併自治体内域間共生・対流モデルの確立に関する調査（富山市、豊田市）、③農地等農業資源活用モデルの確立に関する調査（飯豊町、和歌山県、天草市）、④特色ある滞在型農林漁業体験活動モデルの確立に関する調査（福島市、飯山市、海士町）であった。

これらは、現行の「地方創生」事業の先行例であり、「創生法」施行の下地はある程度出来つつあったといえる。都市と農山漁村の共生・対流に資する施策例としては、次のようなものが挙げられる。学童・生徒を対象とした農林漁業体験・自然体験学習・修学旅行、農家民宿・農作業体験等を通じたグリーンツーリズムやエコツアー、U・J・Iターンを支援するための情報発信・住居等の定住環境整備・就農支援、廃校等を活用した交流拠点の整備・農産物直売所や道の駅・市民農園の整備、園芸福祉活動やタラソテラピー（海洋療法）等による癒しの場の提供、都市住民やNPOと連携した森林、里山、棚田、藻場干潟等の保全活動、姉妹都市提携に基づく住民間の交流、インターネット等を活用した都市住民への情報発信等々である。

7 侮蔑的な「田舎・田舎者」イメージの克服

（1）「田舎者」と「田舎人」

都市と農山村の共生関係を堅固なものにしていくためには、少なくとも、これまでの「田舎」観の克服が不可欠であると思われる。

2016年11月1日付『朝日新聞』の「天声人語」は、「わが祖父母は生前、公衆電話をかけられず四苦八苦していた」と書き始め、「それがいまや自分がスマホに悪戦苦闘する側に回った」とし、自宅に引いた電話から勤め先の東京朝日新聞へかけようとして失敗した夏目漱石が「小生（社の電話には）田舎ものなり」といっていた故事を引き、「スマホを使いこなせない小生もまた、田舎ものなり」と結んでいる。

文明の利器を使えない人と「田舎もの」が同義語になっている。この「田舎もの」にはどこか侮蔑のイメージが込められている。文明の利器を上手に使っている人は「都会人」あるいは「都人《みやこびと》」とでもいうのであろうか。

徳島県の上勝町では、株式会社「いろどり」は、いまや「葉っぱビジネス」で年商2億6000万円もの売り上げをあげているが、「つまもの」になる葉っぱを栽培・出荷しているのは、地元の高齢女性たちである。彼女たちは、決まった数量を毎日出荷するのではなく、PC（ブロードバンドネットワーク）を駆使し全国の市場情報を集めて自らマーケティングを行い、葉っぱを採取し出荷している。最先端の文明の利器を自在に使っている彼女たちは「都会人」であろうか。れっきとした過疎のまちの「田舎人」である。田舎に住んでいるから田舎者であるわけではない。それは「暮らし場所」としての地域と暮らし方との混同である。

2016年11月23日、萩生田光一内閣官房副長官は、あるシンポジウムで「強行採決なんて世の中にはありえない。審議が終わって採決を強行的に邪魔をする人たちがいるだけ」だとしたうえで、それを「田舎のプロレス」にたとえ、「ある意味、茶番だ」と批判した。野党の国会対応を「茶番」としたことが反発を招き、本人は国会審議への影響などを理由に、この発言を撤回・謝罪した。ここで「茶番」の引き合いに出されたのは「田舎のプロレス」であるが、それなら、「都会のプロレス」は茶番ではないのかと屁理屈のひとつも言ってみたい気がする。この「田舎」も侮蔑の対象となっている。

(2) 各地で活躍する洗練された田舎人たち

今日、日本の社会は全般的に都市化をとげた社会、すなわち「都市型社会」と呼ばれている。それは単に、いわゆる都市地域に住んでいる人々が全人口の約8割を占めている事実のみをいっているのではない。農山村地域で暮らしている人々の生活の実態も都市型になっていることをも意味する。戦後における人口の都市集中の過程は、ほぼ同時に、交通網の整備、自動車の普及、耐久消費財の全国普及、情報伝播の加速化、安定した所得の上昇といった、いわば文明の恩恵が全国津々浦々にまで浸透していくプロセスでもあった。その結果は、日常の生活を円滑に維持するために、役所であれ、民間企業であれ、他人が提供してくれる各種のモノやサービスに全面的に依存する、そのかぎり脆弱だが便利で快適な暮らしの全国化であった。この点に関するかぎりで都市と農山漁村を特に区別する大きな理由は見当たらない。土地利用や産業人口の構成比を基礎にして、「市」と「町村」、「農業県」と「都市県」を区別することの意味はどこにあるのか、全国的な都市型の暮らしの普及によってあらために問い直す必要があろう。

都市と農山村にそれぞれの漢語的表現を使って都会と田舎という言葉を当てれば、都会一世はしばしば田舎者と揶揄された。田舎者とは都会の事情に暗く、作法を知らない、趣味の悪い人間のことであった。都会一世が田舎者と呼ばれたのは、どこの馬の骨かわからない赤の他人が来住する都市のなかで、克己心強く、度胸と才覚で、なりふりかまわず、富と地位の獲得を目指した活力と粗雑さゆえではなかったであろうか。「衣食足りて」礼節を失ったのは、実は、落ち着いた、潤いのある美しい居住環境への志向を欠いていた（かつては「ウサギ小屋」、いまは「空き家」）からであり、その野暮ったさを嘲笑されたともいえる。

英語でいえば、田舎はrural（ルーラル）で、都会はurban（アーバン）であるが、ルーラルは「野暮」で、アーバンは「垢抜《あかぬ》け」を含意している。アーバンとルーラルは、実は都市と農村という生活実体の地域特性を表すほかに、「垢抜け」と「野暮」というライフスタイルの相違を意味しているといえる。これまで、田舎者といえば、洗練されておらず野暮ったい人のことを指してきた。野暮とは、昔風にいえば、粋でないこと、もてないことであった。転じて、それは、世間の実情や微妙な人間関係にうといこと、また目立たぬところにまで行き届いた配慮や工夫を行う洗練さに欠けていることを意味している。これは英語では「ルーラル」というより「ラスティック」（rustic、粗野）というのが適切かもしれない。ラスティックな人は都市にも農山漁村にもいる。「暮らし場所」がどこであれ、粗野な態度や無遠慮・不作法を克服し、垢抜けした生活様式を自覚的に選びとっていくことが求められているのではないか。各地を訪れ、ほとんど無名といっていい地域（田舎）でリーダー的な立場の人に会い、そこでの実践活動を聞いてみると、そのひたむきさ、洞察力や見識、行動力に感心するだけでなく、その細やかな心遣いと謙虚さと温かさが地域の人々を結びつけていることに気づかされる。

8 「向都離村」の反転——田園回帰

(1) 田園回帰＝都市・農村共生社会への提言

都会へ出ていった人が故郷に戻ってくることには、たとえば、家業を継ぎ、病身の親の面倒をみるために長男なので仕方なく帰ってきたとか、一旗揚げに行った都会で夢破れて失意のうちに帰ってきたとか、どこか負のイメージが付きまとっていた。Ｉターン移住者も「どうして、こんな田舎にやってきたのか」と奇異の目でみられもした。しかし、いまや、故郷に戻りたい、田舎に行きたいと言えば、歓迎され、さまざまな支援策が用意されている。

田園回帰は、いわば「向村離都」であるから、そこには、田舎を志向して都会を離れるという選択が働いている。「向都離村」も、動機や事情がどうであれ、離村出郷の意思の表れであるから、選択の契機がなかったわけではない。しかし、若者を中心にいまでも続く「向都離村」の動きのなかで、「向村離都」の動きは特段に意義深い。それは、田舎（農山村）の価値が再認識され、いままで染みついてきた「田舎・田舎者」の負のイメージが克服されようとしているからである。

大量生産・大量消費を推し進める巨大な工業化・都市化のうねりが終われば、大都市への人口集中は止まり、農山村志向が強まるのが当然だという見方もあるが、日本の場合は、大都市の吸引力が依然として強いため、新しい流れを政策的に推し進める必要がある。

「田園回帰」という言葉を使って、地方への新しい人の動きの積極的な意義を指摘したのは、全国町村会が、２０１４年９月に打ち出した農業・農村政策のあり方についての提言であった。都市と農山漁村との対立ではなく共生をこそ確固たる国是とすべきであると主張していた全国町村会は、2014年9月「今後の農林漁業・農山漁村のあり方に関する研究会」（座長は本書の共編著者の小田切徳美氏）を立ち上げ、報告書をまとめている。報告書のタイトルは「都市・農村共生社会の創造――田園回帰の時代を迎えて」である。そこでは、次のような認識と展望が語られている。

大都市の急速な高齢化は多くの人々の予想を超えるスピードと深さで進行している。それへの対応が我が国における重要な政策課題であることは間違いない。しかし、バランスを欠いた問題の強調は、「大都市こそ問題であり、地方や農村どころではない」という議論につながりやすい。なかには、「この機会に農村を切り捨てろ」とか、農村消滅を予想して、都市への重点投資を主張する議論もある。しかし、いま真に必要なことは、そのような対立ではなく、「都市の安定と農村の安心」という視点からの、「都市・農村共生社会」の創造である。都市と農村の高齢化がともに進む時代を迎えても、都市の安定のためにも農村はその価値を見失ってはならない。また、農村の安心のためにも都市はその機能を維持することが求められると。

ここでは、農山漁村地域に所在する自治体、特に町村が都市と農山漁村の共生にこそ未来の確かな道筋が展望されている。そして、「農村地域では、過疎高齢化の進展、就業人口や農業所得の減少等により混迷が続いている」が、近年、農村の潜在的な価値を再評価し、活用しようとする動きが高まっているとし、こうした農村志向の動きを「田園回帰」ととらえたのである。

2015年5月26日、「平成26年度食料・農業・農村白書」が閣議決定されたが、政府の公式見解である白書に初めて「田園回帰」という言葉が登場した。平成27年版の白書でも、「近年、都市に住む若者を中心に農村の魅力の再発見が進み、都市と農村を人々が行き交う『田園回帰』ともいうべき流れが生まれるなど、農業・農村の価値が再認識され、農村の活性化につながる動きも見られる」と指摘されている。

田園回帰の動きは、少なからざる都市住民が、都市で暮らす快適さ・便利さよりも、自然と共生しつつ、ぬくもりのある人とのつながりのなかで生活する豊かさを選び取ろうとし始めたことを表している。地方圏には、地域の資源やワザを組み合わせて、新しい産業を興すというような仕事であれば、若者が挑戦すべきフロンティアとしての可能性が十分にある。さらに、こうして自らが主体的に開拓する仕事と、農山村の豊かな自然を活かした暮らし方を組み合わせて、自分の生活を設計することまで考えれば、農山漁村は、大都市に勝るとも劣らない若者たちの新たな活躍の場になりうる。徳島県の神山町は人口6万人弱の中山間地の自治体であるが、光ファイバーを用いた高速通信網を全町に整備していることから、神山バレー・サテライトオフィス・コンプレックスといって、都市部に本社・本部を置くIT企業や大学などがサテライトオフィスを設置している。最先端のハイテク事業に従事する若い人々が神山町の住民になっている。

もちろん、日本の国土は、東京以外にも、札幌市から熊本市に至るまで20もの大都市が林立する人口の都市偏在列島になっている事実はそう簡単には変わらない。しかし、それゆえにこそ農山村の魅力が浮き彫りになりつつあるともいえる。

(2) 森里海の水の循環系を維持する暮らし方

「田園回帰」(「向村離都」)の文明史論的な根拠はどこに求められるか。環境考古学者・安田喜憲氏(立命館大学教授・環太平洋文明研究センター長)の「稲作漁撈文明」[*5]という独自の文明史観にヒントがあるのではないか。安田氏は、ざっと、次のような見解を示している。

古くから文明が発達した国では、過去に極端な森林伐採が行われた形跡が多く認められ、森を失った文明は多くの場合衰滅している。日本で国土の約70%もの森林が残されているのは、森林が急峻な傾斜地にあることにもよるが、日本人が過去から現在に至るまで営々と森を守るための努力を続けて

*5
安田喜憲『稲作漁撈文明』雄山閣、2009年

きたからである。里山は奥山と人間の間の「バッファゾーン」（緩衝地帯）として、生物多様性を維持するだけでなく、命の水の循環を維持するうえで大きな役割を果たしている。森の栄養分を含んだ水は田畑を潤し、地表を流れる川だけでなく地下水となって海底から湧き上がり、プランクトンを育て、海藻・珊瑚《さんご》・魚を育んでいる。この森里海の水の循環系を維持することを基本にした自然との共生、人と人との信頼関係こそが日本人の生き方であると。

そういえば、司馬遼太郎氏は、著書『この国のかたち』のなかで、『「この国のかたち」』の一番の基本はやはり稲作でしょう。水と土、この水っぽい風土と、生産力の高い稲。この風土が日本の国家の原型を作った」と書いている。この日本列島で人が生きるとは、基本的には、土と水の恵みを得て日常生活を、しかも共同の生活を営んでいることを意味している。それは、圧倒的に優位にある都市文明に対して森里海の水の循環系を守り通そうとする暮らし方である。大都市の住民の「田園回帰」は、森里海の水の循環系によって維持される暮らし方への希求ではないか。

そうした生き方を再生させるには、大都市で暮らす人々が、農山漁村が衰退していけば大都市は滅びることに気づくことである。物とサービスをほとんどすべてお金で買っている大都市での暮らしは、便利で快適かもしれないが、その実、他の人が滞りなく提供し続けるモノとサービスに全面的に依存しているという意味では極めて脆弱なのである。かりにも、国際分業論（貿易相手国に比べて相対的に有利となる商品、比較優位をもった商品の生産に特化すべきだという考え方）に基づいて農山漁村という兵站《へいたん》地域は「たたんでしまえ」と思い間違ってはならないのである。

（3）その土地で生きる誇りの再生

一方、農山漁村地域の課題は「誇りの再生」ではないか。小田切徳美氏が指摘しているように、農山漁村の疲弊、「人・土地・ムラ」の空洞化の背景には、より奥深い「誇りの空洞化」が起こっている。それは、胸を張って自分の土地を誇ることができなくなっていることである。「こんなところに生まれた子供たちはかわいそうだ」とか「こんなところに人が残るはずがない」と言う人さえいる。「こんなところ」意識が問題なのである。「限界集落」と呼ばれている地区の多くは、下流の都市にとっては大切な「水源の里」である。山も森も川も、国民全体にとっては不可欠な「社会的共通資本」（経済学者・宇沢弘文氏の造語）である。そう考えるだけでも、自分たちの存在に胸を張ることができるはずである。過疎化が進み、子供が減少し、若者が去り、年寄りが目立つ地域で、どうやって「誇りの空洞化」を克服できるのか、難事であることは確かであるが、そこに住む人々が、豊かな自然との共生のなかで生き抜く知恵と技を保持し、地域の暮らしを守り通す以外に活路はない。

自分が、この土地で生きていることを、本当は気が進まない、やむをえないと思っているかぎり、自分の子供たちや他の若者たちの流出をくいとめることはできないのではないか。たとえば、「お父さんもお母さんも、この土地が大好きで、ここで人生を終わりたい。おまえは、大きく成長するために外へ出てもいい。しかし、大きな人間になったら、この土地に戻ってきて、この土地を支えるような人間になってほしい。おそらく、人は、ここには就職口はないと言うだろう。でも、就職口がなかったら、自分で職をつくればいい」と言えるであろうか。そこが勝負である。

9 地域づくりと地区自治

（1）弱い紐の強み

田園回帰の動きが始まっていることに農山村の人々が気づき、それをどう生かしていこうとしているかが重要になっている。大都市に暮らしている人々が、なぜ、いままで不便で不自由だと言われてきた田舎暮らしを選ぶのか。それを考えることは、農山村で暮らしている人々が、自分たちの「暮らし場所」と暮らし方に、いままで気づかなかった価値があることにあらためて気づくことにつながる。田舎には、大都会では見出しにくい、人と人のつながり、自然とのつながり、伝統とのつながりが息づいているからである。

２０１１年の東日本大震災への対応を通じて地域の人々の「絆」の大切さがあらためて認識された。絆とは、もともとは馬などの動物をつないでおく綱のことで、自由を縛るという意味合いもある。これが人間世界に転用され、人と人との断つことのできないつながり、離れ難い結びつきを意味するようになった。

米国スタンフォード大学社会学部のマーク・グラノヴェッター教授は、社会のなかでの情報の伝播に関して「弱い紐の強み」という説を発表した（１９７３年）ことで知られている。家族や親友、職場の仲間といった社会的に強いつながりをもつ人々よりも、友だちの友だちやちょっとした知り合いなど、社会的なつながりが弱い人々のほうが、自分にとって新しく有用な情報をもたらしてくれる可能性が高いという説である。社会的に強い紐をもつグループは関係が緊密であるがゆえに外部と遮断されがちで、新規の情報が入ってきにくい。そうした状況にあるとき、むしろ弱いつながりが新しいアイデアや重要な情報をもたらしくれるというのである。

地域社会で強い絆とは、何かにつけて相談し助け合うような全面的な人間関係のことだとすると、この強い絆は困ったときに頼りになるが、何かのきっかけで関係がこじれると、ねちねちした状態に陥りやすい。人々が強い絆で結ばれている地域は、その絆が、かえって「しがらみ」となって、よそ者や新たな事起こしを拒み、変化への適応力を発揮しにくくさせているかもしれない。弱い絆で結ばれている外の人がもたらす情報が地域活性化のヒントの源泉になることは稀ではない。絆は強いだけが能ではないのかもしれない。

（2）当たり前のものの価値に気づかせる「よそ者」の眼

それだけではない。あるところに長く住み続けると、住民は、いまあるありようが当たり前になり、その価値に気がつきにくいということもある。自分たちがどんな「宝」をもっているかよくわからないこともある。たとえば外の人間は農山村を歩き、雪解け時期の新緑の鮮やかさや夏の山菜のおいしさに感嘆し、秋の古道の柿の無人販売所をみて感激し、真っ暗な山村での星降る夜空に感動するが、地元の人々にとっては、特に何でもないこと、当たり前のことだと思われがちである。

それゆえ、住民のなかに、あたかも外から地域をみるような眼をもって地域の特色に気づく人が必要になる。と同時に、これまで気づかなかった地域の価値を「よそ者」が指摘し、それを契機に地域が新たな可能性を示すこともしばしばである。そこに住んでいる人たちにとっては、自分たちの足元にあるからこそ、実はみえなくなっているものを、外の人の目線を借りながら、地域の人たちが、こんなに当たり前だと思っていたことは、実はとっても貴重なものであることに気づくのである。

この点で、外の人の眼と地元の人々の気づきが結びついて、新たな地域づくりに一役買っている「地域おこし協力隊」の事業は大きな意義をもっているといえる。都市部からやってくる隊員たちは、住民や自治体の職員から出た意見を頭ごなしに否定しないよう心がけ、農山漁村での暮らし方の価値に光を当て、地元に溶け込み、年長者の理解を得ながら若者らの意見を取り込む「接着剤」となり、地域の力を内から引き出そうとしている。この助っ人に現地の人々が呼応して地域興しに乗り出せば、地域はそれまでになかった価値を創り出し輝きを増す。

(3)「区域」と「地区」

「まち・ひと・しごと創生法」は、人口の減少に歯止めをかけるとともに、東京圏への人口の過度の集中を是正するために、「まち・ひと・しごと」の創生を一体的に推進する必要があるとしている。創生法でいう「まち」とは「国民一人一人が夢や希望を持ち、潤いのある豊かな生活を安心して営むことができる地域社会」を、「ひと」とは「地域社会を担う個性豊かで多様な人材」を、「しごと」とは「地域における魅力ある多様な就業の機会」を表している。焦点は「地域」「地域社会」である。この点で、創生法は人口政策であると同時に地域政策でもある。

自治体で地域といえば、実体としては当該自治体の管轄区域のことである。区域は重ならないように線引きがなされている。自治体が区域の住民に納税義務を課しているという点で区域は領地でもある。だから、領地争いが起きないように区域は確定している。もっとも、住民は、住所を移す場合は転出転入届を出さなければならないが、そうでなければ、この区域を超えて自由に行き来できるから普段は特に困らない。

区域は人為的なもので、元来は、自然と物と人の固有の結びつきである複数の生活の場所によって構成されている。それが区域の構成単位としての地区である。住民は、まず、この地区の住民であり、そこにどの程度の帰属意識をもって暮らしているかによって、地区のまとまり具合が異なってくる。

区域は動かないが、区域の線引きは変えうる。合併のときが典型である。合併とは区域の再編であり、合併前より区域は広がり住民の数も増える。しかし、合併前の区域は一地区として残る。区域の住民であった人々が新たに地区住民として暮らすことになるが、以前からの帰属意識をもちこすから、そうすぐには新たな自治体の区域への一体感はもちにくい。

創生法でいう「地域」「地域社会」とは、区域全体だけでなく、区域の構成単位としての地区のあり方のことでもあるととらえ、その活性化を実現していくことが肝心のはずである。そこが、「草の根」（グラスルーツ）の自治が息づく土壌になるからである。

（4）地区住民が誇りをもてる暮らし場所づくり

特に創生法の実施にともない、ごく当たり前のように「人口」といっているが、実際に地域にいるのは、かけがえのない個人としての住民である。喜怒哀楽と生老病死のうちに人生を送る生身の個人である。自治体が忘れてならないのは固有の存在として暮らしている住民一人ひとりのことである。だからこそ、創生事業の展開にあたっては、それぞれの地区には、新たな転入者を含め、どのような人がどのように暮らしているかをつぶさにとらえなければならないのである。

本書の共編著者の藤山浩氏が著した『田園回帰1％戦略——地元に人と仕事を取り戻す』[*6]は大きな反響を呼んだが、藤山氏は、地域創生事業では、集落数では10から20くらいの公民館単位（ユニット）でしっかりデータをとり、地区ごとに自治組織を立ち上げ、地区ぐるみで移住・定住に取り組む必要性を強調している。また、鹿児島県鹿屋市串良町の柳谷集落、通称「やねだん」は役場に頼らない地域づくりで実績を上げ、国内外から多くの視察者が訪れているが、「やねだん」の地域おこしを主導してきた豊重哲郎自治公民館長は、集落の自治であれば、その集落の人間、たとえば300人すべてのフルネームを憶えていなくてはいけない、その一人ひとりの心を感動と感謝で揺さぶることが大切だと言っている。

地域政策の肝心の点は、地区住民の納得と参加によって、地区を住民自らが誇りのもてる「暮らし場所」にしていかれるかどうかである。近隣における日常的な付き合いが乏しい大都市では、それは地区の「再生」ないし「創造」の努力となる。地区づくりは短期間ではできない。住民の誰もが居場所と出番をもてるように、ゆったりと、しかし、たゆまぬ歩みによる熟成の時間を必要とする。

*6 シリーズ田園回帰第1巻、農文協、2015年

10 遠隔自治体間連携の可能性

(1) 求められる特別区と地方の市町村の連携

2011年3月11日に起こった東日本大震災の体験は自治体間の絆を確認し持続し強めていこうとする大きな契機になっている。普段はあまりその意義が感じ取れない姉妹都市の関係が災害時にいかに「ありがたい」ものであるか判明しているし、農山村と都市の交流事業がいかに「助け合い」の基盤になるのかも明らかになっている。いままで、ともすれば、国―都道府県―市町村を縦の、上下の関係でみる考え方が強かったが、まず市町村が横につながる水平関係が、それも普段からの付き合いこそが重要であることが共通認識になったといえる。

住民の命がかかるイザというときに頼りにならなくてどうするのかと不眠不休で奮闘している被災地の自治体を、他の自治体が傍観せず、自ら応援を買って出て、物資と励ましを届け続けた。これこそが自治体が横に結びつく自治体間連携の実践であり、これを通して、自治体の間はゼロサムの競争関係にあるのではなく、苦難を共有しようとする自立支援の関係にあることがわかる。被災からの立ち直りを通して自治体の存在理由と自治体連携の大切さが、ますます鮮明になっていく。

全国で最も低い特殊合計出生率が表しているように、東京問題の核心は、地方から流入してくる若者たちが安心して結婚し子供を産めないでいることである。この問題の解決に向かって、東京圏の自治体が国や民間企業等と協働して、いかに有効な政策を立案・実行できるかが問われている。なかんずく、東京圏の中心をなす基礎的な都市自治体である23特別区こそが「地域創生」のフロントランナーになれるかどうかである。

特別区は、これまで、巨大都市東京の自治運営のために、それぞれが、また共同して事務事業を展開してきた。そのなかで特別区間連携の実績を積み重ねてきた。そのうえに、いま求められているのは、特別区が、個々に、また全体として、地方圏の市町村との間に多様で創意ある「共生と対流」の関係を構築していくことである。それは、大都市地域と農山漁村地域の住民がそれぞれの魅力を享受できるよう、「ひと・もの・情報」が双方向で行き交うライフスタイルを実現することでもある。

（2）杉並区が核となった「自治体スクラム支援会議」

東日本大震災のとき、特別区は、被災自治体の応援のために自発的に動いた。その体験は、自治体間連携が、一部事務組合とか広域連合といった既存の連携と違って、遠隔自治体間でも有効であることを実感させたといえよう。そこから、大災害発生のような非常時に応援・受援の関係が円滑に機動するためには、平時における遠隔自治体間の連携活動が大切ではないかという認識が生まれた。東京の特別区は、全国の市町村と、さまざまな内容と形態の遠隔自治体間連携の可能性を追求し始めている。[*7]

東京の西部に人口約55万人の杉並区がある。比較的自然豊かで閑静な住宅地域として発展してきた。人口は微増を続けているが、合計特殊出生率は1・04と低く、単身世帯・2人世帯・3人世帯が全世帯の約9割を占めている。この杉並区は、長い間の交流関係を活かして、静岡県南伊豆町における「保養地型特別養護老人ホーム」の建設に乗り出した。都道府県を越えた全国初の自治体間連携事業であり、南伊豆町は雇用創出、杉並区は入所待ちの待機高齢者対策という双方の課題に取り組む。元気な高齢者区民の利用を想定した町への「お試し移住」事業も開始する。

杉並区は、地方版戦略計画の基本目標として、①若い世代の結婚・出産・子育ての希望をかなえ

＊7
特別区を含む遠隔自治体間連携については、大杉覚「都市自治体と農山村自治体の協働」沼尾波子編『交響する都市と農山村』（シリーズ田園回帰第4巻、農文協、2016年）190－207頁に詳しい。

る（区民の結婚・出産・子育てに関する理想や希望と現実とのギャップを解消し、安心して、子供を産み育てられる社会を実現することにより、人口流入に頼らず、区自ら人口を維持、増加させる力を育てる）、②地方との連携により、豊かな暮らしをつくる（地方の活力維持と区の将来にわたる発展が一体不可分であるという認識のもと、交流自治体との連携をさらに発展させ、双方が活性化する新しいひとの流れをつくるとともに、地方の資源を活用し区民の生活をより豊かにする）、③来街者を増やし、まちのにぎわいを創出する（「訪れてみたい」まちを目指し、区の魅力をさらに高め発信することにより来街者を増やし、ひとの滞留・交流によってにぎわいを創出して、将来にわたって活力あるまちを維持する）を設定している。②に関連して、「すぎなみ地域おこし協力隊」を創設し、区内の若者が交流自治体に赴いてさまざまな活動を行うことを支援するとしている。

東日本大震災では、杉並区は、災害時相互援助協定を締結していた福島県南相馬市に対し支援を展開したが、南相馬市とは直接交流関係がなかった群馬県東吾妻町《ひがしあがつままち》、新潟県小千谷《おぢや》市、北海道名寄《なよろ》市が杉並区の呼びかけにより支援に加わった。これらの自治体は、杉並区と災害協定を締結しており、交流自治体の交流自治体であるということ（「友だちの友だちはみな友だち」）を機縁にして、物資の提供や被災者の受け入れなど、南相馬市に対するさまざまな支援に取り組んだ。これがスクラム支援である。

杉並区および2市1町と南相馬市は２０１１年4月8日に「自治体スクラム支援会議」を立ち上げた。現在は、東京都青梅市と福島県北塩原村が加わり七つの自治体で構成されている。災害時における物流の支援・受援で、発災直後のニーズ情報が十分でないなかでは、食料や毛布、簡易トイレなど6品目を供給し、その後、おおむね1週間が経過してからは被災地のニーズに応じた供給と、交流自治体のなかで窓口を決めることで、支援活動を効率よく行うことができたという。

南相馬市は、２０１６年7月に帰還困難区域を除く避難指示区域が解除され、新たな復興のステージを迎えているが、被災地の「あきらめない心」とそれを支える自治体の「見て見ぬふりをしない」心とが結びつくことで自治体同士の横のつながりによるスクラム支援が可能になっている。杉並区（田中良区長）を中心に、これらの自治体は「自治体スクラム支援会議」を重ねるなかで培ってきた、防災担当者同士や住民レベルの縁《えにし》を足がかりに、人と人、自治体と自治体の連携による防災力の向上に乗り出す。

自治体間連携は、これまで隣接する自治体間の共同事務処理がほとんどであった。それに遠隔型が加わった。防災をはじめ、観光、福祉、産業、教育の分野で、共存共栄の立場に立って、お互いの地域資源を有効に活用していく展望が開けつつある。

東京23区で構成する特別区長会（会長・西川太一郎荒川区長）は、2014年に「特別区全国連携プロジェクト」をスタートさせ、観光や産業など幅広い分野で協力していくため、北海道町村会、京都府市長会および町村会とそれぞれ連携協定を締結した。区長会が地域振興の観点から他の自治体組織と協定を結んだのは初めてであった。「地域創生」の新しい形が形成されつつある。

（3）「人材」を「人財」化する

国は、創生法に基づき、2060年の段階で1億人を確保したいとしている。この人口政策は、半世紀近くにわたる超長期計画であるがゆえに、その成否は定かではない。もし、その進捗《しんちょく》が思わしくなく、しかも人口1億人の維持に固執しようとすれば、外国人の移民を容認する政策が浮上するかもしれない。そうなれば日本社会は多民族社会化への岐路に立つことになる。

そうなるかどうかはともかく、2060年に人口1億人を確保できたとしても、その間、日本の人口は2500万人以上減ることになる。すでに人口減少が始まっており、さまざまな分野で人手不足が深刻化していく。人手不足への対策は、①現に働いている人、一人ひとりの労働生産性を高めること、②省力化のための機器を開発し導入すること、③外国人人材を登用することである。②によって、ある程度人材不足を補いうるし、③も、それなりに有効だろうが、何といっても①による現有人員の「人財」化が重要である。「人財」とは並み以上に、時に並外れて有能で有用な仕事・活動をする人物のことである。

国語の辞書ではジンザイは「人材」のみである。人材の「材」は、鉄材・木材・食材というように材料の材（マテリアル）である。材料とは目的に応じて加工可能な物をいう。しかし、人は材料ではない。人は、感情をもち、思考し、経験と学習と訓練によって成長する生き物である。当然のように「人材」を使う人も自分が「材料」だとは思ってはいないはずである。地域で活動している人々は、自治体の関係者も住民も地域にとってはかけがえのない財産である。だから、「人材」ではなく、財産の「財」、財宝の「財」の字を当てて、「人財」といいたい。「地域は人なり」というが、それは、地域づくりにおける、したがってまた「地域創生」における「人財」の重要性を意味している。

農山村地域に所在する小規模な市町村では、一方で、処理しなければならない事務が増え、他方で、正規職員の定数は抑制傾向にあり、苦労も多い。役所・役場が「住民に役立つ所」として、その仕事ぶりが住民から納得でき信頼できるものになっていくためには、困難を増す地域の住民生活を支えるとともに、地域の将来に展望を切り開いていく先導役を果たさなければならない。市町村の首長、議会議員、職員にこそ、住民とともに地域で生き抜く覚悟と能力を発揮する「人財」であることが求められている。

第2章 日本における田園回帰
――シリーズ各巻の位置づけ

明治大学教授　小田切徳美

1 田園回帰をめぐる議論と政策

（1）田園回帰の議論

農山村移住が「新しい潮流」として、最初に意識的に取り上げられたのは、２００５年に発売された『現代農業増刊―若者はなぜ、農山村に向かうのか』[*1]であろう。そこでは、同誌編集長（当時）の甲斐良治氏が、「農山村、とくに山村に向かう若者が増えていることに気づきはじめたのは今年（２００５年―引用者）になってのことだった」（同書「編集後記」）と記しており、若者の移住はその直前に氏自身により発見された現象であったことがわかる。おそらくは短期間での企画・編集であったと思われるが、それにもかかわらず、同書では多くの移住事例とその当事者の意識が明確に掘り起こされており、若者移住が今後の大きな潮流となることを示唆するに十分な内容であった。その功績は大きく、実際、当時は大きな反響を呼んだ。

しかし、その後、農山村移住が再度、大きな脚光を浴びたのは、それから10年近くも経た２０１４

＊1
『現代農業増刊―若者はなぜ、農山村に向かうのか』農文協、２００５年

年7月に開催された中山間地域フォーラムであろう。シンポジウムのタイトルは、そのものずばり、「始まった田園回帰」であるが、「『市町村消滅論』を批判する」という副題も付されている。これにみられるように、シンポジウムの内容は同年5月に公表され、「地方消滅」を予想し、世間に強いインパクトを与えたいわゆる「増田レポート」への対抗軸として田園回帰を位置づけたものであった。[*2]

このシンポジウムの実態認識を主導したのが、藤山浩氏による島根県の住民人口の数量的把握であった。増田レポートで、人口減少により将来消滅のおそれがあるとされた自治体（「消滅可能性都市」と呼ばれる）でも、小学校区などのより狭い範囲に注目してみれば、実は子供やその親世代（30歳代）の人口は増加傾向にあり、しかもそれは離島や本格的な中山間部で顕著であることが指摘された。

この藤山氏により示されたデータは、その約10年前、甲斐氏により事例的に認識された農山村移住傾向を量的に把握した点で画期的であった。藤山氏による本シリーズ第1巻『田園回帰1%戦略』[*3]はその実態認識やそれから導かれる政策課題の全貌を示したものであり、本シリーズ第1巻にふさわしいものといえる。

そこで論じられている「『田舎の都会』よりも『田舎の田舎！』」「30代も増えている！」「中心部への距離と無関係な集落への定住状況」（いずれも同書の見出し）の指摘は、いままで明らかにされたことがない統計的ファクトだといえる。増田レポートの前提的認識に対して、重大な異議申し立てとなっている。

しかし、藤山氏の議論や先の中山間地域フォーラムのシンポジウムも、移住者が増えているという量的側面だけを取り上げたものでない。藤山氏はシンポジウムで次のように発言している。「たんに『中山間地域が困っているから田園回帰を』ではありません。もう一度長続きできる暮らしをする、あるいは長続きさせたい地域や社会を取り戻すということだろうと思います」[*4]。本書終章の「文明論」視点からの氏の議論はそれをさらに敷衍《ふえん》したものにほかならない。「田園回帰」は移住という現象だけではなく、多面的にとらえる必要がある。

＊2　そのシンポジウムの内容は、小田切徳美・藤山浩・石橋良治・土屋紀子『はじまった田園回帰』（農文協、2015年）として取りまとめられている。

＊3　藤山浩『田園回帰1％戦略』農文協、2015年

＊4　前掲＊2、27頁

（2）政策文書にみる政府の認識

それでは、このように新たな傾向が指摘された農山村への人口動態に対して、政府の認識はいかなるものであったのだろうか。

周知のように、政府は増田レポートの「地方消滅論」を契機として地方創生本部を立ち上げ、さらに、「東京圏への人口の過度の集中を是正」することを主要目的とする地方創生法（まち・ひと・しごと創生法）を制定した（２０１４年11月）。

それを具体化した政府の「まち・ひと・しごと総合戦略」（同年12月）では、「２０２０年時点で東京圏から地方への転出・転入を均衡」（東京圏から地方への転出を4万人増加＋地方から東京圏への転入6万人減少）という数値目標が示された。これを受けてほぼすべての自治体は、移住者数の増加目標を含む人口ビジョンを作成した。そして、こうした政策を推し進める新しい交付金もつくられ、「移住促進策」は急速に進んだ。

しかし、その司令塔となっている地方創生本部では、積極的な田園回帰の実態認識をもってはいない。たとえば、先の「総合戦略」では、「内閣官房の調査によれば、東京都在住者の約4割が『移住する予定』又は『今後検討したい』としている一方、移住に対する不安・懸念の第一は地方の雇用であるという調査結果がある」というように、むしろ現実の動きについては謙抑的な認識がうかがわれる。

そこで、他省庁の政策文書を「田園回帰」をキーワードとして調べると、表1にあるように、複数の重要な政策文書にこの言葉が登場することがわかる。

中央省庁が「田園回帰」という用語を使い、地方移住の動きを論じたのは、おそらく２０１４年7月の国土交通省「国土のグランドデザイン２０５０」がその嚆矢《こうし》であろう。「動向を注視（する）」とあるように慎重な表現ではあるが、その重要性を指摘している。

表1　政府文書における「田園回帰」の位置づけ

公表時期	文書名	代表的な記述	説明
2014年7月	国土交通省「国土のグランドデザイン2050」	「なお、近年、特に東日本大震災以降、中国地方の中山間地・離島等で人口が社会増となるなど、若者や女性の『**田園回帰**』と呼ばれるような動きが起こっていることが指摘されている。このような新たな人の流れは、一時的又は地域限定的な現象であるのか、それとも我が国の社会全体に広がる大きなうねりとなっていく可能性があるのか、その動向を注視し、これを持続的地域づくりにつなげていけるかが課題である。」	・「今後の国土・地域づくりの指針となる、中長期（概ね2050年）を見据えたグランドデザイン」として作成。
2015年3月	食料・農業・農村基本計画	「国民に農業・農村の価値が再認識され、都市と農村を人々が行き交う『**田園回帰**』ともいうべき動きも生まれつつある。その価値や魅力を積極的に発信し、新たなライフスタイル等を提案していくことは、国民が真に豊かさを実感できる社会の構築に貢献すると考えられる。」	・閣議決定文書（食料・農業・農村基本法に基づく）。
2015年3月	農林水産省「魅力ある農山漁村づくりに向けて」	「人々が都市と農山漁村を行き交い始めた。特に若者の動きが活発である。その背景には国民の農山漁村への多様な関心がある。これを、ここでは『**田園回帰**』と呼んでみよう。」 ※文書の副題は「都市と農山漁村を人々が行き交う『**田園回帰**』の実現」。	・食料・農業・農村基本計画（2015年）の付属文書（上記）。
2015年5月	農林水産省「平成26年食料・農業・農村白書」	「このような中、都市に住む若者を中心に、農村への関心を高め新たな生活スタイルを求めて都市と農村を人々が行き交う『**田園回帰**』の動きや、定年退職を契機とした農村への定住志向がみられるようになってきています。」	・閣議決定文書（食料・農業・農村基本法に基づく）。 ・翌年度（平成27年度）白書にも同様の記述がある。
2015年6月	国土交通省「平成26年度国土交通白書」	「統計データにより地方への人の流れの傾向を全国的に読み取ることは困難であるが、経済一辺倒の豊かさではなく、自然や地域との触れあいを大切にする生き方も求められており、**田園回帰**と呼ばれるように、地域を志向し地域を大切にしたいという若者も増えてきているとの指摘がある。」	・「国土のグランドデザイン2050」を踏まえつつ、本格的な人口減少社会における国土・地域づくりについて考察する白書。
2015年8月	国土形成計画（全国計画）	「これまで、ともすれば都市の生活が優れているとの価値観が大勢を占め、地方住民の『都会志向』がみられたが、最近では都市住民の間で地方での生活を望む『**田園回帰**』の意識が高まっており、特に若者において『**田園回帰**』を希望する者の割合が高い。また、地方暮らしのための相談件数も増加傾向にある。」	・閣議決定文書（国土形成計画法に基づく）。 ・文書中に合計8回、「田園回帰」が登場。

＊：資料＝各文書より作成。

2015年3月の「食料・農業・農村基本計画」では、さらに踏み込んだ認識が示された。そこでは、「国民に農業・農村の価値が再認識され、都市と農村を人々が行き交う『田園回帰』ともいうべき動きも生まれつつある」として、「田園回帰」という言葉を国民意識まで含めた幅広い意味で論じている。これは、この計画の付属文書として位置づけられた「魅力ある農山漁村づくりに向けて」という報告に導かれた表現でもある。この文書は農村政策の今後のあり方を論じたもので、副題を「都市と農山漁村を人々が行き交う『田園回帰』の実現」としており、広い意味での「田園回帰」を政策の目標として掲げている。とはいうものの、基本計画では、先に引用した文章に続いて、「しかしながら、こうした新たな動きは、いまだ農業・農村の発展を力強く牽引しているとはいえず、農業就業者の高齢化や農地の荒廃など農業・農村をめぐる環境は極めて厳しい状況にあり、多くの人々が将来に強い不安を抱いているのが現状である」とその限界を同時に示している。

さらに農林水産省では、同年5月に公表した「食料・農業・農村白書」の特集のなかで、「田園回帰」傾向を取り上げている（特集のタイトルは「人口減少社会における農村の活性化」）。この白書は大手新聞により、「『田園回帰』国が後押し」（『読売新聞』2015年5月27日）などと報じられた。

また、「国土形成計画（全国計画）」（2015年8月）は最新の国土計画であるが、そこにもこの言葉は登場する。「最近では都市住民の間で地方での生活を望む『田園回帰』の意識が高まっており、特に若者において『田園回帰』を希望する者の割合が高い」と表現されているように、田園回帰はやはり国民の意識変化にかかわるものと位置づけられている。この計画では、文中に「田園回帰」が合計8回も登場するように、この潮流を新しい国土計画の前提的認識としている。

なお、ここで取り上げた2015年の三つの文書は根拠法に基づく政策文書であり、閣議決定されていることは重要である。特に、「食料・農業・農村計画」と「国土形成計画」は、いずれも10年という長いスパンの計画であり、政府内でも重みをもっている文書でもある。そこにおける「田園回帰」という表現の登場は、その認識が政府で広く認められたことを意味している。本シリーズ第3巻『田園回帰の過去・現在・未来』[*5]で、筆者が「政策的には、この2015年が『田園回帰元年』と呼ばれたとしてもおかしくはない」[*6]としたのは、このためである。

このように政府の「田園回帰」の認識は徐々に広がり、深まっている。「田園回帰」を、単に都市から地方部、特に農山村への人口逆流とだけとらえるのではなく、国民意識や国土構造にもかかわる多面的なものとして意識されていた。他方で、東京一極集中の是正を目的とする地方創生政策を担当する部局では、そのような積極的な認識は政策文書として示されていない。その点で、過大な評価をしてはならないが、この時期の田園回帰をめぐる政府の認識は、注目される。

*5 小田切徳美・筒井一伸編著『田園回帰の過去・現在・未来』（農文協、2016年）。同書を以下、「第3巻」とする。

*6 第3巻、11頁

2 田園回帰をみる視点——三つの局面

（1）三つの田園回帰

第3巻で筆者らが行った整理は、前節でみたよう田園回帰の多面性を意識し、それを三つの局面でとらえた。図1を参照しながら、あらためて、その内容を説明してみよう。

第一は、「人口移動論的田園回帰」である。これは移住そのものを示している。政策的な目標、特に自治体が数値目標を掲げる対象はこれを意味することが多い。先にも触れたように、こうした傾向の存在は、藤山浩氏により初めて定量的に確認された。そして、その実態の詳細が第1巻でまとめられている。

第二は、移住という人口上の動きにとどまらず、移住者が地域の人々とともに、新しい農山村をつくりあげるという意味での「田園回帰」である。それを「地域づくり論的田園回帰」と呼んでいる。

図1　三つの田園回帰

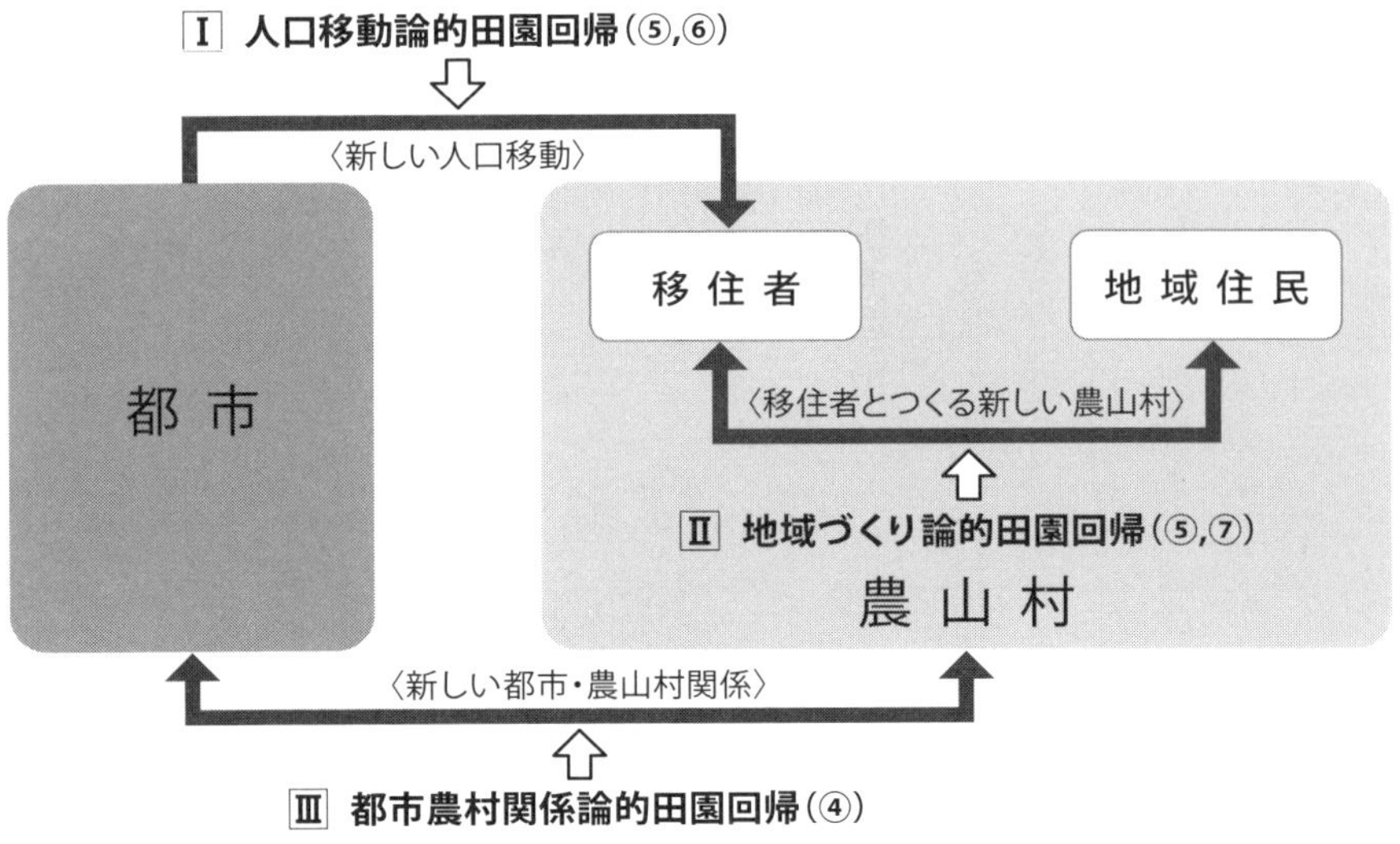

＊丸囲み数字は本シリーズの巻番号（第1巻〜第3巻は全体にかかわる）

そこでは、移住者は単なる「人口」ではなく、協働する主体、地域サポート人としての役割を果たしている。また、その場には、移住者のみでなく、二地域居住をする人や都市から通い、ボランティアで地域づくりにかかわる人々もその周辺に存在するケースも多い。

　本シリーズ第2巻、『季刊地域』編集部編『人口減少に立ち向かう市町村』[*7]は、四つの市町村（島根県邑南町《おおなんちょう》、秋田県五城目町、島根県雲南市、山形県川西町）の詳細な現地レポートであるが、そこでは重要な議論が行われている。総括として論じられている「『田園回帰』の動きは『地元愛』が高く求心力が強い地域で起こる。（中略）その強い『地元愛』に引きつけられるように、ぽつぽつと地元出身者が帰ってきたり、『あの人がいるところなら』と、人づてにIターンの人が頼ってきたりする」[*8]という指摘である。同様の事実は筆者等も把握しており、それを第

＊7　『季刊地域』編集部編『人口減少に立ち向かう市町村』農文協、2015年。同書を以下、「第2巻」とする。

＊8　第2巻、240頁（「おわりに」の記述）

3巻では、「移住者なくして地域づくりなし、地域づくりなくして、移住者なし」という「移住者と地域磨き（づくり）の相互規定関係[*9]」と呼んだ。「地域づくり論的田園回帰」はこうした関係を表している。

さらに、第3巻第2章の舞台となった和歌山県那智勝浦町色川地区（地区内の45％の人々が移住者という移住先発地域）では、いっそう明確にその関係が語られていた。自らも移住者である地域リーダー・原和男氏の「人の思い・人のエネルギー・地域の雰囲気とでも言おうか。人が化学反応を起こすわけだ。山里の空間や地元の人がもっている魅力とそれに惹かれてやってきた人たちのさまざまな色のエネルギーがまた新たな魅力となって人を呼ぶ[*10]」という発言は「地域づくり論的田園回帰」の内実を現場視点で端的に表現したものであろう。

そして、第三は、「都市農村関係論的田園回帰」である。農山村移住の増大は、人口移動が従来の農山村から都市へという一方向への流れではなく、双方向への流動化が進むことを意味している。そうなると、都市—農村の関係にかかわる国民意識自体も変化することになり、逆に、そのような国民レベルの意識変化がなければ、双方向の流動性は安定化しないといえよう。それは、国土における「都市なくして農山村なし。農山村なくして都市なし」という共生関係の形成にほかならず、広義の田園回帰である。

このように、この三つの田園回帰は、順に「人」（人口移動論的田園回帰）、「地域」（地域づくり論的田園回帰）、「国土」（都市農村関係論的田園回帰）を対象としている、つまり、「田園回帰」とは、その現象を表すだけにとどまらない言葉であり、広がりをもつ概念である。こうした多面的または重層的な視点が、本シリーズのいわば総論編といえる、第1巻から第3巻の各所で語られていたのである。

（2）事例にみる「三つの田園回帰」——「移住者」の変化

このような三つの田園回帰をあらためて整理したのが、表2である。前項で論じた田園回帰の多面

*9 第3巻、217頁

*10 第3巻、54頁

性が明らかになろう。そして、注目すべきは、この三つの局面のなかで、移住者の役割が段階的に変化していくことである。

この点について、「田園回帰」の事例から検証してみよう。ここで対象とするのは、「地域おこし協力隊」のOBとして著名な新潟県十日町市の多田朋孔《ともよし》氏である。多田氏の多彩な活動はすでに数多くの文献で取り上げられているが[*11]、それを簡潔に表3にまとめている。

氏の移住先である池谷集落は、2004年の新潟県中越地震による被災から復興した集落として、やはりよく知られた地域でもある。まず、この地区について記しておこう。池谷は1950年代後半には37世帯を擁する中規模な集落であったが、人口流出が進み、2004年の中越地震時には8世帯、人口22名、高齢化率62%の小規模高齢化集落となっていた。そこに大地震が直撃した。幸いなことに人的被害はなかったものの、農地や集落道、神社などに大きな被害が出た。

直ちに、支援に乗り出したのが海外の紛争地

表2 「三つの田園回帰」の諸側面

三つの田園回帰	視点	移住者の主な役割	「田園回帰」の定義
①人口移動論的田園回帰	人	移住者	狭義（広義）
②地域づくり論的田園回帰	地域	地域サポート人（協働者）	広義
③都市農村関係論的田園回帰	国土	ソーシャル・イノベーター（変革者）	広義

＊第３巻の表10-1（219頁）より、修正引用。

表3 多田朋孔氏の移住とその後の対応

	主な出来事	田園回帰の局面		
		人口移動論	地域づくり論	都市農村関係論
2002年4月	大学卒業後、コンサルティング会社就職			
2010年2月	新潟県十日町市に移住（妻子と３人）	○		
同	地域おこし協力隊就任（2013年2月まで）		○	
2011年12月	NPO法人十日町市地域おこし実行委員会の設立総会参加（事務局長就任）		○	
2014年8月	農山漁村活性化支援人材バンク（農林水産省事業）に登録、活動開始			○
2015年5月	総務省地域力創造アドバイザーとして登録、活動開始			○
2016年5月	「ビジネスモデル・デザイナー®」として認証、活動開始			○

＊資料＝ヒヤリングおよび多田氏提供資料より作成

や被災地で救援復興活動を行うNGO（NPO法人）であった。この団体は、池谷集落の廃校となった小学校（分校）を拠点として全国からボランティアの受け入れを行い、物的な復旧をサポートすると同時に、再開した農業の収穫物を利用した収穫祭を企画するなど、集落住民と支援者の交流にも力を入れた。このような状況がしばらく続くと、集落住民の意識にも徐々に変化が生まれ始めた。被災前から、すでに集落の将来への諦めの気持ちがみられたのだが、被災から2年を経た2007年の頃には、「困難な状況でも、集落を残そう」という意志が住民に広がり始めた。そのため、小さな集落ではあったが、集落再生ビジョン（地域復興デザイン）の策定に取り組み、同時に体験イベントである「雪かき道場」などの実践も始めた。

　このボランティア活動に参加していたひとりが多田氏である。多田氏は、この集落を知るにつれ、「この集落で行われていることは、抽象的な理想論ではなく、活動が具体的で地に足がついている」と思うようになり、また、地元のリーダーの「ここでの取り組みは日本の過疎の問題、農業の問題、食料の問題に立ち向かうつもりでやっている」という発言を聞き、「自分がやりたいことはこれだ」と移住を決断し、2010年には家族と集落内に転居した。

　移住後、氏は十日町市の地域おこし協力隊として、池谷集落を含む飛渡《とびたり》地区（合計14集落）の地域づくりサポートを担当した。池谷集落では、集落再生ビジョンづくりにかかわり、その流れでビジネス・コンペへの応募（6次産業化が内容）や集落メンバーとその関係者によるNPOづくり（特定非営利活動法人十日町市地域おこし実行委員会）のために奔走した。

　その間、このような地域活動に触れ、「こんな素敵なところに住みたい」「なりたい大人として憧れる」と2名の女性が2011年には移住した（そのひとりが佐藤可奈子さん―第3巻第5章6節で「移住女子」として紹介）。その結果、震災後にはさらなる人口減少で6世帯13人まで縮小していた集落規模は8世帯19名となり、高齢化率も37％まで回復した。このことから、池谷集落は『限界集落』

＊11 たとえば、椎川忍・小田切徳美・平井太郎等編著『地域おこし協力隊―日本を元気にする60人の挑戦』（学芸出版社、2015年）や指出一正『ぼくらは地方で幸せを見つける』（ポプラ新書、2016年）など。

を脱した『奇跡の集落』」と呼ばれるようになり、[*12] その挑戦はしばしばマスコミでも報道されている。

こうして再生が始まった集落では、設立されたNPOを中心に、米の直売事業や加工品づくり（おかゆ、干し芋）、体験型イベントの実施、また若いインターンの受け入れやそのための後継者住宅の建設・運営等に取り組んでいる。さらに2014年からはNPOが生産主体となり、稲作も開始している。多田氏はそのNPO法人の事務局長として諸活動を支えている。

このように、多田氏の移住は、震災の被災から立ち上がった地域の姿に影響を受けている。困難ななかでも前向きな集落の魅力が、氏と家族を呼び込んだのであろう。それと同時に、多田氏の移住が集落を変えるという逆の効果も確実にみられる。移住という「人」の動きから、「人」を含めた「地域」の動きにつながっているのである。別の言葉でいえば、田園回帰は「人口移動」から「地域づくり」に局面を変えたといえよう。そのなかで、多田氏は移住者から地域づくりの協働者とそのポジションを変えている。

しかし、多田氏の活動はそれにとどまらない。池谷集落での経験を他の地域にも広げる活動に乗り出している。以前より、農水省や総務省に登録された「アドバイザー」として、他の地域へのコンサルテーション活動はしていたのであるが、2016年には、「ビジネスモデルデザイナー®」の認証を受け、地域づくりの本格的なアドバイザー活動を始めている。特に、地域おこし協力隊OBとして、その経験を各地の研修会で伝え、適切な仕組みを普及しようとする活動は注目される。そこでは、都市と農山村の両者の実態の認識と経験をもつ者として、独自のポジションを得ている。その活動は、地域づくりの協働者を超えて、より都市と農山村を結び、両者の共生社会形成の契機を主導する可能性がある。つまり、田園回帰は、「地域づくり」の段階から「都市農村関係」の段階にフェーズを変えつつある。

このような都市と農村をつなぐ移住者を第3巻では「ソーシャル・イノベーター」と規定した。[*13] 従

＊12 池谷集落の再生プロセスについては、稲垣文彦他著『震災復興が語る農山村再生』（コモンズ、2014年）および小田切徳美『農山村は消滅しない』（岩波新書、2014年）でも論じられている。

＊13 第3巻、218－220頁

来から、地域づくりのなかにみられる地域の仕組みを革新し、新しい取り組みに向かうプロセスはソーシャル・イノベーションといわれており、その革新的担い手がソーシャル・イノベーターである。そうした人材が注目されていたのは、おもに地方都市のまちづくり活動であったが、[*14] 農山村のIターン者と親和性があるという研究もみられる。[*15] 多田氏の新しい活動は、都市と農山村の両者を知り、両者の関係を、ソーシャル・イノベーターとして、実践を通じて変えていくという可能性に富んでいる。

以上の多田氏の移住者→協働者→変革者という発展プロセスにみられるように、やはり移住は単なる「人」の動きにとどまらない。「地域」が動き、そして都市と農村の関係性という「国土」レベルにかかわる動きにもつながる可能性をはらむのである。

このように、田園回帰を多面的な視点からとらえ、それぞれの取り組みを観察すると、その課題が浮かびあがってくる。本シリーズの「各論編」であるシリーズ第4巻～第7巻の各巻はまさにそれを意識している。次節でまとめてみよう。

3 「三つの田園回帰」の政策課題 ——本シリーズから学ぶ

(1) 移住とその課題——仕事（第5巻、第6巻）

都市部から農山村への移住をめぐる課題やハードルとして、第3巻では仕事、住まい、コミュニティを「三つのハードル」として指摘した。そのなかで、現在の最大の課題は「仕事」であろう。移住促進を担当する市町村職員でありながら、「この地域には、仕事などないから無理だ」と半ば諦めている者に出会う。また、このことから、「田園回帰はブームにすぎない」と発言をする者もいる。

*14 たとえば、木村隆之「まちづくり研究およびソーシャル・イノベーション研究の理論的研究に関する一考察」（『経学論集』第26巻第1号、2015年）は滋賀県長浜市を分析対象とする。

*15 関谷龍子・大石尚子「農村地域におけるソーシャル・イノベーターとしてのIターン者」（『佛教大学社会学部論集』第59号、2014年）を参照。

その点について、第3巻では、移住者の「仕事」は、既存の組織でいままでの仕事をする「就業」だけではなく、新しく仕事をおこす「起業」、従来の仕事を新しい要素を加えてつなぐ「継業」があり、そのような選択肢の広がりがあることを示した。[*16]

第5巻『ローカルに生きる ソーシャルに働く』[*17]では、それをさらに進めて、「これからは、仕事の場、雇用の場がある地域よりも、なにかしら新たな仕事をつくっていくことができる土壌に、意識や志の高い人びとが引き寄せられていくのではないだろうか」[*18]と、起業や継業という新しい選択肢こそが移住の受け皿として意味あることを主張している。これは、「ここでいう『ソーシャルに働く』という意味は、他者のため、地域のためにという直接的な動機よりも、他者と関係性を築くこととそのプロセスに重きが置かれている」[*19]ことと関係している。つまり、一部ではあるが、若者を中心に、〈仕事づくり＝地域との関係性づくり〉という意識が広がり始めている。そのため多様な地域資源が存在し、一般には、さまざまな関係性づくりの機会が都市よりも多い農山村がその場として選ばれる傾向が生じている。

その意味で、「仕事はつくるもの」であり、そうした志をもつ移住者の仕事として「起業」や「継業」が、より積極的に位置づけられるべきものであろう。したがって、行政的な支援としては従来型の企業誘致やその求人とのマッチングも必要ではあるが、それと同時に、「起業」「継業」へのサポートが重要になる。実は、この点こそ、行政やその担当者の理解が及ばないポイントとなっている。先に紹介した「この地域には、仕事などないから（移住促進は）無理だ」という行政職員の声も上で述べた移住者の地域への思いに対する無理解から起こっているといえよう。

それでは、このような傾向からみて、農林業という産業はどのように位置づけられるであろうか。それを検討したのは本シリーズ第6巻『新規就農・就林への道』[*20]である。

この第6巻では、何よりも新規参入の多様性が描かれている。専業自営型から、法人・組合就職

＊16 第3巻、150−157頁

＊17 松永桂子・尾野寛明編『ローカルに生きる ソーシャルに働く』農文協、2016年。同書を以下、「第5巻」とする。

＊18 第5巻、20頁

＊19 第5巻、21頁

＊20 『季刊地域』編集部編『新規就農・就林への道』農文協、2017年。同書を以下、「第6巻」とする。

型、そして半農半X型、自伐型林業までの幅広さは、農林業にはこのような多様な選択肢を提供する条件があることをあらためて教えてくれている。また、同時に気がつくことは、このような多様な選択肢にそれぞれ政策やJA等の関係機関からの支援が整備されていることである。特に、近年では、副業型林業といえる自伐型林業への支援が急速に拡大し、また島根県から始まった「半農半X」型就農支援にもようやく広がりがみられる。

このような形で就農した者にかかわり、同巻では、「時に地元育ちの住民よりも『山村らしい』暮らしを志向する新規就農者（とりわけ域外からの新規参入者）は、伝統的な暮らしを再創造する主体として位置づけることができる」[*21]ことが指摘されている。先ほどの表現を使えば、「ソーシャルに働く」ことをそれらの参入者は実現している。

こうしたことを支えるために、第6巻の各所で論じられているように、新規農業参入者の「地域参入」の側面を意識した本人のビジョンの明確化や地域との調整に対して、自治体や中間支援組織の役割がありそうである。

（2）地域づくりへの移住者のかかわり——地域文化（第5巻、第7巻）

「地域づくり論的田園回帰」はひと言でいえば、「移住者とともにつくる地域」というプロセスを指しているが、そのポイントが地域文化であることを強調したのは本シリーズ第7巻『地域文化が若者を育てる』[*22]である。

この地域文化と地域づくりとの関係は古くから指摘されている。たとえば、内発的発展論を定式化した宮本憲一氏は、地域の内発的の条件のひとつとして、「文化に根ざした経済発展」[*23]を掲げている。また、それを意識して、「文化と産業が両立する都市の在り方を研究し、新たな都市論を模索」[*24]する必要性を唱える佐々木雅幸氏は、「創造都市」概念を示し、金沢市やイタリアのボローニャにその典

＊21 第6巻、58頁

＊22 佐藤一子『地域文化が若者を育てる』農文協、2016年。同書を以下、「第7巻」とする。

＊23 宮本憲一『環境経済学』岩波書店、1989年、294頁

＊24 佐々木雅幸『創造都市への挑戦』（岩波現代文庫版）岩波書店、2012年、292頁（「岩波現代文庫版あとがき」の項）

型例を見出している。佐々木氏は、さらにそれを拡張して「創造農村」の概念を提唱し、近年、国内の農山漁村には、「住民自治と文化芸術活動を重視した総合的な『創造農村』に向けた取り組みが積み重ねられてきた」[*25]とする。

農山村では、このような文脈における地域づくりの文化的陶冶《とうや》がますます重要視されている。そして、そうであれば、「移住者とつくる新しい地域」（地域づくり論的田園回帰）においては、仕事づくり、コミュニティづくりに加えて、この地域文化の創造と継承がもっと強調されるべきであろう。第7巻はまさにそれを追求した。

そして、その結論は明快である。同巻の巻末で、「田園回帰を励ます地域文化とは、『その土地に凝集された暮らしの知恵、今もそれを受け継ぐ人々に出会い、そこにみずからも一員として参加しうる希望や期待が生まれることである』ということができるのではなかろうか」[*26]と論じられている。やはり、住民が地域を磨く諸活動が受け皿となり、そして移住者も加わった新しい文化活動の構築が求められているのである。

こうした「地域文化磨き」と移住者の関係は、実は第5巻にも記録されている。この巻に登場する自分で仕事をつくる若者は、仕事づくりと同時にどこかで地域文化を意識している。たとえば、仙台木工職人として和箪笥づくりなどの「手仕事」の継承と発展を担う三浦拓也氏は「手仕事は、地域資源を活かすひとつの方法であり、同時に地域資源によって活かされる生業の形である。その魅力が地域文化へ還元されることにより、手仕事・工芸が地域に生き続ける産業として持続し、文化と産業が密接に結びついた地域力として発現するよう、微力ながら実践を続けたいと思う」[*27]と語っている。それらを受けて、同巻の総括では、「誇り高く自らの文化を語れる地域には、Uターン、Iターン問わず人びとが集まりやすい」[*28]と記している。

このように、移住者の地域とのかかわりのなかでは地域文化は不可欠のものといえる。しかし、振

＊25 佐々木雅幸「創造農村とは何か、なぜ今、注目を集めるのか」、佐々木雅幸・川井田祥子・萩原雅也編著『創造農村：過疎をクリエイティブに生きる戦略』学芸出版社、2014年、15頁

＊26 第7巻、217頁

＊27 第5巻、146頁

＊28 第5巻、230頁。ただし、この引用文の直後には「ただ誇りも度が過ぎると他を寄せつけない自己満足、そして扱いにくいものになってしまう」と記されている。

り返れば、移住政策のなかでそれが意識されることはほとんどない。「移住者とともに進める地域づくり」（地域づくり論的田園回帰）のなかでは、「移住者とともにつくる地域文化」を促進することが重要な政策課題となることが明らかにされたといえよう。

（3）都市農村共生と移住者――新しい人材（第4巻）

「都市農村関係論的田園回帰」とは、すでに述べた、第一、第二の田園回帰の局面を経て、都市と農山村が共生に向かい歩むプロセスを指している。それは、広義の「田園回帰」であり、より大きく「国民の田園回帰」といえるであろう。

そして、注目すべきは、その過程で、都市も農山村も経験する移住者が両者のあたかも架け橋となる実態があることである。そうした現実と意義などを追ったのがシリーズ第4巻『交響する都市と農山村』[*29]である。

その総括に相当する章の次の一文は、彼らの実態を的確に示していよう。「むろん、都市から農山村へと入っていく若い世代の存在は、単に両者の関係を開き、農山村の困りごとを解決するだけではない。商品開発やデザイン、販売に関心のある若い世代が農山村に入ることを通じて、都市と農山村との間にあった、従来型の経済関係は新たな形に転換する可能性をもっている。彼らは、農山村の価値を、東京をはじめとした大都市圏や海外に伝えて、人・モノ・カネ・情報を取り結ぶ役割を果たし始めている」[*30]。

それはちょうど、前節で見た新潟県十日町市の多田氏の活躍とぴったりと重なる。先にも触れたように、そうした人々を、第3巻では「ソーシャル・イノベーター」と呼んだが、この第4巻では「都市と農山村をつなぐ『通訳者』」と表現し、さらに第5巻では、「クリエイティブ・クラス」としている。いずれにしても、若者を中心とした移住者のなかにこのような役割を果たす人材が生まれている

*29 沼尾波子編著『交響する都市と農山村』農文協、2016年。同書を以下、「第4巻」とする。

*30 第4巻、211–212頁

ことは、本シリーズ全体が明らかにした重要なファクト・ファインディングスであろう。

このこともまた、国レベルの政策が意識することはあまりない。頭数としての住民人口や移住者人口よりも、むしろこのような人材を増やすことがいっそう意識されるべきであろう。つまり、地方創生にかかわり各自治体が掲げる目標は、人口ではなく人材をターゲットとして、たとえば「人口減・人材増」であるべきことがここからも導かれるのである。そして、こうした「ソーシャル・イノベーター」という人材の成長をどのように支えていくのか、これこそが、移住者政策の最奥の課題といえよう。

この場合、もちろん、「緑のふるさと協力隊」（NPO法人地球緑化センターが運営）や地域おこし協力隊などの若者を農山村に派遣する仕組みは、人材育成の重要な入り口となっていることは容易に予想される。しかし、第4巻で「緑のふるさと協力隊のような制度は、それ自体が万全な仕組みではない。多くの人間が当事者として介在して初めて地域を元気にする仕組みとして機能する。地域を活力あるものとするためには人と人がつながっていくことが大切であり、その過程に大きな意味がある」[*31]と強く主張されている。これは、協力隊制度のような入り口が必要であるものの、そうした人材が地域で育つプロセスを丁寧につくり上げていくことこそが重要であることを示唆しているのであろう。この含蓄を噛みしめたい。

*31 第4巻、168頁

おわりに――ユニークな国土形成へ

本書（シリーズ第8巻）は、現代日本における地方、特に農山村移住傾向を、欧米諸外国と比較して、その特徴を浮き彫りにすることを課題とする。本章の最後に、その比較に資するデータを示して

表4　先進国における首都圏人口シェアの推移（1960年～2010年）

（単位：%）

	1960年	1970年	1980年	1990年	2000年	2010年	増減（1950年～2010年）
日本（東京）	18.0	22.5	24.6	26.6	27.4	29.2	＋11.2
英国（ロンドン）	15.6	13.5	13.6	13.4	14.0	14.4	－1.2
イタリア（ローマ）	5.0	5.9	6.0	6.1	5.9	5.5	＋0.5
フランス（パリ）	16.2	16.2	16.1	16.5	16.5	16.7	＋0.5
ドイツ（ベルリン）	4.5	4.1	3.9	4.3	4.1	4.2	－0.3
米国（ニューヨーク）	7.6	7.7	6.8	6.3	6.3	6.5	－1.1

＊資料＝国土交通省資料（「国土のグラウンド2050・参考資料」2014年）より作成。原資料は UN World Urbanization Prospects The 2011 Revision。

＊各都市の人口は都市圏人口。ドイツは統一前も含めてベルリンとして算出。日本（東京）は国勢調査の「関東大都市圏」（2005年基準、さいたま市、千葉市、特別区部、横浜市、川崎市とそれに隣接する周辺都市を含む）。

おきたい。表4は、日本と主要欧米先進国（5ヵ国）の1960年から2010年までの50年間にわたる「首都圏」の人口シェアをまとめたものである。

シンプルなデータであるが、ここから直ちに、重要なことが明らかになろう。第一に、半世紀にわたる時間的経過にもかかわらず欧米5ヵ国の首都圏人口の変化は、最大でも1ポイントである。いうまでもなく、各国ともこの間、人口増加は続いており、そのなかで首都圏人口割合をほぼ一定にする力が働いている。第二に、それとは対照的に、日本における東京圏人口シェアは10ポイント以上も増大し、すでに3割に達しようとしている。起点の1960年でもこの6ヵ国のなかでは最高であったが、しかし当時は英国、フランスの2ヵ国は同じようなレベルであり、両国と日本のその後の推移は決定的に異なっている。

このように、首都圏—非首都圏の人口動向という一点に注目しても、日本の国土形成は先進国のなかで特異であることが明らかである。

そうしたなかで、地方創生がいわれ、「東京への一極集中の是正」が議論されていることは、もっと注目されてよい。本章の第1節でも触れたように、地方創生の根拠法である「まち・ひと・しごと創生法」は、その第1条で、「少子高齢化の進展に的確に対応し、人口の減少に歯止めをかけるとともに、東京圏への人口の過度の集中を是正し、それぞれの地域で住みよい環境を確保して、将来にわたって活力ある日本社会を維持していく」ことを法の目的とした。要するに、この法律が制定されて以降、「東京一極集中の是正」は政府の公式な政策目標となったといえる。この点について、立法過程にかかわった政策担当者は、『東京一極集中の是正』を法律上明記したのは初めてのこと」であり、「法律で定めた以上、少なくとも一内閣や時々の政権の意向のみによって変更することはできない」[*32]とその意義を的確に論じている。

先にみたような特殊な国土形成と新しい政策（地方創生）のもとで、日本における田園回帰の動向はますます注目されることになろう。しかし、この欧米との比較からも示唆されるように、半世紀も傾向的に続く東京圏一極集中傾向が、田園回帰傾向だけで反転し、3割にも及ぶ首都圏人口シェアが鋭角的に低下すると考えるのは非現実的であろう。田園回帰がさらに活発化しても、巨大都市である東京圏はかなり長期にわたりその人口シェアを維持することは容易に予想される。

つまり、〈地方移住〉と〈巨大な首都圏の存続〉が併存するという国土構造がしばらくは続くこととなろう。それは、これ以降の各章でみられる欧米先進国の「逆都市化」プロセスではみられなかったことでもある。したがって、今後も、いかなる国とも異なるユニークな国土形成プロセスが構想されることが必要である。その意味で、ここでも、人口シェアという量的な動きではない、むしろ農山村と大都市・東京圏との連携・共生関係の形成・深化という質的側面が重視されねばならない。

単なる、「逆都市化（田園回帰）」プロセスの比較ではなく、むしろ国土における都市と農山村の関係の国際比較が必要とされている。本書における各国の記述と分析をそのような視点から理解することが求められている。

*32 溝口洋「まち・ひと・しごと創生の経過と今後の展開」『アカデミア』113巻、2015年。執筆時、溝口氏は地方創生本部事務局の参事官であった。

II

田園回帰をめぐる世界の動き

第1章

フランス編 小さなコミューンが地域自治と田園回帰に果たす大きな役割

東北大学大学院准教授　石井圭一

フランスの農村人口は1975年の国勢調査により、長期にわたる減少局面をほぼ脱したことが確認され、1982〜1999年の国勢調査で下げ止まった。ベルナール・ケゼーが1990年に出版した著書のタイトル『農村ルネッサンス』[*1]がここにいう「田園回帰」に相当するのではないだろうか。地方都市も含めた通勤圏の拡大と農村の生活の場としてのアメニティの魅力が農村部に人口を引きつけるという構図である。

フランスの農村で目を引くのは、牧歌的な風景や中世にさかのぼる村落の数々だけでなく、住民生活の基盤を支える基礎自治体、コミューンの数の多さである。その数は全国に3万6000あまりに及び、人口階層別にコミューン数と人口をみると、2000人未満のコミューンの数は全体の86%で、総人口の24・4%がここに居住する（65頁、表2）。農村では100〜300人程度の規模が普通である。数十人程度のコミューンもめずらしくない。その起源はフランス革命前の教区にさかのぼるといわれ、200年を経た現在もほとんどその数は変わらない。[*2]

以下では、フランスの「田園回帰」を数字のうえで確認した後、フランスの農村におけるコミューンのありようを手がかりに、農村社会の適応の現場をとらえたい。

＊1　Bernard Kayser, *La renaissance rurale : sociologie des campagnes du monde occidental.* A. Colin, 1990. 副題に「西洋社会の田園の社会学」が付されている。

＊2　1999年のコミューンの数は3万6565で、むしろ1891年の3万6144より多い。我が国では、1888（明治21）年に町村制が施行された当時の町村数が7万1314であった。現在、フランスの人口は約6000万人で日本の半分であるから、もし江戸時代から引き継がれた自然村が生きながらえたとすれば、両国の1町村あたり人口はほぼ等しい。

1 フランスにみる「田園回帰」

(1) 都市・農村の分類と人口増減

農村の定義は所を変えればさまざまである。日本のように人口密度の高い国では、農地が広がり農村固有の家屋が点在する地域でも、とりわけ欧米諸国と比べれば、相当な人口密度である。フランスの国立統計経済研究所(INSEE)では伝統的に2000人未満のコミューンを農村コミューンとして定義してきたが、「田園回帰」の実態を精緻に把握するために、国勢調査が行われるたびに農村や都市圏について新たな定義を用いてきた。

表1は1999年国勢調査[*3]をもとに、都市・農村を分類、1999~2006年の人口の変化をみた。ここで、都市的地域は都市部と都市近郊からなる。都市部は5000人以上の雇用を供給し、かつ、建築物が連続した(200m以上の間隔がない)人口2000人以上のコミューンからなる。[*4]都市部のうち、50%以上の人口を抱えるコミューンが中心都市、それ以外が郊外である。都市近郊は都市部の通勤圏として定義される地域である。農村的地域とはここでは都市的地域に含まれないコミューンである。

表1 都市・農村の人口増減

(%/年)

	1982-99	1999-2006	うち 自然増減	社会増減
都市部	0.3	0.5	0.5	0.0
中心都市	0.0	0.3	0.4	-0.1
郊外	0.6	0.6	0.6	0.0
都市近郊	1.2	1.3	0.4	0.8
都市的地域	0.2	0.7	0.5	0.2
農村的地域	0.0	0.7	-0.1	0.8
全国	0.4	0.7	0.4	0.3

*資料:Laganier J., Vienne D., Recensement de la population de 2006 ; La croissance retrouvée des espaces ruraux et des grandes villes. *INSEE premier*, n.1218, 2009.

*3 第2次世界大戦後、国勢調査は、1946年、1954年、1962年、1968年、1975年、1982年、1990年、1999年に実施された。2004年以降、集計法が簡素化され、毎年、国勢調査結果を公表している。

*4 フランス国立統計経済研究所(INSEE)によるコミューンの定義である。

これをみると、1999〜2006年の間に農村地域では年率0・7％で人口増加、これは全国の増加率に等しい。自然減は0・1％であるが、社会増が0・8％となり、都市近郊と並んで人口流入による増加がみて取れる。この全国の傾向をもって、「田園回帰」といってよいだろう。

（2）フランスの地方制度とコミューンの役割

フランスの田園回帰、すなわち、「農村」と呼ばれる地域の人口増の実態を人口統計から確認してみよう。人口統計の地域的単位となるのがコミューンである。コミューンは最も小さな行政区画であるとともに、中世の都市や教区を起源とし、長い歴史をもつ地域の単位である。*5

ここで、フランスの地方制度について触れておこう。基礎自治体であるコミューンの上位団体に101団体の県、22団体の州がある。県はコミューンとともにフランス革命時に区画された。県庁所在地から馬で往復できる範囲だという。州は1956年に数県をまとめた国の広域行政区として設置され、1982年に一連の地方分権化により広域自治体となった。なお、2016年1月に再編され、フランス本土の22州は13州に削減された。

さて、コミューンは住民数にかかわらず、直接普通選挙で選出された任期6年の議員で構成されるコミューン議会が運営し、コミューンを代表し事務を執行するメール（maire、市町村長）が議会内で互選される。コミューンの権限は多岐にわたる。学校の施設管理や児童の通学手段、都市計画、社会事業、コミューン道、家庭ごみの収集、上下水、電線敷設など、近隣公共施設の建設・管理などの基礎的な行政サービスを提供する一方、1980年代以降の一連の地方分権化を通じて、企業誘致、観光開発、環境保全、人材育成、都市交通や文化施設の整備など、社会経済振興を独自に行う権限を備えるようになった。

後にみるように、100人にも満たない人口の零細な農村のコミューンにも、制度上は大都市のコミューンと同様の権限がある。人口数万人から数十万人の都市コミューンであれば、単独のコミューン

*5
1789年、フランス革命時にコミューンとして行政単位に位置づけられ、1884年市町村法により最初の自治権を得た。

で実施することもできるが、農村部の零細なコミューンにおいて行政サービスの高度化や行政ニーズの多様化に対応することは到底できない。そこで発達したのが、必要とされる行政機能に応じて、さまざまな結合関係のもと、機能ごとに適当な範域を形成するシステムである。19世紀末以降、コミューン間の協力組織として事務組合が広く普及し、上下水道やごみ収集、小学校のスクールバスの運営などを共同で行ってきた。事務組合は参加するコミューンの分担金で運営されるが、1980年代以降の地方分権化政策に合わせて、コミューンが特定の事務権限や固有財源を移譲した広域行政組織が急速に全国に広がった。地方小都市を対象としたコミューン共同体、都市圏を対象とした都市圏共同体、大都市圏を対象とした大都市共同体である（2014年、2145団体）。2014年1月現在、全国にコミューンは3万6681であった。

表2 コミューンの人口規模階層別の団体数と人口の割合 (2014年)

人口規模階層(人)	団体数(%)		人口(%)
0～499	19,916	54.3	6.9
500～1,999	11,623	31.7	17.5
2,000～3,499	2,155	5.9	8.7
3,500～4,999	922	2.5	5.9
5,000～9,999	1,112	3.0	11.8
10,000～19,999	507	1.4	10.8
20,000～49,999	322	0.9	15.0
50,000～99,999	83	0.2	8.3
100,000以上	41	0.1	15.2
	36,681	100	100

＊資料：Ministére de l'intérieur, Les collectivités locales en chiffre en 2014.

(3) 農村人口の反転

1990年国勢調査に基づいた都市圏、近郊コミューン、農村地域の分類よれば、農村地域人口は1975年の1318万人を底に1982年には1326万人、1999年には1363万人に回復した。*6 この間、農村地域の人口割合は25・1%から23・3%と引き続き低下したが、過去1世紀にわたり続いた農村人口の増減傾向が反転したといわれるゆえんである。

農村人口の反転をコミューン数でみると、国勢調査のたびにその広がりが確認されている。1975～1982年に農村地域コミューン2万3341のうち、ほぼ半数にあたる1万1900コミューンで社会増を記録、社会増の農村地域コミューンは95県中44県で農村地域のコミューンの過半数を超えた。同じく1982～1990年には社会増を記録したコミューンが1万2700、農村コ

*6
Bessy-Pietri P., Hilal M., Schmitt B., Recensement de la population 1999 : Évolutions contrastées du rural. *INSEE premier*, n.726, 2000.

表３　都市人口、農村人口の自然増減と社会増減

（1,000人）

	都市部		郊外		農村地域		全国	
	自然増減	社会増減	自然増減	社会増減	自然増減	社会増減	自然増減	社会増減
1962-68	1,455	1,780	197	**-5**	261	**-401**	1,912	1,374
1968-75	1,833	664	149	529	74	**-370**	2,056	824
1975-82	1,484	**-1,005**	130	1,049	**-128**	214	1,486	258
1982-90	1,682	**-666**	259	888	**-113**	231	1,828	452
1990-99	1,722	**-877**	314	498	**-163**	410	1,872	31

＊資料：Bessy-Pietri P., Hilal M., Schmitt B., Evolutions contrastées du rural. *INSEE premier*, n. 726, 2000.

ミューンの過半が社会増を記録した県が57、1990〜1999年にはそれぞれ1万3950、72となった。社会減のコミューンが過半を超える県は北部の港湾都市、東部の伝統的な鉱工業都市とその周辺に集中し、農山村では中央山地の一部に残る。

農村の人口増加は社会増による。農村人口は1975年まで出生数が死亡数を上回る自然増、流出人口が流入人口を上回る社会減により人口は減少した。しかし、1982年以降のセンサスでは高齢化の進行にともなう自然減を社会増が上回り、人口増へとつながった。むしろ、都市圏では引き続き自然増を記録する一方で、1975年以降に社会減が始まった（表3参照）。

農村地域の人口増は市街地に近いほど増加率は高い。市街地から15〜20㎞離れた農村コミューンの人口増加率は1990〜1999年に0・2％／年から1999年〜2004年に1・0％／年に上昇した。しかし、遠隔地の農村でも人口減は下げ止まり、社会増に転じている。すなわち、同じく、45〜50㎞離れた農村コミューンでも0・1％／年から0・6％／年に上昇した。[*7] 人口増加の傾向は近年、増加率が高まるだけなくアクセスの悪い農村コミューンでも人口増加が広がっている。[*8]

（４）農村への移住者の五つのタイプ

農村への移住者の特性について、1990年と1999年の国勢調査をもとに五つにタイプ分けした調査研究がある。[*9] 第一は退職後の都

＊7 Morel B., Redor P., Enquêtes annuelles de recensement 2004 et 2005 -La croissance démographique s'étend toujours plus loin des villes-. *INSEE Première*, n.1058, 2006.

＊8 なお、農村人口の増加を見る際に、フランスでは依然、堅調に人口が増加している点に注意を払う必要もあろう。合計特殊出生率、すなわち、1人の女性が一生に産む子供の平均数は1975年にいったん2人を切り、1990年代半ばに1・73と底をついた後、2008年には再び2人の大台を超えた。これはEU諸国でも最も高い値である。

＊9 Sencébé Y., Lepicier D., 2007, Migrations résidentielles de l'urbain vers le rural en France : différenciation sociales des profils et ségrégation spatiale, Espace-Temps.net, Textuel, 10.05.2007, http://espacestemps.net/document2270.html

市から農村への移住である。高度経済成長期の農村に豊富な労働力があった時代、若いときに都市に就業先を求めた世代が退職期を迎え、生まれ育った故郷やそこに似た地域に移住した人々である。加えて、温暖な地中海岸沿いの農村に移り住むのも人気がある。

第二は定年にはまだ早いベビーブーマー世代の移住である。経済成長の恩恵にあずかり、資金的にも余裕があり、農村に不動産を購入し維持することが可能なグループで、都市の影響が残る農村への移住が多い。10万人以上の都市住民に対するアンケートでは、48%の回答者が退職後農村に移り住みたいと考え、このうち半数が現役時代に実現したいと希望するという。*10

第三は十分な広さの住宅を求めて農村に移り住む比較的若い子供のいる世帯である。都市部の不動産価格の上昇や田舎暮らしへの志向が背景にあり、職を変えずに都市圏の延長にある農村を選択する人々である。都市から距離はあっても、通勤移動が可能な農村である。

第四は同じく比較的若い世代であるが、就業の不安定、都市部の生活条件の悪化を背景に、都市部から農村部へ移り住もうとする中低所得者層である。都市部の低所得者向け住宅における治安への不安や子供の教育への悪影響を不安に思っての農村への移住であり、農村のアメニティに対して、都市のディスアメニティが人口の移動を引き起こしている。

第五は「農村企業家」と呼ばれる個人事業者である。農業に参入する者、手工業や商店経営、自営を行う者、自由業を行う者などで、都市から離れた農村に移り住む人々である。1999年の国勢調査ではこうした農村への移住者は移住者全体の5%程度とみられている。

都市部へのアクセスが比較的容易な農村への移住が支配的ではあるが、その範囲は次第に広がっている。このような人口の動きは都市部において小学校の新設が減少する一方、農村部における閉校も減少している。1990年代後半以降は小学校の統合の割合は都市部と農村部で変わらないという。

*10
CNASEA, 2008, Les citadins qui s'installent à la campagne : Les communes rurales répondent-elles à leurs attentes ? Etude. 2008.

2 農村における農業の位置

(1) 農業社会の縮小

さて、このように農村の人口が持ち直す現象が確認されたが、農村住民の社会的増加にともない、住民の属性も大きく変化した。とりわけ、顕著なのが農業者の減少である。

フランスの農地面積2760万haは国土面積の50%を占め、EU諸国では最も農地資源に恵まれた国である。都市部を少し抜ければ、一転して田園風景が現れる。この資源を生かすことで、2014年には農業食品分野で世界第5位の輸出国の地位にあり、貿易収支でつねに黒字をもたらす産業となった。輸出の75%は原料農畜産物に付加価値が加わった加工品であり、食品製造業や流通業、さらには川上の資材産業まで目を向ければ、農業関連産業のすそ野は広い。

しかし、農村人口が増加する一方、農村における農業社会は大きく縮小した。1955年に230・7万を数えた農業経営体[*11]は2005年には56・7万にまで減少した。このうち、「プロ経営体」と呼ばれる経営数は35・6万にすぎず、平均経営面積は72haになる[*12]。今日では農村コミューンといえども、農業経営体の数は数件程度にすぎない。

農業経営体の減少は近年、特に激しい。1990〜2003年において、農業経営体は92・4万から66・4万に減少した。3・1%/年の減少である。高度経済成長期にあたる1955〜1970年においても2・5%/年減、また1970〜1979年、1979〜1988年でもそれぞれ2・5%/年減、2・4%/年減であった。特に減少の激しかったのは1990〜1995年で4・5%/年に達した。

*11 農業経営体の定義は国によりさまざまである。フランスでは通常、1ha以上の農地で農業生産を行う経済単位を統計上農業経営体としている。

*12 小麦生産に換算して12ha以上、かつ年間労働量がフルタイム就業者1人を1単位としたとき、0・75単位以上の経営体を統計上、プロ経営体と定義される。

*13 石井圭一「こう進めるべき新規就農政策」『農業と経済』第80巻第1号、2014年1月、85-93頁

EU農政改革の時期に一致するが、日本でいう昭和ヒトケタ世代がちょうど引退する時期であった。農村地域において農業者および農業労働者を世帯主とする世帯は1962年に34％であったが、1999年には7％に減少した。代わって増加したのが、中上級管理職や農業者以外の退職者の世帯であり、それぞれ4％から20％、21％から35％を占める。

（2）農業への新規参入の支援

農業人口もただ減るばかりではない。数は少ないが農業への新規参入による定着も確実に進んでいる。

フランスは若手の農業者育成に熱心な国でもある。日本で2012年に導入された青年就農給付金制度もフランスで生まれヨーロッパで広まった仕組みにならったものだ。フランスにおける就農助成は、1973年に山間地域を対象として導入され、1976年には対象を全国に拡大し今日に至る。就農助成政策が登場して40年あまり、制度の創設当初に給付を受けた農業者ももう引退の時期を過ぎた。世代を超えてすでに多くの農業者が恩恵を受けた仕組みである。若手農業者の経営基盤を確立するという就農助成は、フランスでも最も重要な農業政策だといってよい。*13 経営者として定着すれば、当然、その地域に根ざす必要と意欲を感じ、地域への愛着も生まれよう。農村景観の維持管理や農村文化の継承に不可欠な農業活動の後継者を育成することは「田園回帰」の要件でもある。

2010年農業センサスによれば、農業経営者数は51・5万人、40

表4　経営継承マッチングサイトの経営情報例

① コートドール県　酪農・畑作複合経営の例〔GAEC構成員の募集〕		
立地	ソーヌ渓谷地方 小学校、中学校、医院、商業施設4.5㎞、高速道路インター6㎞、鉄道駅4.5㎞	
譲渡の理由	2013年度末に両親が引退するため、息子が新たな構成員を求めている	
経営内容	面積150ha、うち飼料生産面積102ha 牛乳生産割当量45万ℓ、オス牛肥育舎あり。生産直販あり	
GAEC持ち分の40～50％を譲渡、施行期間希望		
② タルヌ・エ・ガロンヌ県　有機野菜経営の場合〔経営譲渡（土地、施設）〕		
立地	ケルシー地方平野部	
譲渡の理由	離農のための土地、施設の売却	
経営内容	面積	8.5ha（有機圃場）、うち露地野菜4.5ha、プラム0.5ha、穀物2ha
	農業機械	トラクタ、耕耘機、管理機、収穫機
	灌漑施設	点滴灌漑、スプリンクラー
	温室	140㎡、パイプハウス400㎡2棟
譲渡価格	農地8万ユーロ、施設・機械7.5万ユーロ	
経営取得前の研修可		

＊資料：APCA. http://www.repertoireinstallation.com

歳未満の農業経営者は11・7万人である。このうち、56％の6・6万人が助成制度を利用した。就農時の年齢は18～24歳31・0％、25～29歳33・2％、30～34歳19・5％、35～40歳16・2％であり（２００９年）、就農助成を受けた者のうち女性の割合は23％に上る。受給者の就農時の経営形態は個人経営66％、法人経営34％であるが、法人経営における就農は傾向的に増加している。この場合の法人とは、共同経営農業集団（ＧＡＥＣ）や有限責任農業経営（ＥＡＲＬ）など農業分野固有の法人であり、法人の持ち分を取得することで農業経営者としての資格のもとで就農することができる。就農時の経営継承は71％が家族内（三親等までの範囲）であるが、29％が家族外の継承、日本でいう第三者継承である。

この家族外の農業継承を促進するのが、後継者のいない経営者と農業経営者になりたい若者とのマッチングである。フランス農業会議所が運営する経営継承マッチングサイトには、２０１６年11月現在、全国で２２５３の農業経営が第三者継承者を待っている。[*14] たとえば、前頁の表4のような経営情報がある。個人経営の譲渡希望だけでなく、法人経営の持ち分の譲渡も多い。最近は有機農業経営の譲渡希望も増えてきた。

伝統的には農業を継ぐというように、家族のなかから継承者が現れてきたが、農業も職業選択のひとつとして開かれてきた。

*14 Chambres d'agriculture, Le répertoire départ installation, http://www.repertoireinstallation.com

3 農村コミューンの特徴

（1）農村コミューンの歴史的安定性

自然減は進むが社会増を通じて、１００年あまり続いた農村の人口減少に歯止めがかかった。移住者は農村にどのように溶け込んでいくのだろうか。フランスの基礎自治体であるコミューンのありようを手がかりにしてみたい。

古くは「明治の地方制度ほど人為的な工作物はない。……何かそれに似たものが存在したとすれば、封建制下のむらの遺制を幾分かうけついだ、合併前の『自然村』であろう」と指摘された。フランスの農村にみるコミューンは、日本の幕藩体制における「自然村」がそのまま現在まで生きながらえた村に近い[*15]。基礎的自治体としての形式を備えつつ、実態としては我が国の農業集落の規模に等しい農村のコミューンについて、その仕組みをみておこう。

1999年の国勢調査によれば、フランスのコミューン総数3万6527中、人口1000人未満の数は2万7794で76・0％になる。これらのコミューンの人口の合計は939万人で総人口の15・7％にのぼる。また、人口2000人未満のコミューン数は3万1927で87・3％になる。これらのコミューンの人口の合計は1514万人で全体の25・4％である。統計上古くから「農村コミューン」として定義されてきたのが、人口2000人未満のコミューンである[*16]。フランスで一般に農村人口として数えられるのがこの1514万人である。

このコミューンのもうひとつの特徴が数の上での歴史的な安定性である。現在のコミューン制度はフランス革命の際に確立された。フランス革命の最中の1793年には4万613、1801年には4万642のコミューンが確認されている。コミューンの数は、1870〜71年の普仏戦争後にアルザス・ロレーヌ地方の大部分がプロイセンに割譲されたときと、第一次世界大戦後における両地方の復帰のときに大きく変動した。しかし、それ以外の期間は数の変動は小さく安定している。日本のように市町村合併が推進されるもとでは、市町村の数は減少の一途をたどるが、フランスでは特別な時期の変動を除けば、コミューンの数は分裂してむしろ増えることさえある。

＊15 島恭彦、宮本憲一、渡辺敬司編『町村合併と農村の変貌』有斐閣、1958年、4頁

＊16 厳密には、人口2000人未満のほかに、隣り合う人口集積地の建物が互いに200m以上離れているという条件がつく。

（2）コミューンの議員の実態

さて、零細性から帰結する特徴をみよう。まず、零細多数のコミューンを機能させるのが多数の議員の存在である。コミューンの議員数は、法令により人口に応じて定められる。表5は法定議員数と、それぞれの大きさのコミューンについて議員1人あたりの住民数を示す。農村における平均的なコミューンの大きさは人口100〜300人程度であり、法定議員数は100〜499人のコミューンについて定められる11人となる。この規模のコミューンでは、住民23・4人に1人が議員となり、100人未満のコミューンでは、2〜3世帯に1人の議員が選出されねばならない。

農村においては、村長にあたるメールと助役のみ報酬が支給され、その他の議員の活動は無報酬である。メールや議員の月額歳費の限度額はコミューンの人口に応じて法令が定める。人口500人未満のメールの月額歳費は646・25ユーロ、助役のそれは250・90ユーロが上限である。歳費はコミューンの財政から支出するので、上限に達することはめったにない。100〜300人程度の農村のコミューンでは2人ないし3人の助役が選ばれ、メールの補佐役を務める。交通費や通信費などの必要経費が別途支給されることはなく、歳費の支給があるメールや助役にあっても、その責任の重さや拘束時間からして「ボランティア（bénévolat）」に近い。

このようなコミューンの議会にあって、かつてに比べると女性議員の割合が大きくなってきた。2001年地方選挙後の女性メールの割合は10・9％、2008年13・9％、2014年16・1％

表5　コミューン議員の法定数

コミューンの人口	法定議員数	議員1人当たり住民数*
〜99	9	7.2
100〜499	11	23.4
500〜1,499	15	56.6
1,500〜2,499	19	101.1
2,500〜3,499	23	128.0
3,500〜4,999	27	154.6
5,000〜9,999	29	238.0
10,000〜19,999	33	424.2
⋮		
250,000〜299,999	65	−
300,000〜	69	5,312
リヨン	73	6,102
マルセイユ	101	7,905
パリ	163	13,038

＊1999年国勢調査における人口を法定議員数で除した。
＊出典：Code général des collectivités locales. Article L2121-2

である。人口規模別にみると最も女性の割合が高いのが500人未満のコミューン、すなわち、農村のコミューンである（17・9%）[*17]。他方、全国の女性のコミューン議員の割合は40・3%であるが、1000人未満の小規模なコミューンでは34・8%である。2008年地方選挙より、人口3500人以上のコミューンの候補者名簿は男女同数とすることが義務づけられ、2014年地方選挙では人口1000人以上のコミューンに対象が拡大された。それ以下の小規模コミューン、すなわち農村のコミューンでは適用されていない。

職業別にみよう。2008年全国コミューン選挙を通じて選出されたメールのうち、15・6%が農業経営者である。メール職に占める農業者の割合は1977年の地方選挙の際には40%であったが、1983年に37%、1989年に29%、1995年に20%、2001年に18%と減少している。しかし、2008年雇用統計によれば、15歳以上人口に占める農業経営者の割合は0・9%であるから、まだまだメールに多い職業は農業者である。ついで、「手工業者、商店主、企業経営者」（人口に占める割合3・3%に対して8・0%）、「管理職、知的職業者」（同じく8・4%に対して15・0%）の割合が高い。ここで、全国コミューン数3万6681（2008年）のうち、人口500人未満のコミューンが1万9977、1000人未満のコミューンが2万7009であるから、メールの職業にみる農業経営者の支配性はおおむね、農村地域の零細なコミューンの状況を示す。

（3）農業色は薄まりつつあるが

他方で、退職者のメールの割合は1977年16%であったが、1983年17%、1989年23%、1995年30%、2001年30%と勢力を伸ばした。農村人口に占める農業者の割合が低下し、メール職に就く農業者の割合は減少しているが、農業団体の役員歴などを通じた農業界で得た名声とともに、農地の保有者、所有者として地域に根ざすことで、農業者はメールとしての名声と資質を保っている。

*17
Ministère de l'intérieur, Les collectivités locales en chiffres. 2015.

農業者の割合が小さくなるなかで、コミューンが果たした農業政策の受け皿としての機能も薄まっている。農業の近代化が叫ばれた１９６０年代から１９８０年代初頭にかけて、農業構造の改善を進めるために耕地整理が行われた。これら事業にはコミューンに不在の農地所有者の合意取り付けや、再配分される農地の配置をめぐる利害調整が必要である。コミューンを単位に行われたため、農事におけるメールの役割は大きかった。しかし、今日の農業政策における地域レベルの受け皿は、補助金制度を中心に県のレベルにおける農業者同士の調整でたりる。

土地と結びつき、昼夜、コミューン内で生活し、勤労者と異なり時間に対する拘束の弱いのが農業者である。人口に占める割合が低下しつつも、メールを務める農業者は多い。

4 農村自治の実際

(1) 小さなコミューンの事情

農村社会が形成され、農村生活が機能するには住民の代表からなるコミューン議会の役割が欠かせない。筆者が訪れたことのある農村の小さなコミューンの事情を実際にみよう。

コートドール県フランシュビル村は県都ディジョン市から北に25㎞に位置し、２００８年人口は２４９人、面積31・７㎢、うち林野面積18・５㎢、農地面積12・１㎢（２０００年農業センサス）、人口密度は７・８人／㎢である。*18 １８００年以降、記録される人口統計では、１８３１年に５６６人を数えると減少に転じたが、１９６８年には１３２人で底を打ち、以降、人口流入により増加に転じた。２００８年の人口は２４０人、このなかで５年以内に村内に転居してきた人口25％、５年以上10

*18 フランシュビル村を事例とした住民が行う地域行政について、石井圭一「フランス農村における近隣政府の制度的基礎―議会選挙と住民参加」清水純一、坂内久、茂野隆一編著『復興から地域循環型社会の構築へ―農業・農村の持続可能な発展』農林統計出版、２０１３年を参照。

年以内に転居してきた人口25％、10年以上前から居住する人口50％であり、近年の顕著な人口流入がうかがえる。このような農村の小さな村に、１９８０年代に移住してきた英国人夫妻も居住する。住宅を購入し、週日はスイスで勤務し、週末の生活をここで送るという。

現職のメール（54歳、２００８年コミューン議会選挙の際）は国家公務員で１９８３年にディジョン市より住宅を求めて移り住んだ。１９９５年よりコミューン議会議員、２００１年より助役、２００７年に任期途中で前職メールが辞職したため、コミューン議会内にて互選によりメールに選出された。メールについてから、本職の就労時間を80％に軽減し職務を遂行している。前任のメールは１９７７年より30年間務めた農業者で、議会選挙のたびに、つねに少数の新住民を議員に加えるように配慮してきたという。現職のメールも前メールの時代に声をかけられ、議員として村の行政を担ってきた。

同じくコートドール県のフレノワ村はフランシュビル村からディジョン市と反対方向にさらに20㎞入った村である。コミューン面積2・2㎢、国有林を含め林野面積が1・3㎢である。人口密度は4人／㎢である。村内の農地は約５００haあるが、農業法人が二つ、農業者数は4人である。

２００８年の人口は65人、うち18歳未満19人である。１８００年に２３６人の人口を記録して以降減り続け、１９６２年の国勢調査で45人にまで減少したが、その後、増加に転じた。メールは２００８年地方選挙の際には45歳の専業農家である。１９８９年、25歳のときから、議員を務め、２００１年の地方選挙の際にメールに就任した。法定の定足議員数は9人であるから、議員がいない世帯のほうが少ない。選挙の際にはメール自ら、現職の議員を中心に選挙人名簿に名前を連ねてもらうよう声をかけるが、コミューン外から転居してきた住民も含めて議員のなり手に

フランシュビル村の街並み

フランス　コートドール県ディジョン市とカンタル県ほか

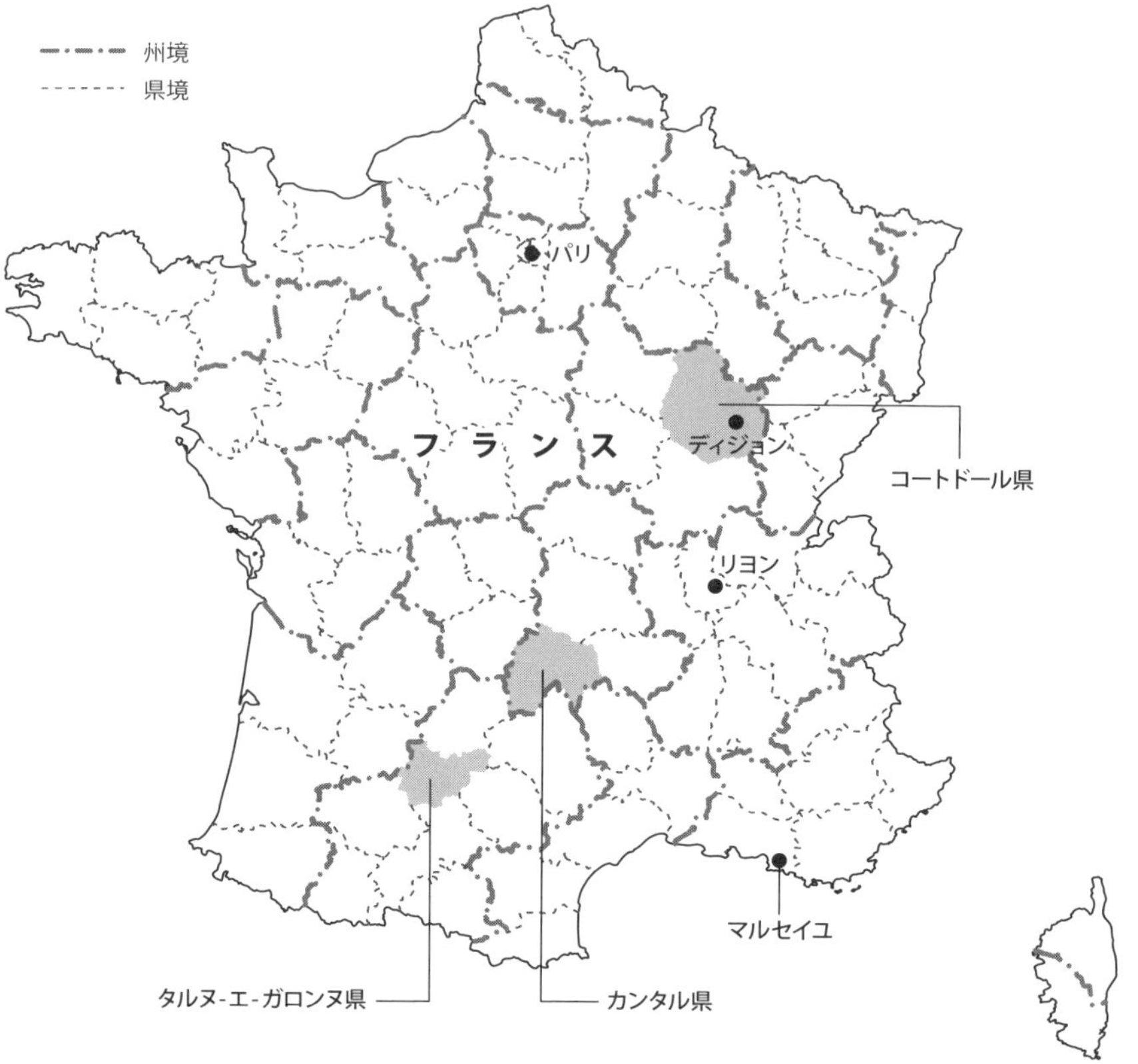

＊注：2016年1月にフランス本土は22州から13州に再編された。

フレノワ村における地方選挙の投票所（中央はメール、右は助役）。右手奥のカーテンは投票用紙に記入する場所、メールの目の前には透明なアクリル製の投票箱がある。投票所は事務室・会議室も兼ねている

は困らないという。議員9人のうち、農業者はメールを含め2人、同村生まれは4人である。祖父の住居があり転居した住民や祖父母出身の村であったという2人は村との縁があるが、移住して20年以上になる住民、数年程度の住民が議員に名を連ねる。年齢も30代前半から、60代まで幅広い。

もうひとつ、人口39人（2008年）のシャンパニ村である。村の面積は7・1㎢、人口密度は5人／㎢、国勢調査の記録によれば、1831年に人口203人を記録して以降、人口は一貫して減少、1999年の29人が底である。ディジョン市から北西に35㎞ほどである。議員には1980年代に移住してきたベルギー人女性が含まれる。夫は獣医で、繁殖牛を飼養する農業者だという。村内の農業者4人は全員が議員である。人口が30人程度のなかで9人の議員を選ぶとなると、ずいぶん議員のなり手探しには苦労するようだ。

（2）住民生活とのかかわり

以上のような零細なコミューンはどのように住民生活にかかわるのだろうか。コミューンはその規模によらず、社会福祉事業、雇用促進事業、小学校施設の設置と運営、文教・体育施設の設置と運営、観光事業、職業訓練事業、都市計画、農村整備、住宅整備事業、環境保全事業、家庭廃棄物処理、上下水道事業、通信ケーブルの設置、電気・ガス供給事業、市町村有港湾の整備・保安、公共輸送、市町村道の整備と保全など、総合的な行政サービスを提供することができる。数万人から数十万人の人口を抱える都市的コミューンであれば、単独でこれら行政

上：フレノワ村の議員の主要メンバーが行うマロニエ並木の枝打ち作業
下：空き家となった古い納屋を新住民向けの住宅に改修するフレノワ村の事業。ブルゴーニュ州の補助金を活用している

サービスを提供できようが、制度上、権限として備わっても、農村にみられる数十人から数百人程度のコミューンであれば、実現するすべをもたない。そこで発達したのが、必要とされる行政機能に応じて、コミューン同士で設置する事務組合やコミューン共同体である。

たとえば、フランシュビル村のコミューン議会には学校・青少年委員会、上下水道委員会、入札委員会、森林・狩猟委員会、道路委員会、広報委員会、祝祭・式典委員会、村内美化委員会、公共工事委員会の9委員会が設置されている。各委員会の議長をメールが務め、それぞれの委員会の委員長を議員のなかからメールが指名した3人の助役が担当する。これらはコミューンの種々の活動の範囲を表すが、一方でインフラ整備や維持管理などの基礎自治体としての行政サービスの提供と法令の適用、他方で地縁集団としての地域社会活動が含まれる。

上下水道委員会では個別浄化槽が適正に利用されているかのチェックが重要であるし、森林・狩猟委員会では村有林の伐採や利用、狩猟による森林の利用が適切かどうか、公共工事委員会では公民館の建設を予定し、事業計画を作成、州議会や国に補助金を申請しなければならない。庁舎も改修し一部を賃貸住宅にリフォームする計画もある。農村のコミューンがかつての小学校や空き家となった家屋や納屋などを買い取り、賃貸住宅の供給に乗り出すこともめずらしくない。住宅供給を構想する農村のコミューンで聞くと、需要はあるとの答えがどこからでも返ってくる。まさに「田園回帰」を実感する声である。道路委員会は道端の草刈や道路状態の確認、修繕が必要であれば、修繕計画の作成や補助金の申請が必要になってくる。議員たち自ら、重機を操ることもめずらしくない。

広報委員会は議会の議事録やインターネットサイトの作成、祝祭・式典委員会は議員全員が委員となり、議会主催の新年会、5月8日戦勝記念式、敬老食事会などを開催する。美化委員会は5人の議員が委員となり、コミューン内の清掃、公共空間における花壇の整備、コミューン施設の簡易な塗装などを、住民の参加を募りつつ実施する。

（3）村の事務員の勤務体制

フランシュビル村の事務員は村の事務所で週7時間、勤務する。他のコミューンの事務を掛け持ちするが、れっきとした地方公務員である。この事務員の勤務時間が開庁日となる。事務員の仕事は主に書類作成などで、その他、住民との調整や道路改修や住宅整備などの事業にともなう業者との調整、補助金申請にともなう上級官庁との調整など、多くの仕事はとりわけ、メールに集中する。

加えて、フランシュビル村は周辺のコミューンと設立したコミューン共同体、送電事務組合（送電施設はコミューンが設置、管理する）、上下水道事務組合、河川保全管理事務組合があり、各団体に理事を出している。これらも、メールを中心に議員で分担しなければならない。コミューン共同体は周辺のコミューン20団体で構成し、地域整備計画と経済振興のほか、ごみ処理、河川環境保全、文教スポーツ施設の管理や就学前幼児・学童保育などを行っている。先のフレノワ村のメールはコミューン共同体において、環境保全・持続的発展担当の副理事長である。

コートドール県市町村長会事務局長によると、100人以下のコミューンと数百人のコミューンでは何が違うか。50人程度のコミューンであれば、事務員が勤務するのは週に半日程度、コミューンの多くの仕事をメールがすべて担わなければならない。500人を超えるコミューンになると、常勤の事務員や簡易な道路や施設の修繕などの作業員がおり、庁舎が開くのも週に2~3日に増える。他方、30人程度のコミューンでは事務員の手助けがないところもある。フランシュビル村の開庁日は毎週水曜日9時から12時と土曜日10時から12時、フレノワ村は毎週火曜日10時30分から12時、シャンパニ村では隔週水曜日14時から15時である。

フランシュビル村役場

5 零細コミューンの小さな連邦と地域振興

(1) 小さなコミューンの事業を補完するコミューン共同体

中央山地に位置するカンタル県のマシアック・コミューン共同体をのぞいてみよう。当初の設立コミューンは12団体、２０１３年に3団体が加わり、人口約４０００人のコミューン共同体となっている。人口が最も集積したマシアック（人口１７６４人）を中心に、人口37人のコミューンから３３４人の人口のコミューンで構成される（いずれも２０１３年）。カンタル県の人口は14・7万人（２０１３年）、人口密度は26人／㎢であり、フランス国内１００あまりある県のうち、人口が減少している数少ない県のうちのひとつである。しかし、１９９９年の国勢調査以降、２０１３年まで社会的人口増は０・２％／年であり、人口の流入が始まっている。

零細なコミューンが効率的に事業を行うために、１８９０年に現在に通じる一部市町村事務組合の制度が導入された。現代のフランス農村において、配電敷設、上下水道、家庭ごみの収集、スクールバスの運行など、基礎的な住民サービスの多くは事務組合を通じて供給されており、零細な町村では複数の範域の異なる組合に参加することはめずらしくない。１９９２年「地方行政に関する法」は、農村向けにはコミューン共同体、都市的地域向けに都市共同体を新しいコミューン協力の組織として制度化した。コミューンは目的の異なる複数の事務組合に参加することができるが、複数のコミューン共同体や都市共同体に参加することは制度上ありえない。このため、事務組合と異なりコミューン共同体は互いに重複することのない固有の領域と住民をもつ地方団体である。*19

*19 零細なコミューンと広域行政組織について、石井圭一「現代フランス農村にみる補完性原理ーオートマルヌ県バル・デ・ティル村の事例分析」佐藤勝則編著『比較連邦制史研究』多賀出版、２０１０年を参照。

（2）コミューン共同体の実情

マシアック・コミューン共同体の設立は1992年で、カンタル県では最も早い設立であった。コミューン共同体の前身には家庭ごみの収集と高齢者等送迎サービスを実施する事務組合が設立されており、コミューン間協力の体制の基礎は備わっていた。

コミューン共同体の所掌範囲は、経済振興と農村整備、観光振興、環境保全、家庭ごみの分別収集、文化施設の利活用とその維持管理である。音楽教室、美術館、学童保育などの教育文化施設は中心コミューン・マシアックが所有運営してきた施設等をコミューン共同体へ移管した。

コミューン共同体の決定・執行機関は理事会と執行部である。理事会は人口の約5割を占めるマシアックからは6人、そのほかのコミューンから人口にかかわらず2人ずつ選ばれ、計34人の理事によって構成される。理事会は理事長1人と、理事長とともに執行部を構成する副理事長6人を選出する。

執行部には、財務・組織・河川契約、空間整備、環境、経済振興、文化・スポーツ・情報通信、観光の6分野の委員会が設置されており、副理事長はいずれかの領域の責任者となる。各委員会には執行部以外の理事が委員として所属し、コミューン共同体の活動に関する決定や執行を行う仕組みである。

表6はマシアック・コミューン共同体の理事長や副理事長の職業と年齢である。歳費が支払われるのは理事長と第一副理事長のみであり、その他の副理事長や理事には特別な手当ては支払われない。歳費を受ける理事はいずれも高齢の退職者である。総じてコミューン共同体の運営は篤志的行為により成立しているといえる。

表6　マシアック・コミューン共同体における理事会執行部の構成

	年齢	所属コミューンの人口（1999年）	職業	性別	俸給（€/月）
理事長	82	382	退職者（商店主）	男	689
第1副理事長	74	341	退職者（大手石油会社管理職）	男	230
第2副理事長	45	1,857（マシアック）	果樹農業者	男	–
第4副理事長	52	1,857（マシアック）	歯科医	男	–
第5副理事長	38	23	教員	男	–
第6副理事長	62	285	退職者（郵便局）	男	–

＊資料：2002年10月15日聞き取りによる。

表7　マシアック・コミューン共同体における職員の構成

	採用年	年齢	性別	出身地
事務局長	1999	29	男	隣県
アニメーター※	2002	24	女	隣県
行政事務員	1997	36	女	県内
技術職員	1997	33	男	隣県
情報通信担当職員※	2001	29	女	隣県
散策道担当職員※P	1998	31	女	フランス北部
スポーツ活動担当職員	1995	35	男	州内
ごみ収集チーフ※	2000	25	男	県内
スクールバス運転手	1985	54	男	郡内
スクールバス運転手	1985	39	男	隣接郡
スクールバス運転手	1999	35	男	隣接郡
ごみ収集職員	1993	31	男	県内
ごみ収集職員	2000	50	男	隣県

＊注：技術職員は共同体管理施設の修繕等の作業、散策道担当員は散策道の維持管理（草刈等）や案内。
※は若年者雇用契約：5年間、賃金の80％は国負担。　Pはパートタイム。
＊資料：2002年10月15日聞き取りによる。

表7は職員の構成である。行政事務、特に予算や会計処理を行う事務局長をはじめ、総勢13人の職員がいる。このうち、4人は5年間、賃金の8割が国負担となる若年者雇用契約である。[*20] アニメーターとは公共部門や民間における事業構想の立案の補助業務を行い、地方団体や国などの行政機関や他地域の事業構想担当者との連絡調整を行う。技術職員はコミューン共同体の施設の維持管理、修繕作業を行う。後述のテラス整備について、立木の抜根など大がかりな工事は専門業者が行うが、それ以外の切り倒しから抜根、整地までも建設機械を用いて技術職員が手がけている。運転手はスクールバスやごみ収集車の運転手であり、ごみ収集チーフはごみ収集にかかる事務、労務管理等を行う。

現業部門に勤務する50歳代の職員2名を除くと、若年層で占められる。コミューン共同体の活動領域の広がりとともに順次、採用が拡大したことが反映されている。職員の出身地をみると、郡内出身者は現業部門の54歳男性のみである。コミューン共同体は若年層の雇用を供給し

＊20　若年者雇用契約（contrat emploi jeune）の契約期間の後、コミューン共同体が全額賃金を支払えば、雇用を継続することは可能である。

ているが、地元出身者は見当たらない。

（3）テラスを復元するアグリツーリズム計画

コミューン共同体が実施したテラスの復元とその観光利用についてみてみよう。地域の伝統的農業を復元し、地域のイメージづくりをねらったものである。マシアック地方は伝統的に多角的農業の地域で、谷部低地では灌漑による果樹、蔬菜《そさい》、花卉《かき》、飼料作物が、丘陵斜面やテラスではブドウ生産が、丘陵台地では放牧が行われてきた。しかし、テラスは少なくとも50年前には放棄されており、整備前は林野となっていた。地域の伝統的な農業は、畜産のほか、テラス圃場《ほじょう》、ブドウ、谷部の露地野菜や果樹があり、製粉業の伝統もあった。

テラス復元計画（Opération Palhàs）[*21]の目的は丘陵斜面にあるかつて農業利用されたテラスを復元することである。かつてのブドウ畑には、土地を平らにするため、石積みのテラスがつくられ、農民が雨よけなどに利用する退避所があった。いまではこれらの伝統的な建築資産が草木に覆われている。テラス復元は野心的なアグリツーリズム計画であり[*22]、観光、農業、建造文化資産を取り込みつつ、特色ある伝統に根ざした持続的な地域振興を進めるコミューン共同体の政治的な意欲の象徴である[*23]。このように丘陵斜面のテラスの復元は、マシアック・コミューン共同体において現在進められている地域振興の要であり、象徴的な意味も強い。

テラスの復元とその利活用に関する構想が具体化し始めると、放棄された丘陵斜面・テラスの再利用による経営の多角化に関心をもつ6人の農業者が任意団体を設立した。酪農家2人、エスカルゴ生産者、蔬菜園芸生産者、果樹生産者、兼業で取り組もうとする営林署職員である。

復元事業を実施するテラスは人口285人のコミューン、モロンピーズ村にある。テラスは丘陵斜面の南と南西向きの10haで、うち整備の対象となるのは6haである。19世紀にはすべてブドウ畑で覆

*21 Palhàs（発音は「パヤ」）はオック語でテラスを意味する。オック語はフランス南部で使用された言語だが、今日では、一部の高齢者のみが話せるとされ、言語の保全運動が進められている。

*22 農業資源を活用し、都市部からの誘客を図る。復元されたテラスをシンボルに、フェスティバルの開催や種々のイベントの企画が、地域住民がつくる任意団体により取り組まれている。

*23 Communauté de commune du pays de Massiac, *La lettre d'information*, n.1, octobre 2001.より。

われていたが、現在はすべて放棄され林野となっている。コミューン共同体の範域には、かつて4コミューンにまたがりおよそ250haのテラス様ブドウ畑があったという。

しかし、このプロジェクトに関するモロンピーズ村の住民の最初の反応は、極めて消極的もしくは否定的な声が多かったという。その理由は「祖父母の時代にテラスの作業に苦労しているのをみた。なぜまたそれを再現しようとするのか」というように、郷愁よりもかつての現実の苦労が想起されてのことだった。すべての丘陵斜面にブドウの植付けを行うのではないこと、訪れる人にみせるという目的があること、現在はかつてのようにすべて手作業ではないこと、について説明を続け、プロジェクトの説明を始めて5年たって、ようやく地元住民の了解を得られたのだという。地元の住民の消極性を乗り越えねばならない野心的なプロジェクトであった。

丘陵斜面を開墾し植え付けられたブドウの苗木。20世紀初頭まで南向きの斜面にはブドウ畑が広がったが、生産は衰退、林野と化した。地域振興策のひとつとしてブドウ畑を整備、いまでは新規参入のワイン農家が定着している　2002年10月、筆者撮影

おわりに

フランスでは19世紀半ば以降、1世紀以上にわたった農村の人口減少は止まり、都市部から農村への逆流が起きている。それにともない住宅建設や古い家屋の修繕、農村での雇用も生まれている。これを背景に「居住者経済（économie résidentielle）」なる語も生まれた。[*24] これは主としてある地域の居住者のニーズに応える経済活動を指す。地域外の需要に依存し、他の地域と類似の経済活動との

*24
François-Poncet J., Belot C., Le nouvel espace rural français. *Rapport d'information*, Senat, 2008.

競争にさらされる経済活動とは異なり、居住者経済には地域内において居住者向けの経済活動の間での競争はあっても、外部との強い競争にさらされることがないという特徴がある。地域の需要に応え続けることで、事業所の撤退や移転の必要もない。田園回帰の定着ぶりを疑いえないからこそ、生まれ出た語だといっていい。

このような都市から農村への人口の流入がもたらす大きな変化に対して、農村の地域社会の適応力を発揮できる仕組みがコミューンであろう。フランス農村のコミューンがいかに零細であろうとも、地域社会が単なるコミュニティ活動を超えて基礎自治体として存立するのは、小さな政府としての仕組みが法令に定められていることが大きい。確かに、一連の地方分権によるコミューンの権限の拡大や、とりわけ、衛生、環境、安全性基準などにみるEUや国内の法令の順守義務に対して、零細コミューンの行政遂行能力は脆弱である。そこで発達した事務組合や小さな連邦制度といえるコミューン共同体にみる仕組みが発達した。コミューンに与えられた地域振興や整備計画、文化事業等を中心とした権限がコミューン共同体に移譲され、時に独自性の強い個性的な地域振興を競い合っている。

ただ、このような農村の人口増加もしくは人口減少期の終焉は、あまねくフランス農村に及んだとはいい切れない。人口が増加するのは農村でも比較的人口の密集した地域であり、人口減少が続くコミューンの数は減りつつあるとはいえ、零細なコミューンほど引き続き人口の減少に悩まされている。人口が減り続けるなかで、そして、地域に根づく農業者が激しく減少するなかで、時としてメールや議員の適任者どころか、なり手を探し出すのも大変な苦労である。しかし、1970年代以降、人口減少が下げ止まり、都市部からの人口流入により、農村社会とその仕組みがまさに息を吹き返す機会が到来した。選挙を通じてコミューンの執行体制が成立することで、農村社会においても新たな人口の移入とともに新住民がコミューンの運営にかかわる機会も増える。コミューンの仕組み自体、フランスの「田園回帰」の力強さといえるのではなかろうか。

コラム

「百姓」になりたがるエリートたち

ジャーナリスト　羽生のり子

パリで「農民になりたい！」イベント開催

２０１６年3月14日〜19日、パリで「農民になりたい！」というイベントが開催された。主催は左派系農民組合「農民同盟」だ。このタイトルをみて「ホントかな？」と思ったのは私だけではあるまい。というのは、イベントを行った場所が、パリのエリート校ばかりだったからだ。作家ジャン＝ポール・サルトルやジョルジュ・ポンピドゥー元大統領など、政治家、哲学者、研究者などを輩出したＥＮＳ（高等師範学校）、政治家やジャーナリストを輩出するパリ政治学院（シアンス・ポ）、農業系のアグロ・パリテック、地理学院と、一般的に「グランゼコール」と呼ばれる、大学より格が高い高等専門教育機関4校である。パリ第一大学ソルボンヌもイベント会場に加わった。

１週間毎日、違う学校で、各校の学生の産消提携団体[*25]がブースを出した。農業を知るための講演会や、農家との討論会も行われた。これらの団体に有機野菜を配送するパトリック・ブマールさんは、イルドフランス地方のイヴリーヌ県に２haの農地をもつ野菜農家で、農民同盟の組合員だ。他地方の２軒の農家とチームを組み、前記の高等教育機関5校の学生団体に毎週３００個の「パニエ（籠）」と呼ばれる農産物セットを配送している。直売市でアグロ・パリテックの学生と知り合ったのがきっかけで、２０１０年から学校の産消提携団体に直送を始めた。「学生に配送するのは好きだよ。ずっと続けたい。若い人に新鮮な野菜の味を知ってもらうことは大切だ」と言う。夏休みは

＊25　生産者から流通業者を介さずに消費者が農畜産物を受け取り、支え合う仕組み。詳しくは90頁の＊29参照。

学生がいないので、配送は行わない。採れた野菜は農場で売り切るよう調整している。

ＥＮＳの産消提携団体「レギュルム」の主要メンバー、チボー・マンブールさんは法学の博士論文を準備中の学生だ。「自分は地方の出身で、田舎を知っているが、ＥＮＳの学生のほとんどは都会の有産階級出身者。この学校から高級官僚や政治家を輩出する国立行政院（ＥＮＡ）に行く人もいる。将来フランスの指導者となる学生が野菜に触れて、農業の実地を知ることはとても重要だ」と言う。パニエにみたこともない野菜が入っていて、びっくりする学生もいる。マンブールさんらは、使い方がわからない人には料理法を教えている。ＥＮＳは寮制で、学生は学内に住んでいるので、配送された野菜を料理する機会は十分ある。会員は年に一度、ブマールさんの農場に見学に行く。

ＥＮＳのイベントでは、ソルボンヌの環境学の修士課程の学生と卒業生でつくる団体「ポティジェ」のメンバーが、手づくりの野菜パイなどを試食に出していた。冬のサラダ用野菜マーシュは小ぶりのコマツナのような野菜で、これをすりつぶしてペーストにしたソースは、独創的なレシピで来場者に喜ばれていた。「ポテイジェ」は２０１０年から活動し、ブマールさんの農場から毎週35のパニエを配達してもらっている。

都会を捨てて農業を選んだエリートたち

「農民になりたい！」イベントの講演会には多くの学生が集まり、ブマールさんの話に熱心に耳を

右：ENSで開催された「農民になりたい！」イベントの試食会
左：高等教育機関に野菜を卸しているブマールさん（黒い帽子の人）。「農民になりたい！」イベントの直売市で

傾けていた。しかし、確かに新鮮な野菜の味に目覚めても、エリートコースを投げ打って本気で農業を始めたい若者がどれだけいるだろうか。

そう疑問に思っていた矢先、イベント最終日のフェスティバルで、営農を目指してあちこちの農場で研修中の若いカップルに出会った。20代後半のガスパール・ダレンスさんとリュシル・ルクレールさんだ。ともにパリ政治学院で修士課程を終了した。「いずれ自分たちの農場をもちたい」とルクレールさんは言う。エコロジーに関心が高い2人は、自分たちのように異分野から農業に身を投じた人たちを取材し、ウェブメディアに記事を掲載した。彼らの取材は『ネオ・ペイザン』[*26]という題で一冊の本になった。「ネオ」は新しいという意味で、この場合、農家出身でも農業学校出でもないのに、農業を天職と信じて就農した人を示している。

長い間「ペイザン（百姓）」は蔑まれていた。その名称とイメージが変わったのは第二次世界大戦以降だ。食べ物が少なかった戦後、自給率を上げるための国の食糧増産政策で、大規模な近代農業が始まった。ペイザンは国から食糧増産の使命を与えられ、「農業者」と呼ばれるようになった。けれども、工業化された大規模農業は、農薬、化学肥料の使用で環境に弊害をもたらした。農家は多額の設備投資で借金漬けになった。こうしたなか、大規模な慣行農業を反面教師として、あえてペイザンを自任する人たちが少しずつ増えてきた。

「農民になりたい！」を主催した農民同盟は、自分たちはペイザンであると主張している。種子を保存し、安全な食料を生産し、生物の多様性を尊重して自然のなかで生き、人々の健康に対して責任がある、多様な能力をもった人であるという自負がある。ネオ・ペイザンが目指すのもこの方向だ。したがって、慣行農業には目を向けず、有機農業を始める人が多い。

『ネオ・ペイザン』を書いたガスパール・ダレンスさん（左）とリュシル・ルクレールさん

ダレンスさんとルクレールさんの本には、美術館館長から果樹園主になった女性やIT業界にいた男性が野菜農家になったなどの例が出てくる。

弁護士を辞めて家業の農業を継ぎ、有機農業に転換しようとしたが、その地方最大の農業組合会長の父親から大反対され、それでもがんばって就農後4年で有機認証を取得したファビアン・ロダンさんのような人もいる。ロダンさんは自分の軌跡を劇画化し、『大地の領主』[*27]という本を出版した。リヨンで離婚専門の弁護士をし、裕福な生活を送っていたが、夫婦のもめごとを取り扱うだけの仕事に嫌気がさし、こんなことをするために法律家の道に進んだのではないと思っていた。ボランティア通訳として父の組合の海外農業視察ツアーに参加し、パラグアイに行ったときに、小農家が遺伝子組み換えダイズ栽培者から土地を奪われ、そうやって栽培されたダイズが、家畜の餌用にフランスに輸出されていることを知った。大資本優先のグローバリゼーションの縮図をみてしまったことが、道を変えるきっかけになった。こうして弁護士を辞め、さまざまな困難に遭遇しながら35歳で有機農家になった。

ロダンさんの劇画の前書きは、農民作家で有機農業指導者のピエール・ラビさんが執筆した。1938年生まれのラビさんは、工場労働者だったが、農村回帰を決め、20代で妻と一緒にまったく未知の農業の世界に入った。ネオ・ペイザンの先駆けである。エコロジーの世界で影響力のあるラビさんが前書きを書いたことは、ネオ・ペイザンへの大きな励ましになっている。

ネオ・ペイザンに農地を貸す組織

農家になりたい都会人が直面する最大の問題は農地へのアクセスだ。農業研修を受けて技術面はクリアできても、農業界や農家の家族の支援がないの

*26 『ネオ・ペイザン』スィユ社、2016年

*27 『大地の領主』グレナ社、2016年

新しい農民の姿を描いた２冊。『ネオ・ペイザン』(Les Neo-paisans、左）と『大地の領主』(Seigneurs de la Terre)

で、信用がなく、土地を貸してもらえない。銀行も、現行システムの枠から外れた農業をする人には貸し付けてくれない。さらに、土地代は年々高くなっている。

こうした就農希望者に土地をみつけ、彼らに貸して、営農が順調に進むまで支援する組織が「テール・デ・リアン（絆の地）」だ。この組織のなかには三つの団体がある。農地を購入する財団、就農者に土地を貸す会社、そして就農者を支援するＮＰＯだ。対象選びには基準があり、作物を地元や産消提携で販売する、小規模の有機農家と決まっている。この団体の恩恵を受けた農家のほとんどが、別の職業を捨てて、都会から就農に来たネオ・ペイザンだ。テール・デ・リアンはフランス全土に支部がある。農地を減らさないこともこの団体の使命のひとつだ。地方自治体、国、ＥＵに働きかけ、農地問題に理解を深めてもらうロビー活動も行っている。

ネオ・ペイザンを支援する消費者団体「アマップ」

ネオ・ペイザンは、大が小を飲み込むグローバリゼーションの逆をいく。地産地消、地域経済の促進、環境保全、そして人と人のつながりを重んじる。いまの社会システムのなかで息苦しさを感じていた人たちだから、システムの外に生きる道を見つけようとするのは当然といえよう。

農家と一緒にそれを実現する市民団体が「アマップＡＭＡＰ」[*28]だ。「百姓の農業を維持するアソシエーション」の意味で、百姓の農業とは、家族経営などの小規模で、輪作を行い、多くの種類の作物を栽培し、環境に負荷を与えない農業を指す。

アマップができたのはそれほど昔ではない。日本の有機農業運動のなかで生まれた「提携」という仕組みがもとになって米国にＣＳＡ[*29]ができた。そのＣＳＡを米国でみた有機農家のダニエルとドニーズのヴュイヨン夫妻がその仕組みをフランスに導入し、２００１年４月に、南仏のオーバーニュ市にフランス初のアマップをつくった。アマップ設立には、トービン税[*30]導入を主張し、大

＊28
Associations pour le maintien d'une agriculture paysanne

＊29
Community Supported Agriculture：生産者と消費者が連携し、前払いによる野菜セットの定期購入を通じて相互に支え合う仕組み。

＊30
ノーベル経済学賞受賞者ジェームズ・トービンが１９７２年に提唱した税制度である。投機目的の短期的な取引を抑制するため、国際通貨取引に低率の課税をするもの。

企業主導のグローバリゼーションに反対するNPO「アタック」が関与していたので、もともとグローバリゼーションの逆をいく気風があったことは確かだ。2012年の時点でフランスには1600以上のアマップが出来ていた。アマップの全国組織もある。いまや市役所のサイトに地元のアマップリストが出ているほど、メジャーな現象になっている。

アマップは、消費者に新鮮で安全な季節の野菜の味を知ってもらい、農業に親しんでもらうために大きな役割を果たしている。最初に紹介した学生の産消提携団体もアマップだ。会員はパニエと呼ばれる1世帯分の量の野菜を、毎週指定の場所に取りにいく。半年または1年分の料金を農家に前払いし、農家はそれを資金にして栽培する。パニエ1セット当たりの値段は15〜20ユーロ（約1800〜2500円）で、有機の店よりも安い。

アマップ会員から農家に転身

アマップの会員だった人がアマップにパニエを配送する農家になった例もある。パリ18区のアマップの世話人だったロベール・ピレスさんがその人だ。4年間アマップ会員をしたあと、農家のもとで3年間研修し、2015年2月に農地を借りて独立した。その前は、セメント会社の人事部にいた。

パリ郊外の町が、宅地造成を考えていた土地の一部を農地のまま残すことに決め、就農希望者のなかからピレスさんを選んだ。こうして自治体から2haの畑を借り、野菜栽培を始め、半年後には地元のアマップにパニエを配送した。

ピレスさんは、イル・ド・フランス地方の「シャン・デ・ポシーブル（可能性の畑）」という農業組合で農業を学んだ。就農者を増やし、地域の農業を活性化させ、地域住民が消費する食料を生産することを目的とする団体だ。就農希望者は3ヵ月のテスト期間を経て、就農の意思を表明する。

テスト期間中は、農業に適性があるかも試される。そのあと研修先の農家を選び、1～3年間研修する。何軒か渡り歩いて研修してもよい。研修中に自分が栽培した農産物をアマップに配送し、収入とすることもできる。こうして、研修が終わったらすぐに自立できる仕組みになっている。ピレスさんが就農後半年ですぐにアマップに配送できたのも、こうした実地経験があったからだ。

現在は、2人で2haの畑で野菜を栽培している。フランスの野菜農家の平均面積は10ha（2013年の統計）なので、2haはかなり小さいが、有機農家の面積は、慣行農家のものより概して小さい。前述の、学生のアマップに卸しているブマールさんのところも2haで、こちらは5人雇用している。有機農業には人手がかかる。

ピレスさんの例から、アマップの消費者が農家になり、こんどはアマップに供給する側になるというサイクルができていることがわかる。

アマップには、その成り立ちから、ネオ・ペイザン的な傾向があった。創始者のダニエル・ヴュイヨンさんは、フランス革命の時代から続く農家の出身だが、数学の教師をしており、父親が農業を辞めたのを機に、教師を辞めて家業を継いだ。妻のドニーズさんは看護師だったが、やはり辞めて夫と有機農業を始めた。「看護師の仕事をしていて、食べ物が体に与える影響の大切さがわかった。食べ物は薬よりも大事だと思ったので、迷わず農業の道に入った」と言う。家業が農業だったから、厳密にはネオ・ペイザンではないが、別の職業から農村回帰をした人たちだ。

ドニーズさんに、「エリートの都会人が、アマップから農業に入り、就農するケースが増えている。アマップがその動きを促進しているのではないか」と質問したら、「まったくそのとおり」という答えが返ってきた。「燃え尽き症候群になって、仕事を辞めて農業をやりたいという人をたくさんみてきた」と言う。有機農家になった弁護士の話をしたら、「実は、うちもそれでね」と、20

アマップのパニエ配送日。パリ18区にて

年弁護士をしてきた次女が、弁護士を辞めて農場を継ぐことにしたと話してくれた。すでに農業経営者としての登録もすませている。農家レストランを始めたいのだそうだ。ヴュイヨン夫妻は、引退後の農場の後継者をずっと探していたが、いい人がいても時期が早すぎたりと、うまくいかなかったという。そこに、まさかの次女からの話である。「エリートが都会を捨てて就農」は、アマップの創始者の家でも起きていた。

有機農業を促進する新しい動きも

有機農業連盟（FNAB）のステファニー・パジョ会長は、「新規就農者の3割がネオ・ペイザン。そのほとんど全員が有機農業を希望している」と言う。[*31]

最近、ネオ・ペイザンの動きに追い風が吹いてきた。2016年11月、国民議会（下院）が、「2020年1月1日から、公共機関の団体食堂（公立学校の給食、官公庁や自治体の職員食堂など）の20%を有機にし、40%を持続可能な食材（旬のもの・地産・生産者からの直売品）にする」という修正案を加えた「平等と市民性の法」を決議したのだ。その後2017年1月に、憲法評議会が、この部分を「法律の主旨からはずれている」と判断して退けたため、削除されてしまったが、修正案を提出したブリジット・アラン下院議員は、「有機農業の加速化はもう止められない」とみている。有機農業連盟は、5月の大統領選挙を前にして、候補者に「有機農業生産を支援し、2022年にフランスをヨーロッパ一の有機農業国にする（現在は有機面積では3位、消費量では2位）」という政策を要求しており、これに賛同した議員や自治体の長たちの署名を集めている。2月8日、有機農業連盟は主要な大統領選候補者5人を招いて、公開で意見を聞いた。ニュアンスの差はあるものの、全員がこの政策を支持した。[*32] それが真意なら、誰が当選しても、有機農業を希望するネオ・ペイザンの就農を支援する動きは加速されるだろう。

*31 2016年4月26日付ウェブサイト「ナットエクスポ」の記事より。

*32 うち4人は農政・環境についての代理人。

第2章

ドイツ編
「再都市化」のなかでの田園回帰

明治大学教授　市田知子

ドイツの農村では第二次大戦後、農業経営体数が減少する一方で、近接都市への通勤圏化、難民、移民の流入により人口が増加する傾向にある。特に1980年代以降は、40代以下の若い世代の都会からの移住が増えている。というのが、これまでの通説であった。だが、近年は様相を異にしている。

ドイツの連邦政府は現在、農村地域の人口減少、高齢化に対する危機感を強くもっている。ドイツの国土計画においては、まず「人口稠密《ちゅうみつ》地域」、いわゆる都市的地域が人口規模と人口密度によって規定され、それ以外の部分が「農村地域」とされる。2007～2013年の農村地域振興政策が対象とした「農村地域」は国土面積の90%を占め、人口割合では58%、就業人口では52%を占める。

一口に「農村地域」といっても都市近郊から遠隔地までさまざまである。都市への通勤圏内にあり、若年人口が増えている「農村」がある一方で、若者の流出、人口減少、高齢化により、地域社会の消滅、自治体の税収減少、インフラ老朽化、廃校など各種公共サービスの停止などの危機に瀕している「農村」もある。後者の「農村」は旧東ドイツの北部に集中している。ドイツ全体として、2005～2030年の農村地域の人口減少は4%と推測されているが、旧東ドイツでは30%にも及ぶとされている。[*1] また、2015年に連邦政府の研究機関フォン・チューネン研究所（ｖＴＩ）が公表した農村調査報告書によると、1990年代末以降、都市から農村への移住、すなわち「逆都市化」が収束し、「再都市化」の兆しがある。

＊1
Agrarpolitischer Bericht der Bundesregierung 2015, p.39

そこで、本章の前半では、ドイツにおける「逆都市化」の収束と「再都市化」の実態を検討する。そして、後半では、連邦政府の研究機関が1950年代から継続的に調査を行っている村であり、かつ2002年に筆者らが訪ねた南西ドイツの旧ビショフィンゲン村、および合併後のフォークツブルク町における自治体の役割、新住民の実態を紹介することにする。旧ビショフィンゲン村およびフォークツブルク町は、ドイツのなかでも有数の高品質ワインの生産地である。農業人口が比較的多く残っている村ではあっても、その主要産品であるワインやブドウ関連以外の就業人口が多数を占め、住民構成が多様化するなかで、ボランタリーなクラブと町役場が協力しながら地域社会を維持しようとしている姿があった。最後に、日本の「田園回帰」にも言及する。*2

*2 以下、平成13年度～平成15年度科学研究費補助金基盤研究（B）(2)「農業集落の崩壊過程に関する研究（代表：両角和夫）」研究成果報告書所収の拙稿「ドイツ農村における住民多様化と自治体の役割」（2004年3月）を大幅に加筆修正している。

1 「逆都市化」から「再都市化」へ

(1) 2012年調査時点での予想

農政・農村社会学研究所（FAA）による一連の調査研究は、旧西独を中心に戦後の農村部での人口増加、住民の多様化の実態を示している。1952年、1972年、1993／94年、そして2012年と、約20年おきに旧西独の10村を継続的に調査している。93／94年の調査では旧東ドイツの四つの村を加え、14村を対象にした。その後、研究主体が連邦政府の農業研究機関であるフォン・チューネン研究所（vTI）に移り、そこで2012年から2014年にかけて4回目の調査（以下、2012年調査と略記）が実施された。

この調査研究の特徴は、農村の具体的な事象を定点観測的に分析している点にある。調査は毎回、複数の方法の組み合わせによって行われている。1952年の初回調査では1年間の住み込みによる参与観察がなされた。72年、93／94年の調査では、成人住民を対象とした質問紙調査と、村のなかのさまざまな職業層に対するインタビュー（1村あたり30名程度）が併用されている。

過去3回の調査を振り返ると、まず戦後まもない1952年に行われた第1回調査は『小農の村の生活構造』としてまとめられている。この時点では村は居住空間としてはとらえられず、人口が過剰であることが問題とされていた。第2回調査（1972年）の時点では、昔ながらに土地と結びつき、農業の相互扶助関係に規定される小農の生活が残る一方で、都市周辺の農村では宅地化が進み、いったんは村から出た人々が不動産所有のためにUターンする現象も現れる。そこで初めて村での「生活の質」や「居住空間としての村」が認識されるようになった。とはいえ、人口が流出する村も存在した。道路、水道、ごみ処理施設などのインフラ整備は、旧西独では1952年から72年にかけて大幅に進んだが、調査対象の10村のなかでも自治体の財政状況や村長の度量によって大きく異なっていた。[*3]

第3回調査（1993年）は、東西ドイツ統一後の状況と、農村で農業とかかわりなく生活する人々の増大を反映して実施された。その結果をまとめた『村の今日』および1995年のシンポジウムの記録『変貌する農村社会関係―1952年、1972年、1993／94年』によれば、旧西ドイツの10の村ではいずれも1950年代から1990年代にかけて人口が増加している。[*4] 1980年代以降、都市部から移住した人々は、40代以下の若い世代、年金生活者、転勤族、移民、外国人というように異質化しているが、居住歴10年以下の住民の8割以上が40代前半までの年齢層である点が注目される。彼らは結婚もしくは共同生活という形態で子供と暮らし、概して旧住民よりも高学歴で所得が高い。若い世代が農村に移住した理由は、一戸建て住宅を安く手に入れたいというもの、ゆったりとした自然環境に恵まれたところに住みたいというものであり、概して都市生活よりも自由な暮らしを謳歌している。農村暮らしの魅力は近くに「緑」があることであり、「農業」があることではない。

＊3
Vogt, L., Biernatzki, R., Kriszan, M., Lorleberg, W.(2015) Ländliche Lebensverhältnisse im Wandel: 1952,1972,1993, 2012, Volume 1 Dörfer als Wohnstandorte(*Thünen Report* 32), pp.4-6

＊4
Forschungsgesellschaft für Agrarpolitik und Agrarsoziologie e.V.(FAA)(1997) Ländliche Lebensverhältnisse im Wandel: 1952,1972 und 1993/94
および、
Becker, H.(1997) Dörfer heute: Ländliche Lebensverhältnisse im Wandel:1952,1972 und 1993/95, FAA, Bonn.
1993／94年調査では、各調査地において18～75歳の住民リストから全体の4分の1にあたる計266名が無作為抽出された。居住、村での共同生活、交通、自治体政治、農業（および農業と非農業者の関係）という五つの事項について、質問紙に基づく面接調査が行われ、回答率は92％であった。

都市から農村に移住した人々の社会関係は村のなかにかぎられない。都市では外国人が増え、社会的な紐帯《ちゅうたい》が脆弱化している。農村での生活は、その利便性、社会関係の面で都市での生活と何ら変わらないどころか、都市生活以上の質が保証される。このような実態に、研究者たちは「１９８０年代からの農村は成功の歴史をたどっている」、「農村は勝ち組（Gewinnerregionen）である」と評した。*5 都市から農村への人口移動、すなわち「逆都市化」が確たる動きとして認識されたのである。

最新の２０１２年調査は、その「逆都市化」が１９９０年代末から収束し、「再都市化」しているという仮説のもとに行われた。「再都市化」の要因としては以下の四つが挙げられる。

・知識産業が人口稠密地区に集中している。知識産業従事者の労働は長時間、不規則であり、期間限定雇用も増えていることから、都市での居住のほうが適している。

・「都市アメニティ」、都市的な消費、生活スタイルが向上し、高給取りを惹きつけている。

・広い居住スペースを必要とし、都市周辺部の物件に移住する年齢層の人口が減少している。年金生活者、単身者、仕事をもつ単身・２人世帯は中心的な都市での生活を好む。

・州や市町村が都市部での再開発による宅地造成に力を入れ、不動産価格が下落している。持ち家補助金の撤廃により持ち家需要も農村移住需要も減退している。他方、農村部での生活費は、人口減少に起因するひとりあたりの交通・インフラ固定費用の上昇により増大している。

はたして、ＦＡＡおよびフォン・チューネン研究所が継続的に調査してきた14の村でも「再都市化」しているのであろうか。以下ではこの20年間の人口増減をみていくことにする。

（2）14村の人口増減と新住民

表1は14村の20年間（１９９３〜２０１３年）の人口増減を示している。前半、つまり１９９３年からの10年間では八つの村で人口が増加していたが、後半（２００３〜２０１３年）に増加していた

*5 前掲*3、7頁

表1　14の村の人口増減（1993年～2013年）と新住民の割合

村名	人口			1993～2013年の人口増減(%)	2003～2012年の人口の自然増と社会増						新住民の割合(%)
	1993年	2003年	2013年		出生数	死亡数	自然増	転入	転出	社会増	
ビショフィンゲン（フォークツブルク）	5,507	5,708	5,737	4.2	437	442	-5	2,666	2,689	-23	53.0
ボックホルテ（ヴェールテ）	7,567	9,104	9,631	27.3	1,809	1,321	488	9,494	9,065	429	54.6
ファルケンベルク	3,687	3,920	3,750	1.7	342	317	25	1,310	1,450	-140	61.2
エリーハウゼン	2,177	2,716	2,938	35	238	152	86	997	1,137	-140	86.2
フライエンゼーン	10,329	10,280	9,654	-6.5	692	1,178	-486	4,541	4,629	-88	61.0
ゲルハルツホーフェン	1,616	2,487	2,499	54.6	205	142	63	1,312	1,247	65	75.8
グラソウ（旧東独）	256	196	160	-37.5	11	26	-15	171	224	-53	73.6
グロスシュネーン	7,146	7,538	7,464	-1.4	612	729	-117	N/A	N/A	N/A	77.6
フィネラント（旧東独）	N/A	N/A	1,126	N/A	N/A	N/A	N/A	N/A	N/A	N/A	45.1
クステルディンゲン	7,579	8,238	8,187	8	784	561	223	5,653	5,722	-69	72.2
ミルデンベルク（旧東独）	16,321	14,903	13,684	-16.2	1,004	1,953	-949	4,483	5,083	-600	49.8
ラルビッツ（旧東独）	1,837	1,855	1,716	-6.6	190	120	70	366	574	-208	38.3
シュペサート	729	764	749	+2,7	67	67	0	400	407	-7	52.0
ヴェストルップ（シュテムヴェーデ）	13,772	14,558	13,364	-3.0	1,090	1,875	-785	5,732	5,918	-186	45.6

資料：Thünen Report 32、p.19、p.24より筆者作成。
注：原注は省略した。なお、新住民の割合は各村のサンプル調査対象（合計3,177名）に占める割合である。N/Aはデータなしの意味。

のは4村のみ（いずれも旧西ドイツ）である。人口増減の要因に注目すると、増加率の高いゲルハルツホーフェン（54・6％）、ボックホルテ（27・3％）では、2003年以降の自然増、社会増が際立っている。10年間で社会増があったのはこの2村のみである。

とはいえ、転入者、すなわち新住民は確実に増加している。調査チームは、14村の住民名簿から無作為抽出により3177名の住民を選び、質問紙に基づく面接調査を行った。その結果によると、全体の62%を新住民が占めている。新住民とは、18歳までを村の外で過ごし、19歳以降、村に転入してきた者を指す。転入時に単身か、家族その他と一緒だったかは問わない。一方、幼少時より村に住み続けている旧住民は28%、Uターン者（村出身であり、長期間の他出の後、村に戻った者）は10%である。新住民の割合は村によって異なるが、エリーハウゼン、ゲルハルツホーフェンなど、人口増加傾向にある村ほど高い傾向にある。後述するビショフィンゲン（フォークツブルク）は、Uターン者割合が18・3%と比較的高い（表1を参照）。

以上、14村の調査から、2003～2012年の10年間に関しては、社会増によって人口が増加しているのは14村中2村のみであり、このことから2000年以降、「逆都市化」または「郊外化」が収束していることがうかがえる。さらに、村の住民の6割強は新住民が占め、住民の「異質化」はますます進んでいるといえる。

（3）村での生活に対する評価

住民の6割以上を占める新住民がどのような経緯から、何を求めて村に移住してきたのか、また、現在、村に住む人たちが村での生活についてどのように評価しているのかを探ることにする。

①移住した理由

新住民1954名（有効回答数1922名）の居住歴をみると、最も長い「21年以上」が44%を占める。次いで「10年以内」が30%、「11～20年」は25%である。

村に移住した決定的な理由を、図1に示すような12の選択肢のなかからひとつを選んでもらったところ、最も多かったのは「結婚および事実婚」(28%)であった。「家族的理由」(22%)と合わせると半数が家族または同居人の都合により移住を決めたことになる。後述するビショフィンゲン(フォークツブルク)でも、結婚と家族的理由を合わせると70%に達していた。

それに対し、「家が安く建てられる」は16%にとどまるが、ゲルハルツホーフェン(30%)、エリーハウゼン(25%)のような都市近郊では多い。また、「自然が豊か」は4%、「緑のなかで子供を育てるため」は2%に過ぎず、農村の「自然」や「緑」を求めて移住した新住民はごくわずかであることがわかる。

②村での生活に対する評価

現在、居住する村での生活に満足しているかどうか、村での生活に対する評価は、次の8項目に沿って問われた。すなわち、住宅不動産(持ち家かどうか)、居住環境、余暇サービス、地域の社会的ネットワーク、居住地に対する感情的なつながり(ふるさとと思うかどうか)、居住地の立地、インフラ整備、雇用機会・地域労働市場である。

回答結果については、残念ながら、新住民とそれ以外とが区別されていないため、参考までに特徴的な点のみ記すことにする。

図1　この村に移住した決定的な理由

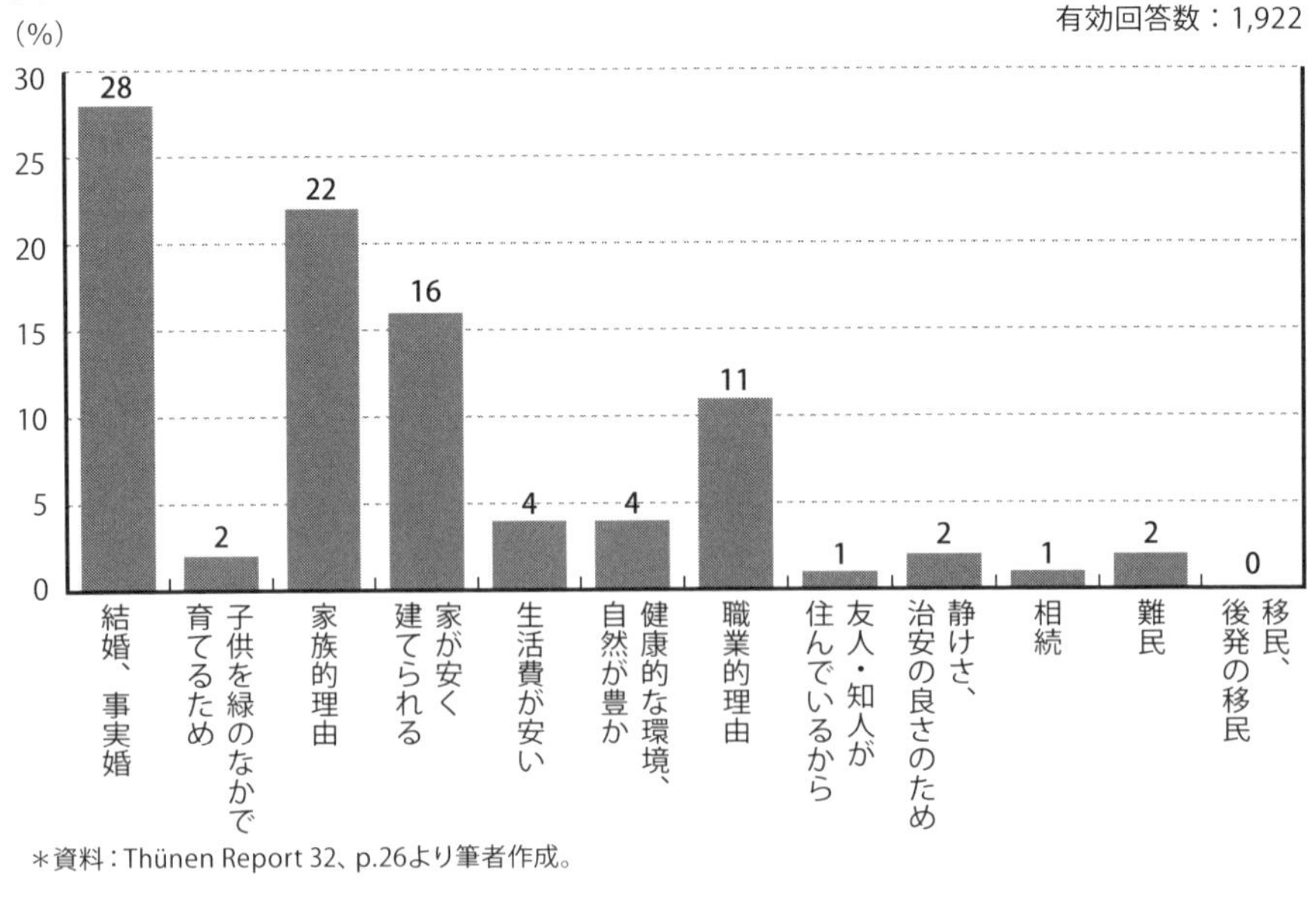

＊資料:Thünen Report 32、p.26より筆者作成。

まず、全体の85%が持ち家であり、その割合は都市部から遠いほど高い傾向にある。このことは住居に対する満足度の高さ（「とても満足」が58%、「満足」が33%）と関連している。

居住環境に関しては、よいと思う点と、悪い（阻害している）と思う点を、それぞれ三つまで選んでもらった。よい点としては、「静かな生活、見晴らしのよさ」（53%）、「自然、景観」（46%）、「社会生活、クラブ生活」（41%）が比較的多く挙げられている。「クラブ」とは村のなかの趣味やスポーツの同好会であり、後述の事例のように新住民が村の社会になじむうえで重要な役割を果たしている。[*6] 逆に、阻害している点としては、「交通の便の悪さ」（22%）、「買い物の場所が近くにない」（19%）が比較的多いものの、「阻害しているものはない」がそれらよりも多く、33%に達している。

村のなかでの社会関係についても、たとえば「人々がおおむね仲良く暮らしている」を支持する割合（おおいに賛同、賛同）が64%を占めるなど、肯定的にとらえられている。ただし、現在、住んでいる村を「ふるさとと思う」人の割合は23%にとどまり、これは新住民が過半を占めることと関連すると思われる。

2 ゲマインデと人口規模

(1) 基礎自治体としてのゲマインデ

ここで、ドイツの地方自治について説明しよう。現在のドイツの地方自治制度は第二次世界大戦後、定められた。1990年の東西統一後のドイツは、16州からなる連邦国家である。地方自治の形態は州により異なるものの、郡（Landeskreis）および市町村（ゲマインデ：Gemeinde）の2段階、もしくは郡に属さない特別市（Kreisfreie Städte）のどちらかで構成される。郡は市町村の連合体であ

*6 クラブなどの組織に所属している人の割合は64%であった。

ドイツ　フォークツブルク町とその周辺

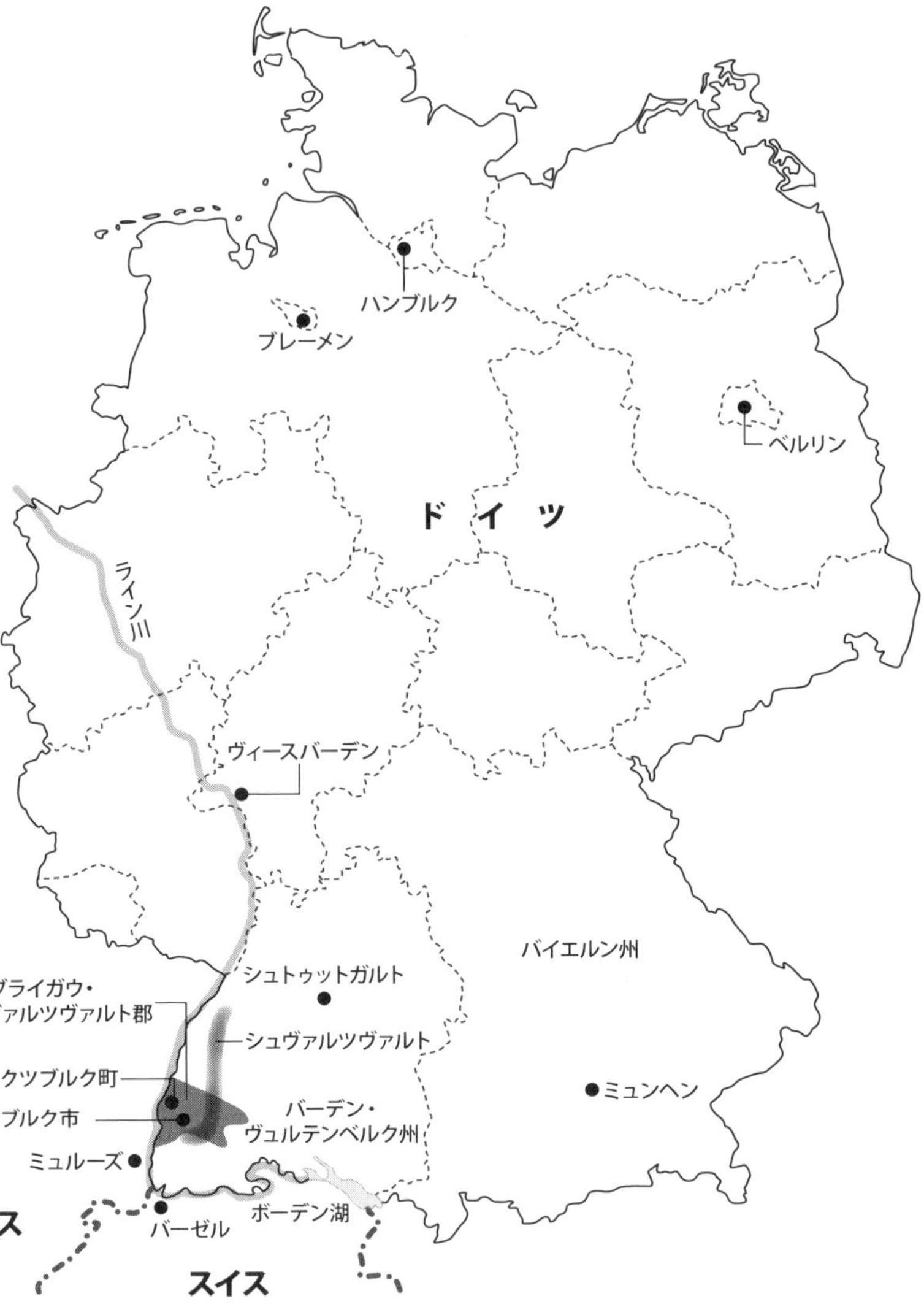

り、市町村の行財政能力を超える事務を行う。

市町村（ゲマインデ）は基礎的自治体であり、日本の憲法にあたる基本法の28条により、地域社会生活にかかわる業務を固有の責任でもって調整、規則化することができる権利（高権：Hoheit）を保障されている。*7 高権には、土地および水面の帰属を定める地域高権、事務高権、財政高権、組織高権、人事高権、建築にかかわる計画高権、条例制定高権の七つがある。ゲマインデの事務高権に含まれるのは、①上水道、電気、ガスの供給、②道路建設および近隣交通、③幼稚園および学校、④老人ホーム、児童施設および青少年施設、⑤病院、⑥スポーツ施設、⑦博物館、図書館、劇場、⑧道路清掃、ごみ処理、下水道である。ただし、後述の事例にみるように、道路、交通、電気、ガス、ごみ処理などは、効率化のために市町村を越えて郡単位で行われることもある。このようなゲマインデまたは郡の高権および自治は、連邦制とともに戦後のドイツにおいて中央集権化を防ぎ、民主主義を支えている。*8

ゲマインデの合併すなわち地方自治改革は、旧西ドイツでは１９６０年代に開始する。背景には、農村地域の小規模ゲマインデが人口流出と過疎化に見舞われ、社会・経済・行政上の課題に対応できなくなったことがあった。１９６８年に2万４２８２あったゲマインデ数は、１９８０年までの間に約３分の１に減少した。*9

統一後の現在（２０１５年1月1日時点）、連邦全体のゲマインデ数は1万１１１６を数え、うち１０７が特別市であり、残り1万１００９のゲマインデが２９５の郡に属する。*10 ゲマインデ数は、旧西ドイツでは１９９２年以来、ほぼ変わらず、８４４３を数える。一方、旧東ドイツでは２０００人未満の小規模なゲマインデを中心に合併が進んだ結果、１９９２年の７５２７から２６７３へと激減している。

（2）ゲマインデ規模別の人口分布

２０１５年初めの時点で、ドイツの総人口は８１２０万人であり、そのうち８％が３つの都市州、

*7 以下、片木淳『地方主権の国ドイツ―徹底討論、決断そして実行』ぎょうせい、２００３年、２１７―２３８頁を参考にしている。

*8 市町村の上位組織には、郡の他に市町村小連合、市町村大連合がある。

*9 Bussmann, F.(1998) Dorfbewohner und Kommunalpolitik: Eine vergleichende Untersuchung in14 Dörfern der Bundesrepublik Deutschland unter besonderer Berücksichtigung der landerspezifischen Gemeindeordnungen und der Verwaltungsstrukturen, FAA, Bonn, pp. 50-53.

*10 Deutscher Städtetag, Statistik der Städte (31.8.2016) http://www.staedtetag.de/fachinformationen/statistik/#anker_80_17 ２０１７年１月４日最終アクセス。

図２　ゲイマンデ規模別の人口分布（連邦）

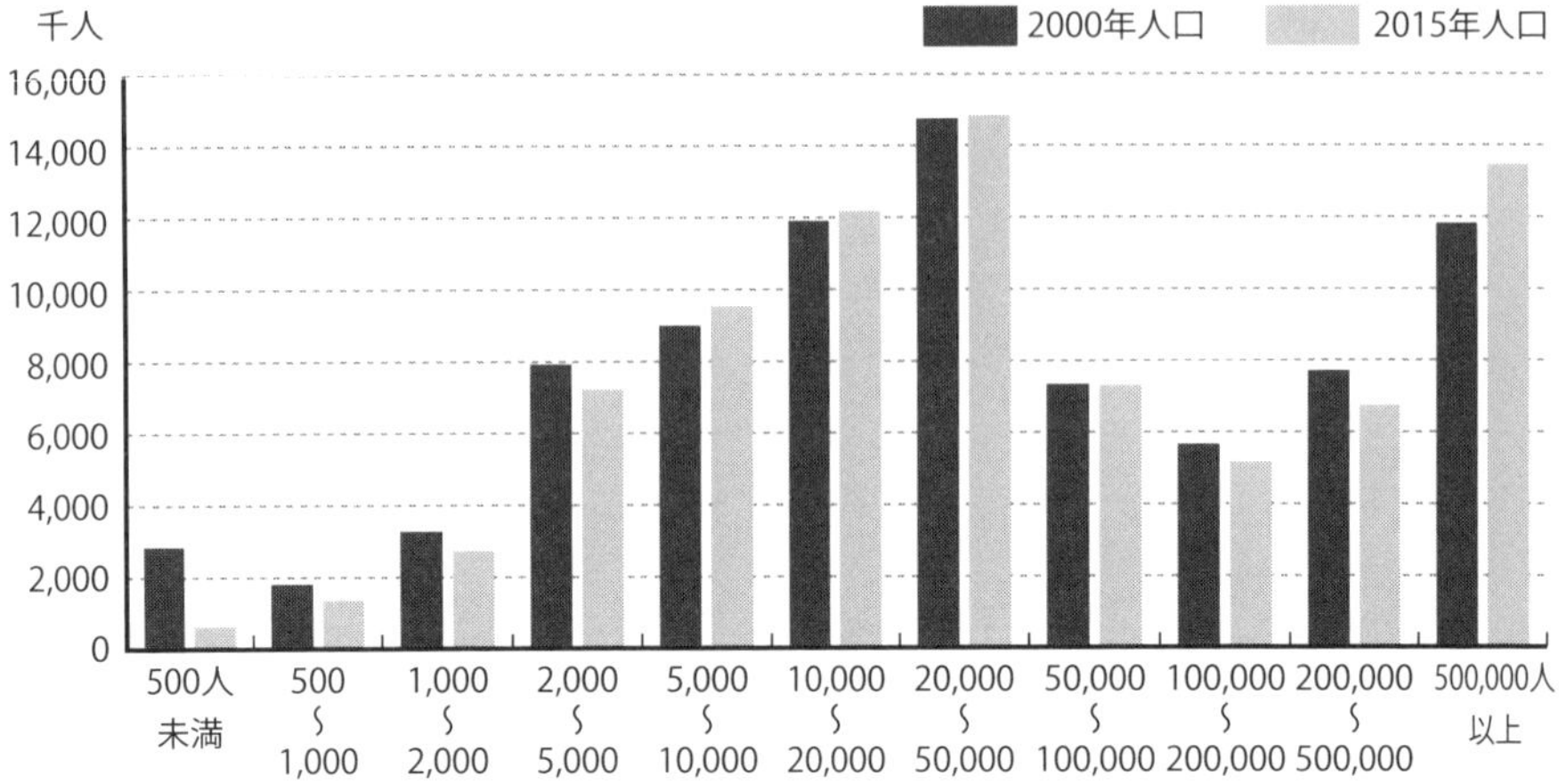

図３　ゲイマンデ規模別の人口分布（旧西独）

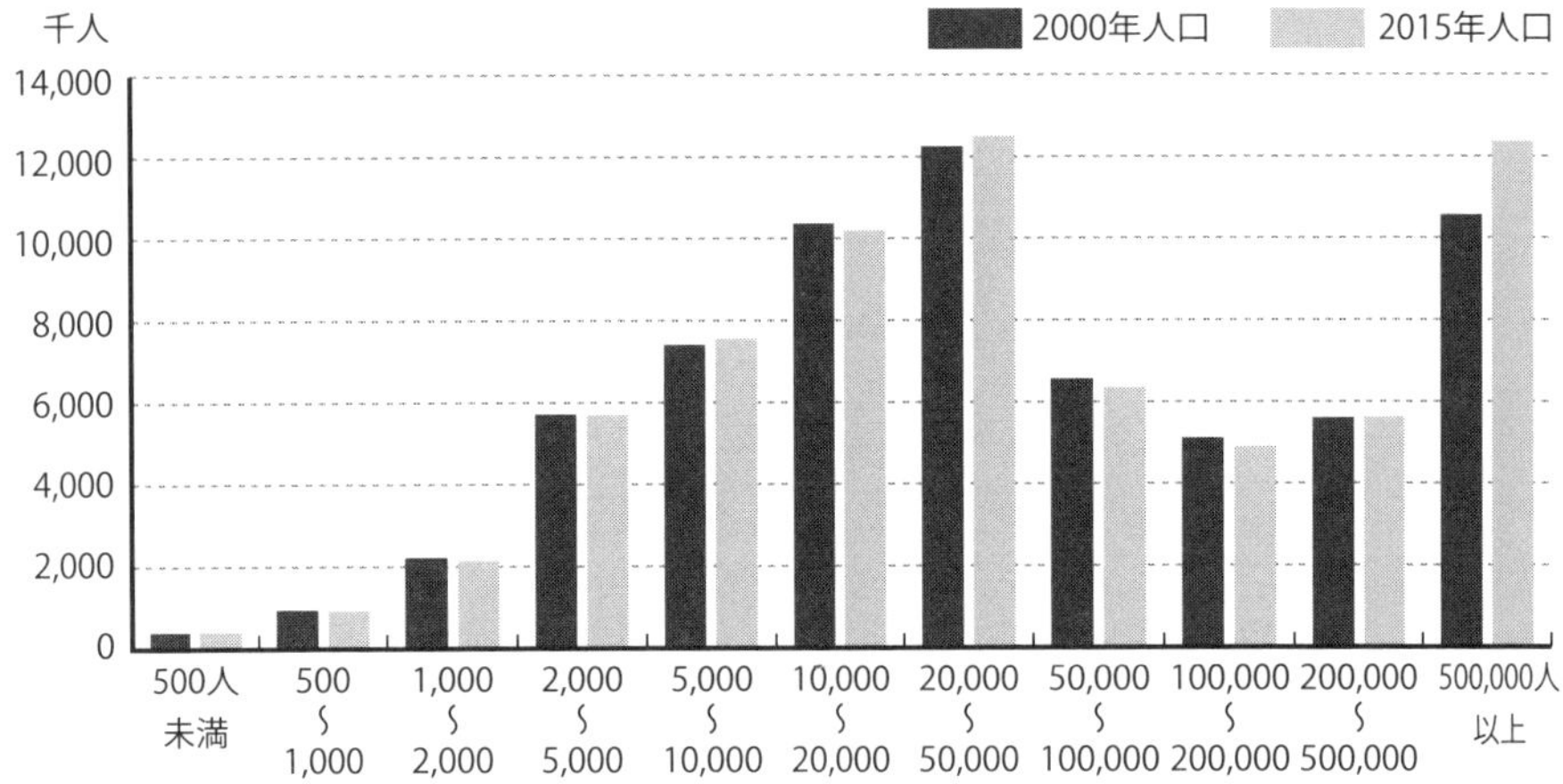

＊資料：図2・3ともに、Deutscher Städtetag, Statistik der Städte(2016.8.31)

24％が特別市、残りの68％が郡部に住む。旧西ドイツのみでは人口6840万人のうち9％が都市州（ベルリンを含む）、24％が特別市、68％が郡部に住んでいる。一方、旧東ドイツでは人口1250万人のうち25％が特別市（ベルリンを除く）に、75％が郡部に住む。[*11] 旧東ドイツでは1990年の統一後、農村部から都市部への人口流出が進んだが、2000年以降の動きを見るかぎり、農村部と都市部の人口割合はほぼ一定である。

前頁の図2は、ゲマインデの規模別の人口分布を連邦全体でみたものである。まず、最も人口が多いのは50万人以上の都市部ではなく、2万人から5万人未満のゲマインデであり、しかも2000年以降、人口が微増している点が注目される。その一方で、2000年から2015年にかけて50万人以上のゲマインデの人口が約200万人増えているのに対し、5000人未満のゲマインデでは減少している。旧西ドイツのみではどうだろうか。図3に示すように、全体的には連邦全体と同様の傾向にあるが、5000人未満のゲマインデの人口の減少はみられず、この15年間ほとんど変化はない。

つまり、連邦全体では「再都市化」の傾向があるといえる。一方、旧西ドイツでは50万人以上のゲマインデでの人口増はみられるものの、5000人未満の町村の人口は一定で推移していることから、現在のところ「再都市化」の兆しがみられるというところであろうか。

*11 前掲＊10

3 バーデン・ヴュルテンベルク州フォークツブルク町の事例から

次に筆者らが2002年に訪ねた南西ドイツのフォークツブルク町を事例として取り上げ、人口増減、基礎自治体であるゲマインデの役割、新住民の実態について述べる。フォークツブルク町は1975年初め、FAAおよびフォン・チューネン研究所が継続的に調査を行っているビショフィンゲン村を含む7村が合併して発足した。

(1) フォークツブルク町の概要

フォークツブルク町は102頁の地図に示すようにドイツの南西部、スイス、フランスとの国境区域（3 Länder Ecke）に位置し、西側はライン川に接し、東側にはシュヴァルツヴァルト（「黒い森」と呼ばれる山間地）を控える。この一帯は標高200～600mの小高い丘陵地であり、カイザーシュトウール（皇帝の椅子）と呼ばれる。ドイツのなかでは最も温暖な気候と水はけのよいレス土が相まって、古くからブドウが栽培され、ワインがつくられていた。

農業は高品質のバーデン・ワイン用のブドウ栽培にほぼ特化しており、総面積3736haの36%（1340ha）はブドウ畑である。[*12] ブドウのほかにはリンゴ、プルーンなどの果樹作が若干ある。ワインの醸造および販売は、ほぼ地区ごとにある6ヵ所の醸造組合と30ヵ所の個人醸造所で行われ、年間1500万ℓにのぼる。

2001年の町のパンフレット上ではワイン用ブドウ栽培経営体数は1100だが、町役場の担当者の説明では農業経営体数全体で777とのことである。1100のなかには兼業農家はもちろんのこと、サラリーマンの傍ら自家用程度のブドウ栽培、ワイン醸造を行うケースが含まれている可能性がある。

カイザーシュトゥール全体に経営規模は小さく、主業経営の平均は5～6haである。とはいえ構造変化は進んでいる。2002年の訪問の際、当時の町長は「10年後には10～15haになる」と話していた。耕作放棄はいまのところみられないが、ブドウ経営の子弟も近年、多くは他産業に就業する傾向にある。そのため、町役場は州の事業を用いて園地の労働環境改善に取り組み、ワインの販売拡大を行っている。

同町の人口は1991年には5600人であったのが2001年には5747人に、さらに

*12 フォークツブルク町ホームページ https://www.vogtsburg.de/de-de/buergerservice-aktuelles/zahlen-daten-fakten 2017年1月6日最終アクセス。

*13 Becker, H.(1997)'Von kleinbäuerlichen Dörfern zu differenzierten Standorten des Wohnens und Arbeitens', Berichte über Landwirtschaft, Vol. 75, p.628.

*14 http://www.statistik.baden-wuerttemberg.de/BevoelkGebiet/ZuFortzuege/01075220.ta... 最終閲覧日2017年1月5日

*15 前掲*12

２０１５年には５８９１人に増加している。[13] 表２に示すように、人口が最も多いのは町役場のある中心部オーバーローツヴァイルであり、１５００人余を数える。

同町の人口は過去40年来、一貫して増加傾向にある。図４に示すように、１９８０年代後半に町外からの移住者（新住民のドイツ人）の数が急増し、その後、減少と増加を繰り返し、２０１０年以降は再び急増している。

また、年齢階層別人口をみると、19歳未満が16％、19～29歳が13％、30～45歳が16％、46～65歳が33％、66歳以上が22％となっており、高齢化はしているものの、日本に比べると全体的に若い。[15]

このような人口増加傾向は、フライブルク市（人口約20万人）をはじめとする周辺地域に就業機会

表２　フォークツブルク町の旧村別人口（1991年、2001年、2015年）

地区名	1991年12月31日	2001年12月31日	2015年12月31日
オーバーローツヴァイル(OR)	1510	1564	1561
アッハカレン(A)	772	840	891
ビッケンゾール(BS)	449	423	396
ビショフィンゲン(BI)	635	656	630
ブルクハイム(BU)	949	954	1008
オーバーベルゲン(OB)	943	999	1077
シェリンゲン(S)	342	311	328
フォークトブルク町合計	5600	5747	5891

＊資料：2001年までは町役場作成資料。2015年は町のHP。

図４　フォークツブルク町の人口推移

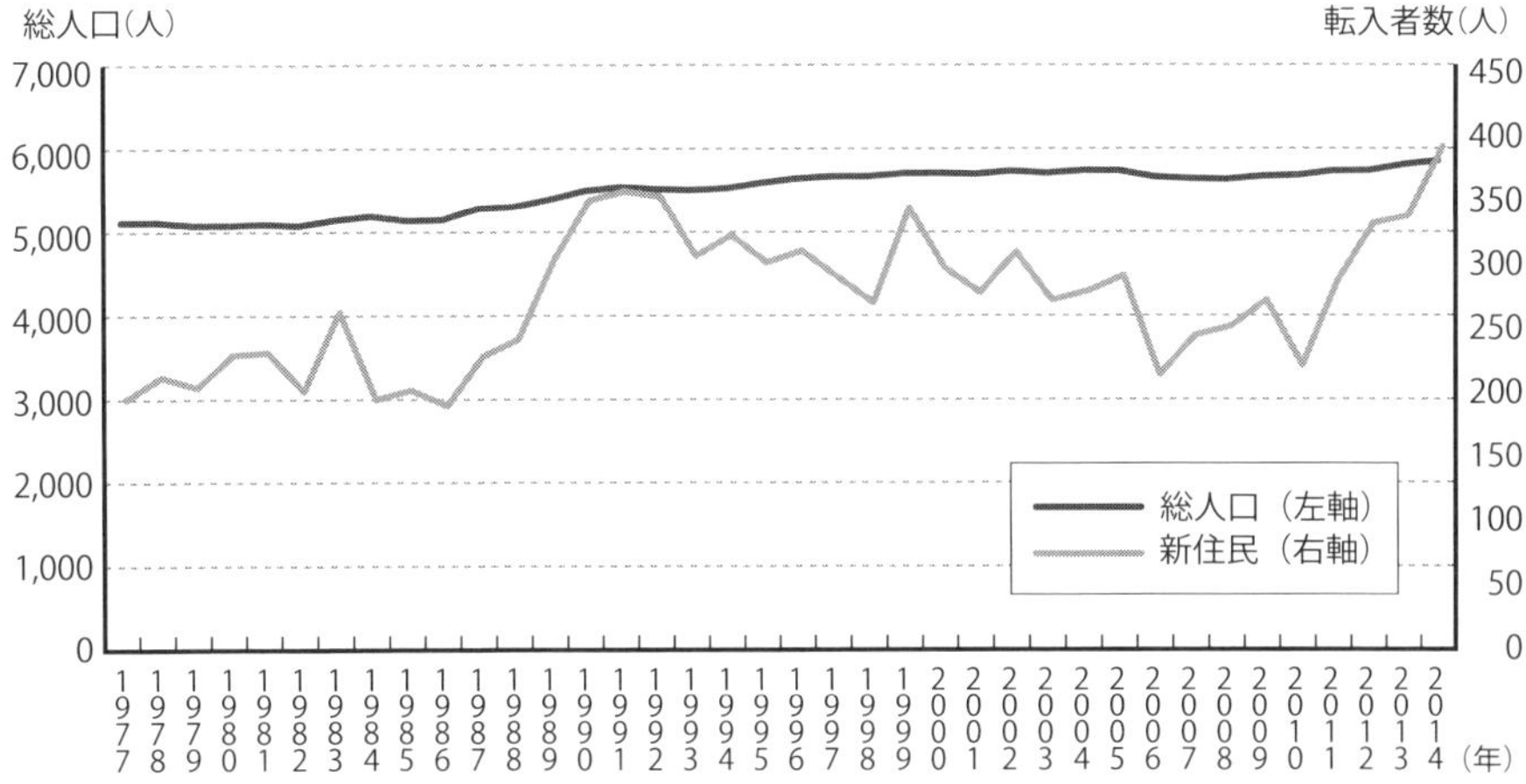

＊資料：Zuzüge über die Gemeindegrenze seit 1987[14] ほかより筆者作成。

が豊富にあることによる。ハイテク、自動車、化学工業の企業が立地し、観光資源にも恵まれている。国境を越えてスイスのバーゼル、フランスのミュルーズに通勤する人もいる。連邦全体の失業率が10％を超えるなかで、この「3国の国境区域」全体の失業率は4％程度である。

同町のワイン、ブドウ畑の景観、そして暖かい気候は、多くの観光客を呼び寄せている。さらに1997年頃から町内に商工業地区がつくられ、350人分の雇用機会が創出された。ブドウ栽培との兼業をしやすくするためには、雇用機会が町内にあったほうがよいとの考えに基づく。町長（2002年、訪問当時）は商工業をワイン、観光に次ぐ「第三の軸足」と称していた。

筆者らが訪ねたビショフィンゲンは、FAAの初回調査時の1950年代には独立したゲマインデであったが、1975年の市町村合併によりフォークツブルク町の一地区（Ortschaft）となった。町役場のあるオーバーローツヴァイルに隣接し、バスなど公共交通機関の便は比較的よい。

同地区の人口は、70年から87年にかけて減少していたが（1970年：684人、87年：614人）[*16]、その後、漸増し、2015年末時点では630人である。また、1994年に私立病院が建てられ、非農業部門では最大の雇用の場となっている。約150名の被雇用者の6割は地区外から通っている。[*17]

（2）町行政

フォークツブルク町のあるバーデン・ヴュルテンベルク州は、隣接するバイエルン州とともに「南ドイツ市町村制」をとっている。次頁の図5に示すように、権限を議会に一元化するとともに、町長は直接公選であり議長を兼任する。[*18] 町長の任期は8年であり、68歳まで務めることができる。

ブドウ畑に囲まれたフォークツブルク町のたたずまい
撮影：中井裕（以下、この章すべて）

＊16 前掲＊13、628頁

＊17 前掲＊13、633頁

＊18 加藤雅彦・麻生建・木村直司・古池好・高木浩子・辻通男編『事典 現代のドイツ』大修館書店、1998年、185頁

また、町議会は専門委員会を設置し、それらに特定の案件を委任することができる。同町には行政委員会、技術委員会があり、後者は建築計画を扱う。

２０００年時点の町の人員数は、職員（Beamte）３名、従業者（Angestellte）26名、現業従業者（Arbeiter）63名、合計92名である。現業従業者、現業従事者にはハーフ勤務、実習生が含まれる。現業従業者は建築現場、舗装、下水処理施設、学校の宿直、学校の清掃、町営プールの管理などに従事している。

ここでいう職員、従業者、現業従業者の区分は、ドイツ特有の職階システムであるとされる。まず職員は町長に任命される（ただし町長自身も職員である）。職員は原則的に労働契約に基づく雇用ではなく、任命に基づく。町役場以外では警察官（州の職員）、裁判所職員、学校教師、かつてのドイツ鉄道職員など、公共性と緊急性の程度の高い職種である。職員の身分はすべて公的に守られているので、保険に入る必要がない反面、労働組合に入れず、ストライキもできない。

職員と従業者の間で勤務時間を比較すると、職員は週40時間以上の労働が義務づけられているが、従業者は連邦の法律（従業員法）および労働組合との協約により週38・5時間と決められている。

フォークツブルク町役場は町の中心部であるオーバーローツヴァイル地区に位置する。役場の組織は四つの部署（主務：住民登録を含む、建築、土地登記、財政）に分かれている。農業など産業振興は州の、電気、ガス、廃棄物処理は郡の管轄である。町役場の窓口が開いているのは、

図５　南ドイツ議会制（バイエルン州，バーデン・ヴュルテンベルク州）

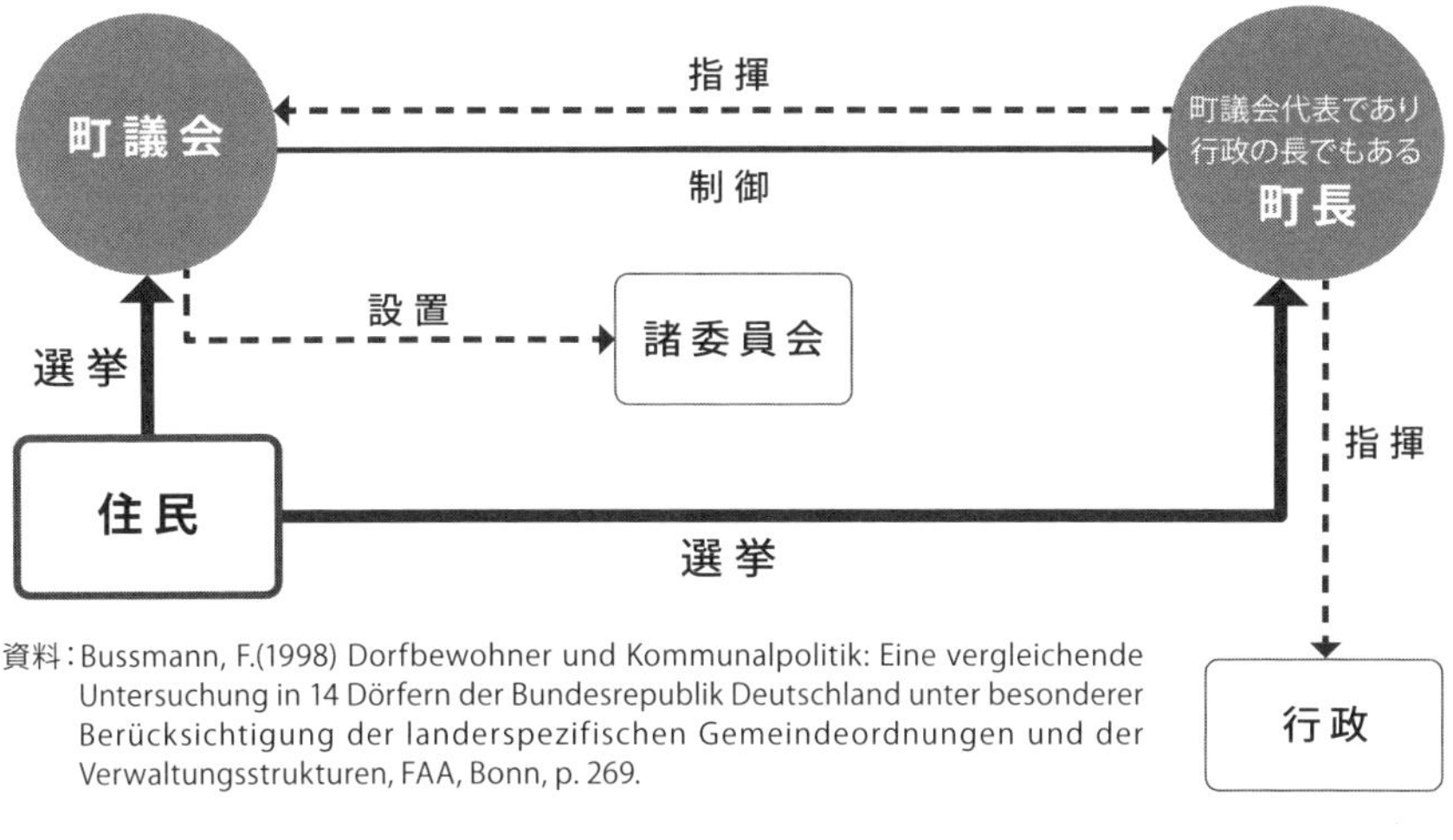

＊資料：Bussmann, F.(1998) Dorfbewohner und Kommunalpolitik: Eine vergleichende Untersuchung in 14 Dörfern der Bundesrepublik Deutschland unter besonderer Berücksichtigung der landerspezifischen Gemeindeordnungen und der Verwaltungsstrukturen, FAA, Bonn, p. 269.

月、水、木、金は午前中（8～12時）、火曜日のみ終日（8～12時、14～18時半）である。

なお、各地区には合併前の旧村役場の建物が残されており、現在でも週1～2回、簡単な手続きを受け付けている。ビショフィンゲン地区役場では火曜日の8時から11時までと木曜日の14時から17時までのみ、窓口を開けている。

（3）地区議会議員および町議会議員

市町村議会および郡議会の選挙については、一括して州の法律、条例で定められている（バーデン・ヴュルテンベルク自治体選挙法および自治体選挙条例）。任期は5年間である。

フォークツブルク町の場合、地区議会の議員数が地区ごとに定められており、ビショフィンゲン地区では8名である。後述の町議会議員オースト氏（2002年当時）によると、立候補は在住年数などに関係なく誰でもできるが、立候補人数は同地区では24名までとされている。町議会議員数は地区の人口規模に応じて決まり、地区議会議員のなかから選定される。主条例上、町議会議員数は22名であるが、1999年10月の選出議員は3名の超過議席を含め26名であった。町長以外は全員名誉職（ボランティア）であり、それぞれ職業、肩書きをもっている。

参考までに、現在の町議会議員は次頁の表3に示すとおり、2014年5月に選出された。所属政党別ではCDU（キリスト教民主同盟）が11名、FWV（自由投票者連合）が13名である。FWVは、全国規模の政党や党派からは独立して地方（ここではブライスガウ・ホッホシュヴァルツヴァルト郡）での政治活動を行う人たちの集団である。

（4）地区議会および町議会の任務

町議会は、町民の代表であり、町の主機関である。町の行政に関する原則を確定し、町のあらゆる事案について決定を下す（主条例第2条）。だが、フォークツブルク町の場合、七つの地区それぞれに地区議会があり、建築、土地利用、道路、電気、ガスの敷設など、住民の日常生活に密接な案件は、まずこの地区議会で取り上げられる（主条例第17条）。地区議会のみが扱う案件には狩猟権、漁業権の貸与がある。このように町議会、地区議会それぞれの管轄が細かく定められているのは同町が合併して成立したためである。

法学者のなかでドイツは「建築不自由原則」の国であるといわれるが、土地利用計画にかかわるBLプラン、Bプランを事実上決定するのも地区議会と町議会である。[*19] たとえばある住民が家を新築しようとする場合、その建築計画（Bプラン）自体が合法的であるかぎり、町役場およびフライブルク

表3　町議会議員（2014年5月25日選出）の属性

性別	職業、肩書き	政党	地区	その他
男	機械工マイスター	FWV	A	
男	ブドウ農業者	CDU	A	
男	ブドウ農業者	CDU	A	地区長
男	ブドウ農業者	FWV	BS	
男	弁護士	FWV	BS	地区長
男	国際的セールスマネジャー	FWV	BI	
男	建築士	FWV	BI	
男	ブドウ農業マイスター	CDU	BI	
男	ジャーナリスト	FWV	BU	現町長、29歳、議員は2015年6月9日まで
男	ブドウ農業者	FWV	BU	議員は2015年6月9日まで
女	行政専門従業者	FWV	BU	
男	ブドウ農業者	CDU	BU	地区長
女	経営経済学専攻の学生	CDU	OB	
男	大店舗店員	CDU	OB	
男	ブドウ農業者	FWV	OB	
男	ブドウ農業マイスター	FWV	OR	地区長
女	データ処理技術者	FWV	OR	
男	プロジェクト・システム管理者	FWV	OR	
男	ブドウ農業者	FWV	OR	
女	主婦	CDU	OR	
男	ブドウ農業者	CDU	OR	
女	ワイン専門販売員	CDU	OR	
女	ホテル専門従業者	CDU	S	
女	専門的品質管理者	CDU	S	

＊資料：現町長ベンヤミン・ボーン氏による情報提供（2017年2月6日）に基づく。
CDU：キリスト教民主同盟
FWV：自由投票者連合
＊地区名の略称は次頁の表4参照。

＊19 BLプランとは、市町村が策定する建設管理計画であり都市建設上の発展を秩序づける基本的な計画である。BプランはBLプランの一部であり、街区程度の比較的狭い地域の土地利用の態様について、住民に対し詳細かつ総合的に規制する計画である。高橋寿一『農地転用論―ドイツにおける農地の計画的保全と都市』東京大学出版会、2001年、79頁

市にある州の出先機関で許可されるが、計画実施の過程において、地区議会で報告、協議がなされる。地区議会での議決の後に町議会に提案され、さらにそこでの議決の後、州の役所に報告がなされる。

町議会の会議は2週間に1回程度開かれる。冬は役場で開かれるが、夏は七つの旧村が持ち回りで会場を提供して開催される。実際、傍聴した会議もブルクハイム小学校の集会室で開かれ、机とパイプ椅子を並べるという、ごく簡単なものだった。夕方6時から11時までかけて新築に際しての道路敷設、州の農村開発プログラムで老朽化した建物を改修するプラン実施の是非を図面に基づき熱心に討論していた。まさに「計画なくして建築なし」である。

(5) 団体 (Verband)、クラブ (Verein)

FAAの報告書によれば、当初の調査対象の10ヵ村ではおしなべて1980年代以降、都市からの人口流入がみられ、その結果、インテリの高所得者層と低所得者層もしくは失業者という、異質な人々が混在する状態となり、前者のウェートが高くなりつつある。農村の組織、グループはそのように異質化した住民構成を反映している。農村青年団(Landjugend)のような伝統的な組織がメンバー集めに苦労する一方で、テニス、ダンス、エアロビクスなどのサークルは中年の男女を集めて盛況である。つまり、社会が異質化すればするほどそれを受け入れるための組織、グループが必要となり、結成されている。[*20]

フォークツブルク町にも表4に示すように120近くの団体、クラブがある。これらを消防団、農村女性クラブなどの地域集団、ブドウ農業

表4　地区別にみた団体、クラブの種類と数

地区名	地域集団	職能団体	クラブ	その他、不明	合計
オーバーローツヴァイル(OR)	8	4	6	5	23
アッハカレン(A)	4	2	4	4	14
ビッケンゾール(BS)	5	3	5	2	15
ビショフィンゲン(BI)	5	2	5	3	15
ブルクハイム(BU)	4	5	6	6	21
オーバーベルゲン(OB)	7	3	3	5	18
シェリンゲン(S)	2	1	2	2	7
フォークツブルク全町	0	2	1	1	4
合計	35	22	32	28	117

＊資料：*Vogtsburg im Kaiserstuhl 2001*, pp. 30-33.
＊注：団体、クラブの分類はおおよそ以下のように行った。
地域集団：消防団、老人クラブ、農村女性クラブ、農村青年団、幼稚園・学校の会、教会関係団体（教会コーラスを含む）。
職能団体：ブドウ農業者組合、ツーリズム協会、葬儀協会。
クラブ：コーラス、卓球、テニス、釣り、スキー、射撃、体操、郷土史。

者組合などの職能集団、音楽、スポーツ、郷土史研究など趣味を同じくする人々によるクラブに分けると、地域集団とクラブはほぼ同数であり、この両者で全体の半分を占めている。

地域集団のうち消防団の構成員は220名を数え、全員ボランティアであり、新住民を含む。各地区には消防団の建物、消火器具、車などの設備があり、民間に委託すれば70万マルク（約35万ユーロ）程度かかるところだが、住民の無償労働、寄付により半額ですんでいる。消防団活動のほか、六つの幼稚園の改修も住民の無償労働によるものである。

クラブも地区ごとに結成されている。学校祭、スポーツ祭、音楽祭など、町のイベントは年間200近くもあるが、各クラブはそれらに参加し、町外からも訪れる大勢の客から入場料、食事代を徴収することにより資金集めを行う。[*21]

町長の説明によれば、かつての地域社会はブドウ畑での共同作業によって維持されていたが、現代の地域社会はこれらの趣味のクラブの活動やクラブ間の協力、つまり「新たな共同性」によって維持されている。クラブは新住民が旧住民と知り合うための場にもなっている。

（6）ビショフィンゲン地区の新住民

FAAの1993／94年調査報告によれば、ビショフィンゲン地区の質問紙調査回答者189名のうち居住歴10年未満の新住民（Zugezogene）は32名（17％）であり、旧西ドイツ10村のなかでは少ない部類に入っていた。[*22] 2012年調査によると、回答者202名のうち新住民は53％を占めるが、居住歴の詳細は明らかでない（前掲表1を参照）。

新住民の4割は、移住の理由として「家族的理由」（住民と結婚、親戚・家族との同居、子供に適した居住環境を希望）を挙げ、2割は「家賃や住宅の安さ」を挙げていた。自分たち新住民と地域社会の関係については、「溶け込みがしばしば難しい」、「新住民と旧住民との間に緊張関係がある」

＊20 前掲＊4、Becker

＊21 調査時（2002年）の翌週、ブルクハイムで開かれるワイン収穫祭では、4日間で約2万人の入場が見込まれるとのことであった。ブドウ農業者組合のほか、五つのクラブがそれぞれ役割分担をする。農家女性クラブは花を植えて手入れをし、伝統衣装を着て合唱する。そのほかに、ワイン博物館によるデモンストレーション、音楽クラブの演奏、食堂による伝統料理の提供もある。

＊22 Johaentges, A(1996) Das Dorf als Wohnstandort: Eine Analyse von Wanderungsbewegungen in ländlichen Räume, FAA, Bonn, pp. 79-161.

との回答もある。2012年調査では、「結婚」と「家族的理由」の合計が7割、「持ち家が安く建てられる」が8%である。約20年を経て、持ち家需要が減じているのがわかる。

筆者らは2002年、フォークツブルク町役場を通じて2人の新住民に対しインタビューを試み、移住の理由、経緯、おおよそのプロフィール（年齢、学歴、職歴）、就業・生活形態（家族、職業、通勤距離、収入の程度）について尋ねた。

事例1（オースト氏）

オースト氏（2002年当時59歳）は、1990年にビショフィンゲン地区の売り家を買い、妻と2人で住む。以前は20㎞ほど離れたゴッテンハイムに住み、2002年1月の早期退職まで保険会社の外交の統括の仕事をしていた。

移住の理由は、趣味の骨董品が納めら

ドイツ　フォークツブルク町、旧ビショフィンゲン村の位置と周辺の集落

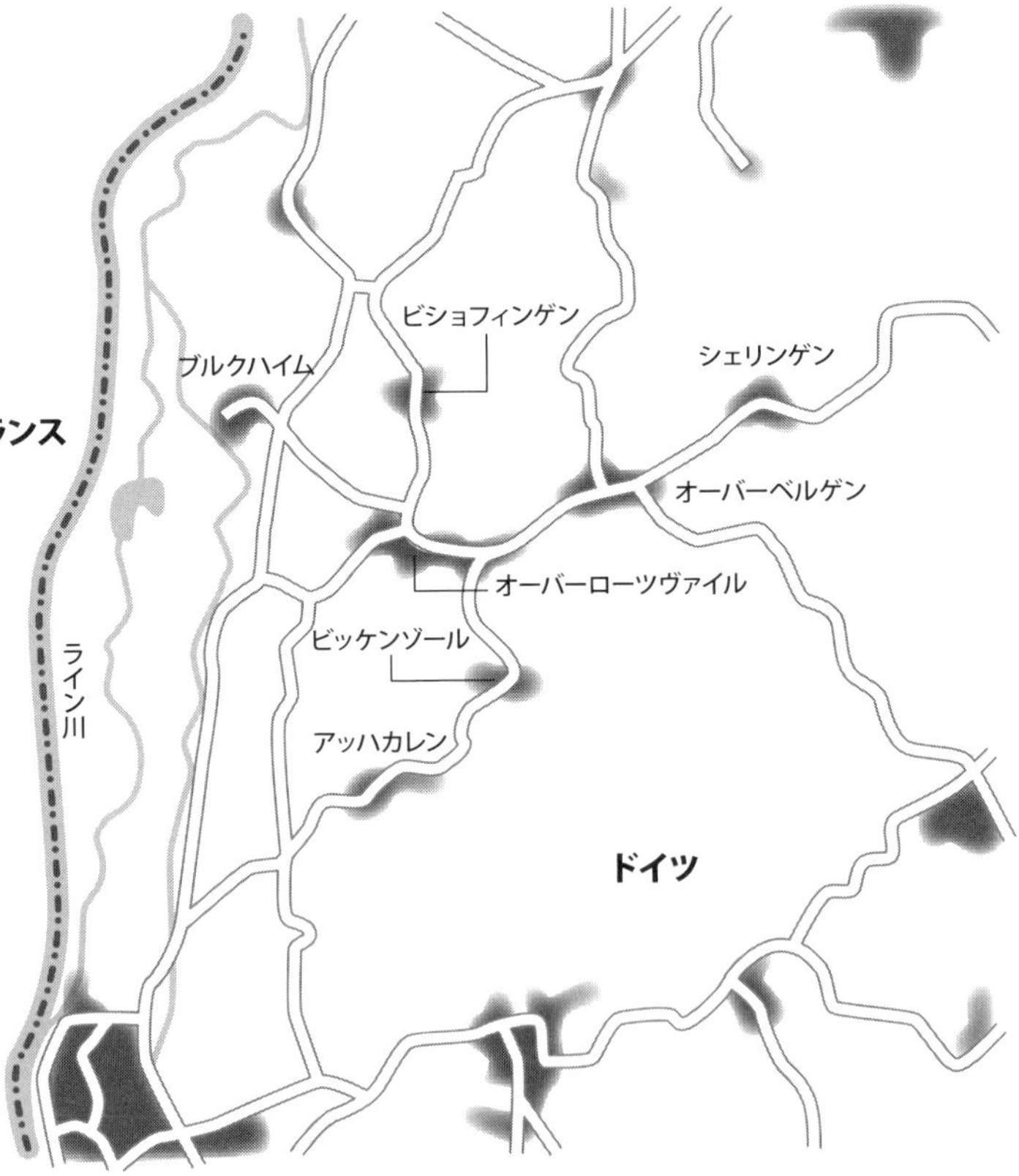

れるような大きな家を探していたところ、ちょうどみつかったこと、自然が豊かでのんびりできることである。土地は900㎡、建物は家屋部分が200㎡、納屋が200㎡あり、家屋は築210年である。以前の持ち主は燃料取引業者だった。早世し、残された妻が60代になり、ひとりで管理するのが難しくなったため、売りに出していた。同程度の家をフライブルクで買えば100万マルクはするが、この家は土地込みで35万マルクだったので決めた。

だが、何せ建物が古いので修繕に10万マルクを要した。電気関係、水回りを専門家に頼み、残りは自分で行った。当時、伝統建築保護のための補助金はあいにくなかった。

現在は、会社から早期退職者対象に支給されるお金で暮らしているが、それも63歳までで、それ以降は年金で暮らす。フライブルク動物保護協会（従業員5名）の代表を務め、1日おきに通う。また、やはりフライブルクにある州裁判所には陪審員（ehrenamtlicher Richter）として月に一度程度出かける。いずれも名誉職であり報酬はない。

一方、妻はハーフ勤務で医療器具会社に勤め、フライブルク、ミュルハイムなどの病院、介護施設などをまわって、新しい器具の売り込み、使い方の研修を行っている。

ビショフィンゲン地区での近所づきあいは、引っ越してきた最初の年のクリスマスに始まる。ツリーを買って家の前に飾ったら、「あなたがこんど新しく来た方ですね。私はミューラーです」というように近隣の人たちが挨拶に来た。

オースト氏は地区議会議員、町議会議員でもある。同氏のように新しく来た人が在住4～5年目で議員になるのは別にめずらしいことではないという。オースト氏はまた、地区長のゲーリング氏とともに歴史クラブをつくり、自ら部長となってビショフィンゲン地区の郷土史編纂を行っている。また、妻は農村女性グループ、女性合唱グループに所属し、後者では副部長を務めている。

オースト氏夫妻と筆者

夫婦とも口をそろえて言うには、ビショフィンゲン地区の人々は新住民に対しオープンであり、それはプロテスタントであり、戦後、復員兵が多く住み着いたためである。

事例2（ツェントナー氏）

ツェントナー氏（2002年当時34歳）は、独立して少数の特殊なワインのマーケティング（ニッチ・マーケット）、ツーリスト向けの講習を行う。ヴィースバーデン近くのワイン醸造高等専門学校を卒業した後、ビショフィンゲンの農家と知り合い、もともと農村に住みたいと思っていたこと、現在の仕事を続けるうえでも有利であること、妻がここから20㎞離れた農村部の出身であることから移住し、1年ほどになる。1910年に建てられた古い農家がちょうど売りに出されていたので買い取った。床張り替え、壁塗装から配線工事まですべて自前で行っているため、トレーラーハウスを仮住まいにしている。敷地面積は2350㎡、家屋部分はその4分の1であり、費用は購入価格、修理費用すべて込みで65万マルクほどかかっている。あと1年半は改築作業にかかるため、仕事を中断せざるをえないが、妻がフライブルクにある州の地質調査所で常勤で働いている。

同氏は仕事柄、ワイン農業者組合、観光協会のメンバーであり、かつ前述のオースト氏の設立した歴史クラブにも所属している。村の人たちは概して昼間も村のなかで働いているので、顔を合わせる機会が多く、声をかけてくれ、親しみやすい。カイザーシュトウール一帯がカソリックであるなかで、村人は少数派のプロテスタントであるため、新住民に寛大になるのだろうという。事例1と同様に、将来は議員になって町の運営にかかわっていきたいが、現在は毎日夜中まで改築作業に忙しいため会合にも出られない状態である。

ツェントナー氏が仮住まいにしているトレーラーハウス

おわりに

ドイツの場合、少なくとも連邦レベルでみるかぎり、都市から農村への移住、すなわち「逆都市化」は収束し、「再都市化」の傾向がみられる。一方で、14村の継続調査からは、村住民の6割を新住民が占め、その7割は居住歴が10年以上であることが示された。

事例として取り上げたフォークツブルク町では、伝統産業であるワインと観光を機軸にしつつも、若い世代の定住のために商工業の雇用創出も行われている。また、新住民はそれぞれボランタリーなクラブへの参加により地域社会に溶け込もうとしている。背景には、日本の農山村と同様、伝統的な集団の停滞または消滅がある。クラブは30以上もあり、その活動は議会や町行政と相まって地域社会を維持している。この事例からは、小規模自治体の運営に関しても学ぶべき点がある。町の行政を住民の生活に密着した事項に限定し、かつ議員報酬をゼロにすることによって、行財政のスリム化や効率化を実現している。

翻って日本においては、本シリーズがすでに数多くの事例を分析しているように、地方移住者の数が2010年頃から増加傾向にある。人口減少が著しい自治体のなかには、移住する人々のライフステージや家族構成に応じた定住促進、定住後の受け入れ策を工夫して行っているところもある。さらに、そうした「狭義の田園回帰」にとどまらず、都市—農山村間の価値観や文化の共有をも視野に入れた「広義の田園回帰」をも模索している。ドイツの「再都市化」について、現地の研究者は「農村はもはや勝ち組ではない」と評してはいるものの、村の人口の過半を新住民が占め、定着しているという実態がある。*23 日本の「田園回帰」にはまだ伸びしろがあるとみるべきではないだろうか。

*23 前掲*3、57頁

ドイツ

第3章

イタリア編
農村における創造的暮らし
——ひとと地域を育むアソシアシオン

龍谷大学准教授　大石尚子

人間が生きていくうえで欠かすことのできない衣食住。このなかでも衣・食は毎日消費するものであり、人間の営みの根本をなすものである。それらを自らの手でつくり出すという行為は、自然と人間、人間と人間を結びつける手段である。超消費社会となったいま、日常のなかでものをつくるという行為は消えてしまった。それは関係性の分断を意味する。第4次技術革命といわれ、「あらゆるものにつながるIoT」[*1]といったことばとは裏腹に、人と自然、人と人の直接的つながりは消滅しつつある。一方で、友だちとつながっていなければ不安、とスマートフォンを離せない若者。こうしたいびつな関係性は社会の漠然とした不安を増大させている。

そうした不安感を取り除き、人と人、人と自然の関係性を再構築するためにどのようなアプローチがあるのか。あるいは、その先にある「持続可能な社会」像とはどのようなものなのか。19世紀の社会学者ガブリエル・タルドは、他者との相互援助によってひとつの目的に向かう集団「アソシアシオン」の群生により、調和的社会システムが構築されるとした。

本章では、戦後日本と同じ運命をたどったイタリアの農村地域が、その後再生に向けてどのようなメカニズムが誰によって生み出されていったのかを解き明かし、そうしたダイナミズムの根底にどのような社会的要因があったのか、そこに暮らす人々の暮らしと仕事に焦点を当てて考察し、グローバル化に抗する社会のかたちを描き出したい。

＊1
モノのインターネット(Internet of Things：IoT)。パソコンやスマートフォンなどの情報通信機器にかぎらず、すべての「モノ」がインターネットにつながること。

1 食と農村

(1) 多様な食文化を育むイタリア

イタリアの国土は日本の約80%、人口は約6070万人とおよそ半分、南北に延びるイタリア半島に加え、サルデーニャ島、シチリア島など周辺の島で構成される。南は地中海性気候、北は大陸性気候と大きく違う。また、北はオーストリア、スイス、西はフランス、東はスロベニアに隣接し、国境線を描くかたちでアルプス山脈が東西に横たわり、北西部から南に下がれば、アペニン山脈がイタリア半島を縦断している。この山脈が、アドリア海側、ティレニア海側を分断するかたちになり、それぞれの気候を違わせる役割を果たしている。つまり、南北の差異だけではなく、沿岸部、内陸部でも東側西側、山間部、と、小さな国土ながら非常に気候は多様である。

多様なのは気候だけではない。ローマ帝国建国以来、ヨーロッパ政治と宗教の中心として栄えてきたイタリアにはギリシャ、エジプトのみならず、インド、中国などアジアからも高度な文明がもたらされてきた。ローマ帝国分裂以降はアラブやノルマン、教皇と皇帝の覇権争い、フランス、ドイツ、スペインによる支配に翻弄されることになるが、それが地域ごとに自治都市圏を形成し、地方都市国家を形成していくことになった。現在のイタリアに近い国が誕生したのは1861年、それまではイタリアという国はなく、存在するのは地方国家だったのである。

つまり、イタリアにおいては小さな領土でありながら、地理的特性と異国との交流・支配・融合によって地域ごとに違った文化・伝統が育まれ、現在のイタリアの文化の多様性を形成するに至ったのである。

特に食文化の多様性においては他の国々の追随を許さない。北部の白トリュフに代表されるめずらしいキノコ類や地域独特の野菜、パスタやチーズの種類は地域の数だけ存在する。南部においてはオ

イタリア半島とその周辺

＊2
イタリアの農耕地面積は日本の2・8倍あるものの、1戸あたりの平均農地面積は6・1haと欧州のなかでは規模が小さい。

＊3
地主が多数の小作人に畑を貸し与え、小作人は収穫物の半分を地主に納め

リーブオイルや乾燥パスタに欠かせないデュラム小麦、モッツァレラチーズ、レモン、オレンジなどの柑橘《かんきつ》類など挙げればきりがない。

多様な食を育んできた農村地域であるが、イタリアの農村には他の欧州先進諸国と異なる封建的社会構造が深く根を下ろしており、それが原因となって農村地域は衰退の一途をたどることとなる。産業革命以降、農村地域においても資本主義的農業が推進されるが、条件不利地域が多く（国土の約８０％）*2、零細農を中心とする農業構造を変革するには至らず、北・中部の折半小作制度*3、南部のラティフォンド（不在大地主制度）*4といった封建的諸関係はファシズムの終焉まで温存されることとなる。*5 これが戦後の急速な工業化のなかで、多くの農民が農地を捨てて重工業の労働の担い手として都会へ流出していった原因となったのである。イタリアで有機農業協同組合を立ち上げたジロロモーニ氏（１４９頁のコラムを参照）は、折半小作制度に基づく契約条件を回想し、「農奴のごとき契約のもとでは、農民の得られる収入などたかが知れている」*6と述べている。

イタリアの戦後の農業・農村の衰退は、日本のそれに酷似している。しかし１９６０年代後半からイタリアでは、農村復興を目指すリーダーが出現し、各地で農村復興活動が違ったアプローチで展開されることとなり、その帰結として１９９０年代後半から今日に至るイタリア独自の食農を通じた農村イノベーションが実現されることとなるのである。

（2）食農をめぐる村長の戦い
——有機農業推進運動・アグリツーリズモの発足

第二次世界大戦後のヨーロッパ共同体で最初に共通政策として発足したのがＣＡＰ（共通農業政策）*7である。戦争の痛手から立ち直り、米国に対抗するために最も力を入れたのは欧州各国の食料自給率の向上により国力を取り戻すことだった。実際にＣＡＰの価格支持政策によって食料自給率

るという制度。14世紀から20世紀初頭まで続いた。

*4 スペイン支配下にあった地域において発達した制度。大土地所有によって粗放的な穀作・牧羊が行われていた。

*5 グイド・ファビアーニ、富山和夫・堺憲一監訳『戦後イタリア農業の発展と危機』大明堂、１９８５年

*6 ジーノ・ジロロモーニ、目時能理子訳『イタリア有機農業の魂は叫ぶ』家の光協会、２００５年

*7 ヨーロッパ共同体において加盟国で共通に実施されている農業政策。Common Agricultural Policy の頭文字をとっている。共通市場の設立や生産増強を図るため、１９６０年代に導入された。価格支持政策と農村振興政策の二本柱となっている。

イタリア

100％に押し上げられたのだが、イタリアにおいてはCAPの財政措置規定に乗ることができず、その恩恵を受けることができなかった。しかし、このことが、イタリア農業・農村独自のアプローチを生むことになる。

イタリア農業の特徴のひとつとして挙げられるのが有機農業である。イタリアの有機農業の耕作地面積は全体の約8％を占め、世界第4位である。有機農家は南部に多い。有機農業がCAPの直接支払制度の一環である循環型農業、自然環境保護制度等に該当するためである。現在の有機農家の約半分が補助金目当てという指摘もあるが、イタリアの有機農業の成長には、EUの農業政策が大きく寄与している。ただ、制度改革後飛躍的に増やすことができたのは、それまでに有機農業についての経験値の蓄積があったからにほかならない。

イタリアにおいて有機農業普及の礎を築いたのは、後に有機農業組合を設立することとなるジーノ・ジロロモーニ氏である。戦後、合理的農業が推進されるなかで、化学肥料や農薬の大量投与、集約的農業が推し進められていく。ジロロモーニ氏は、当時イゾラ・デル・ピアーノ村長として、農村から都会へ向かう村人たち、化学肥料や農薬によって土地が痩せ、年々収穫量が減る現状を目の当たりにするなかで、イーヴォ・トッティにめぐり合い、土をよみがえらせ、かつ高付加価値を望める有機農法の導入に踏み切ったのだった。1970年頃、有機農業を始めてから10年間は苦難の連続だったという。当時有機農産物の基準や認証制度が整備されておらず、有機食品は国当局によって押収される事態もたびたび起こるなど、簡単なことではなかった。しかしそのなかでも、1977年に、有機農業協同組合アルチェ・ネロ（Alce Nero）を設立し、有機農産物、加工品を開発して販路を開拓していった。また、有機農業規則の作成にも取り組み、1982年には全国レベルの有機農業推進組織を発足させた。

1988年にはAIBA（イタリア有機農業協会）が設立され、初めてイタリアの有機農業規則を発表することになる。ちょうどガット・ウルグアイラウンド交渉の真っ只中であり、欧州各地でもEU農業政策に反発し、組合員によるデモが勃発していた頃だ。欧州の農協は、ある地域では労働組合、他の地域ではカトリック教会と国によって成り立ちが違い、概してロビー活動や価格交渉でかなりの力をもっている。フランスの協同組合には、デモなどでも車を燃やしたり火炎瓶を投げたりと、激しい活動団体も存在し、もともと官僚的性格をもつ日本の農協とは成り立ち自体が違う。有機農業推進組織として主な協同組合は、AIBAのほかにAMAB（地中海有機農業協会）などが存在するが、その主な活動は、①国に対する政策の要求、②各州の有機基準設定と管理、③消費者に対する有機農業に関する情報の公開と提供、④障害者への働く場の提供、⑤加工品の開発など研究成果の情報提供、⑥学校給食への有機農産物使用拡大と子供たちへの食育、などである。

イタリアのボローニャ近郊のビニョラで、1990年地中海沿岸国の有機農業の会議が開催されたことをきっかけに有機農業運動は加速することになった。[*8] こうしたなか、1991年にEEC有機農業規則において有機農業ついて規定が設けられ、先進的農法として認められたのである。ちなみに、このころ、スローフード運動も普及し始めると同時に、イタリア独自の農村観光であるアグリツーリズモも登場することになる。

アグリツーリズモというコンセプトは、1960年代にトスカーナ州シモーネ・ヴェルーティ・ザーティ侯爵によってつくられた。農業や農産物、農村にまつわる文化を資源とした観光によって農村振興を目指すものである。また、そうした観光を実現するための総合宿泊施設も意味する。背景には、トスカーナ州のワインが安く買いたたかれ、農民が生計を立てることができずに農村を離れ、急速な過疎化と貧困が深刻化していたことがあり、イタリアならではのグリーンツーリズムを確立しようとしたのである。1965年、ザーティ侯爵の声かけにより「アグリツーリスト協会」が発足する。メンバーであるイタリア農業連盟の13名の若手職員が、アグリツーリズモの規定について検討を始めた。

*8
山内一久・仙北富志和「イタリア有機農業の動向」『酪農学園大学紀要』33(2)、2009年

イタリア

１９７３年には北イタリア・チロル地方のトレント自治県にイタリアで初めて「アグリツーリズモ」条例がつくられる。しかし、その内容をみて、スイスなど他国のグリーンツーリズムのマネでしかないと感じたザーティ氏は、イタリア独自の農村観光を確立する必要があると考え、そのために、敵対していた隣接自治体とも連携して、ネットワークをつくり、全国にイタリア独自の農村観光を広げていった。そうした地道な活動は、１９８５年、ついに法律第７３０号（アグリツーリズモ法）の成立という結実をもたらした。ここに、世界で初めて農村観光を定めた法律が誕生したのである。ちょうど同時期に、スローフード運動が発足した。このことがイタリアの農村の運命を大きく変えたといっていいだろう。

現在アグリツーリズモはイタリア全土に約1万９７００軒あり、年間約２８０万人が利用する。平均宿泊日数は４・５日。26％が外国人観光客である。各農協がアグリツーリズモ協会を設立しウェブサイトを立ち上げて促進していることもイタリアの特徴であるだろう。

アグリツーリズモの成功の要因は、まずは、気候の違いによって育まれる多様な食文化やエトルリア時代から連綿と続く歴史資源の豊かさが挙げられる。しかし、食文化・歴史資源の豊富さでいえば日本も負けてはいない。では何が農村を再生に導いたのか。それは、スローフードというコンセプトと認証の仕組みを生み出したことである。これによって、地域に埋もれていた多様な資源を再価値化し、言語化することによって人の価値観を変革させた。スローフード協会の取り組みは、一般市民の目を農村に向かわせた。そのダイナミクスに、有機農業推進法や原産地呼称保護制度（ＰＤＯ）、地理的表示保護制度（ＰＧＩ）*9といった認証制度がツーリズムコンテンツの質を保証することとなったのである。つまり、「行ってみたら、いいものにたくさん出会えた」ということだ。

認証というものは、その価値や効果が直接的ではなくわかりにくく、日本人にとってはあまりなじみがない。しかし、ある一定の判断基準を設けることによってまだ人々が気づいていない価値を言語

*9
ヨーロッパの地理的表示保護制度。農畜産物に対しても知的所有権を認め、たとえば「パルマの生ハム」のように、地理的表示によってその権利を保護する制度である。最も重要とされるのは、その産品と地域との「つながり」である。風土・人間の営為・それによって蓄積された技術を凝縮していることが求められる。

化し、人々にそれが価値あるものとして認識させるという重要な仕組みなのである。スローフード運動、そしてそこから派生する自治体連合であるスローシティ連合もまさに、認証という仕組みによって新たな価値を創出する社会変革のダイナミクスととらえられるだろう。

2 暮らしの質と認証システム*10

(1) 農村の価値を変えたスローフード運動

これまでみてきたように、イタリアには戦後の農村衰退から脱却すべく、各地で違った運動が巻き起こされていった。その根底には、イタリアの歴史が培った人々の自治意識があったからだと考えられる。個々の信念と判断のもとに活動を展開し、巧みにネットワークを形成し、国レベルの政策へと転換していったのである。しかし、一般消費者に広くスローフードの概念を浸透させるには、まだ何かが足りなかった。そこに、かたつむりを模したスローフード協会のロゴは消費者にわかりやすく、浸透していったのである。

スローフード協会は、イタリア北部の片田舎の町ブラに発足した団体だが、もともとはアルチ・ゴーラ（ＡＲＣＩ ＧＯＬＡ）という美食クラブだった。アルチ（イタリア文化レクリエーション協会）は、イタリア全土に約１２０万人の会員、５０００以上のサークルをもつ、巨大な文化運動組織である。その歴史は古く、戦後のレジスタンスのなかから生まれ、住民自ら

スローフード協会のロゴマーク

*10 本節は、大石尚子「人間サイズの暮らしを実現する都市のかたち」『世界』２０１６年8月号、２５６－２６３頁に加筆修正したものである。

の力でつくる互助団体として結成された。各サークルは、アルチからスピンオフして大きな組織に発展していくことも多いが、基本的にはその活動は「地区」という末端の地域コミュニティに立脚した、市民の自発的・自主的な文化運動体である。アルチ・ゴーラはそうした地域に根差した活動サークルであり、土地のワインや食材、伝統料理を楽しむ団体であった。

アルチ・ゴーラが、マクドナルドのローマ一等地への出店に反対して「スローフード宣言」を発表したのは1986年、その翌年、「スローフード協会」を発足させることとなった。

スローフード協会は、いまや世界160ヵ国に10万人以上の会員数、2400ものコンヴィヴィウム（地域団体）をもつ巨大NPOである。スローフードの定義は「BUONO（おいしい）PULITO（きれい）GIUSTO（正しい）」。「おいしい」とは、高級食材を意味するのではなく、その地域で育てられ伝統的な方法でつくられ、風土・伝統・文化を継承するものであることを意味する。また、「きれい」とは、農薬の大量使用、無理な集約的農法など生産環境に負荷をかけていない、ということ、「正しい」は、生産工程で不正な行為がなく、生産者の生活が保障される対価を得られることを意味している。[*11] 協会のミッションは、人は誰もが食を享受する権利があり、その権利を守り、食を享受するために必要な生物多様性、文化、知識（Biodiversity, Culture, Knowledge）を保護していくこと、である。

具体的なスローフード協会の活動は、①地域の食品と生産者の保護、②生産者と消費者をつなぐこと、そして③食農教育に重点が置かれている。特に、①に関する事業、「味の箱舟」と「プレシディオ」[*12]という希少な食材や小規模生産者の保護を目的とした認証制度の実施は、その食品を保護するだけではなく、その食品を生み出す地域自体に誇りをもたらした。希少な食材を認証する「味の箱舟」は、プロモーション活動など支援策を通してその生産や消費を維持し、地域における食の多様性を守ろうというものである。現在903を超える家畜、果樹、野菜の品種と加工食品などが認定されている。「プレシディオ」は、生産者グループをつくり、生産者自身が販売促進を調整できる環境を

＊11
Carlo Petrini,"Buono, Pulito e Giusto", Einaudi s.p.a. 2005.

＊12
食の砦。絶滅の危機にある食材や加工品を守ろうと同協会が認定した品。

整え、彼らの商品の品質と評価の基準づくりを支援する取り組みで、小規模生産者による食品の生産技術を安定させ、伝統的な食物の発展を保証しようとする取り組みである。端的にいえば、プレシディオに認証されれば、手間をかけて丁寧につくられ、安心安全で高品質であることが保証されるということである。現在450種、1万3000の生産者が認証されているが、料理人や専門家にかぎらず、一般消費者もその価値を認知し、購入している。プレシディオの成功は、良質な食品に対しては、一般のものよりは値段は高くなるが、それでも意識のある消費者はその値段を支払い、生産が経済的に成り立つことを証明してくれている。

②に関する大きな事業として、2年に一度、トリノにおいて食の祭典「サローネ・デル・グスト」(味のサロン)を開催している。1日では回りきれないほどの多様な食材のブースが立ち並び、生産者自ら商品の説明を行う。20年目を迎えた2016年のサローネには、世界160ヵ国から5000の代表団、800の出展団体、300以上のプレシディオ認証団体が参加している。会場は、トリノの公園や広場や、世界遺産の建造物といった公共の開かれた空間で行われ、いわばトリノ市全体がスローフードで埋め尽くされたといった感じだった。

来場者の楽しみのひとつは、めずらしいものを買うことができる、という

上:サローネ・デル・グスト(2016年)。プレシディオのブース
中:食の国際会議・テラマードレ(2016年)の様子
下:2016年のテラマードレのメイン会場となったバレンティノ宮殿(トリノ工科大学施設)

だけでなく、その場で生産者と対話することができるということだ。「サローネ・デル・グスト」の開催と同時に、「テラマードレ」（母なる大地）という食の国際会議が5日間にわたって開催される。毎回150ヵ国以上の国から生産者が招待され、世界中のあらゆる食農問題について、生産者、学者、民間企業、行政職員、調理人、学生などが一堂に会して議論を繰り広げる。

③の教育面では、ブラ近郊に食科学大学・大学院を設立し、食農の未来を担う人材育成に取り組んでいる。学生は半分以上が海外からの留学生だ。プログラムでは、子供向けの人間の味覚を学ぶ体験型教育プログラムを開発するなど、子供の食育にも熱心に取り組んでいる。こうした若者の修了生は自発的にネットワーク組織をつくり、現在スローフード・ユースとして世界の若者とつながって活動をしているのだ。

驚かされるのは、こうした巨大イベントが、ほぼ地元ボランティアの力で成り立っているということだ。会場設営や案内受付はもちろん、参加者の宿泊施設の手配や大型観光バスを何十台も準備して各宿泊施設に送迎するのも、参加者の一部をホームステイで受け入れるのも、多くはトリノの市民ボランティアが担っている。また、大学生も多くボランティアとしてかかわっている。世界160ヵ国からの参加者であふれかえるトリノの街。迷惑に思う市民もいるが、インタビューしたかぎりでは、この2年に一度の祭典にトリノ市民として誇りに思っていると答える人がほとんどであった。

このように、勢い衰えないスローフード協会であるが、その強みは、ユーモアをもち合わせたデザイン性の高さだ。[*13]

ロゴマークの「かたつむり」は、一度みると忘れないだろう。視覚だけでなく、文書や演説のことばも人の記憶に残る。1960年代の民主化運動の時代に活躍したペトリーニは、左翼系情報誌などにも執筆するなど批評家としても活躍した文才の持ち主であり、彼の発することばや文書には、インテリ層が引きつけられた。また、グローバル化に対抗しつつも真っ向から対立するのではなく、うま

*13 松永安光、徳田光弘『地域づくりの新潮流－スローシティ／アグリツーリズモ／ネットワーク』彰国社、2007年

くグローバル化の波に乗ったことが飛躍的な発展の大きな要因であろう。しかし、何より重要なのは、スローフード協会の発展により、一般国民のローカルな食農への関心が高まったことだ。これによって、それまでにイタリア全土で農村地域の復興運動のなかで生まれた制度や団体（アグリツリーズモ法、有機農業組合など）が日の目をみることとなった。同時に、CAP改革によって、条件不利地域政策の一環として地理的表示保護制度の推進や有機農業推進政策が成立するなど、農業政策の大きな流れの変化のうえに、国、自治体レベルの多様な活動が折り重なりシナジー効果を発揮したことによって、イタリアの地方小都市は奇跡的に再生を果たしたと考えられる。

（2）自治体の取り組み

スローフード運動は各方面へ多大な影響を与えたが、自治体にとっても重要な役割を果たすこととなった。スローシティ連合の誕生である。1999年誕生したこのネットワークの理念は、「現代社会の時間に対応する（modern times counterpart〔il controtempo della modernita〕）」。現代のスピード社会に少し距離を置き、人が主役である暮らしを実現することである。「スローフード」の哲学を、食にとどまらず暮らしに実践することなのである。

現在スローシティ連合に加盟している自治体は5大陸にわたり、30ヵ国222都市である（2016年10月現在）。まさにグローバル・ネットワークであるが、日本では、認定を受けている自治体は気仙沼市のみである。

このような、グローバル・ネットワークを誰が生み出したのか。それは、イタリア首相でもEU議長でもない。トスカーナ地方にある1万5000人足らずの都市「グレーベ・イン・キャンティ」の当時の市長パオロ・サントルニーニであった。

1997年、スローフードの国際フォーラムの開催地オルビエート市の市長ステーファノ・チミッキの挨拶でのことば、「人間サイズの、人間らしい暮らしのリズムが残る小さな町をつくろう」に感銘を受けたパオロは、ブラ市やポジターノ市といったスローフードの理念に賛同する市長たちに声をかけ、その2年後、スローシティ宣言として結実することとなったという。[*14]

スローシティとして認証されるためには、まず人口5万人以下でなければならない。また、七つのカテゴリーと72の項目から構成される認証基準のうち、必須項目の31項目を満たしていなければならない（133頁、表1）。認証料として最低600ユーロを支払う必要があり、認証は一度取得しても永久ではなく、5年ごとに受ける必要がある。認証手続きの流れは134頁の表2のとおりである。

スローシティ連合としての活動は、スローシティ国際会議や、ベストな取り組みを選定するコンテスト「Chiocciola Orange（オレンジのかたつむり）」、EUなどの国際機関の研究調査プロジェクトへの参画などである。つまり、小さな田舎町の集まりであっても、その会議は国際レベルであり、たえず世界中の多様な知見を得ることができるということである。

こうした自治体連合組織として、「最も美しい村連合」というものもある。フランスで発足し、その後、ベルギーのロワン州、カナダのケベック州、イタリアにも広がり、日本でも2005年に北海道美瑛町など六つの町村が集まりNPO法人「日本で最も美しい村」連合が発足した。現在の加盟市町村は60と急速に成長している。多数の基準を設けるスローシティ連合とは違い、同連合の認証基準は①人口が1万人程度の規模、②地域資源が2以上ある、③連合が評価する地域資源を活かす活動がある、のみである。このことは、一般人にもわかりやすく、自治体内でもコンセンサスを得やすく加盟しやすいといえるだろう。

一方、スローシティ連合への加盟には、特にある程度の規模の自治体であれば、評価項目が多岐にわたるため、各部署間の政策の整理・統合、全体統一が必要となり、そう簡単な話ではない。しかし、ハードルが高い反面、認証手続きを契機として、地域づくりにより多くの住民参画が期待でき

*14
島村菜津『スローシティ—世界の均質化と闘うイタリアの小さな町』光文社新書、2013年

る。また、自治体各部署を横ぐしでつなぎ、効率的な施策や事務の合理化につながる可能性もある。ただ、ハードルが高い分、日本では加盟自治体が増加しないのもまた現実である。

（3）都市から農村を目指す若者たち

スローシティ連合は日本ではあまり浸透していない。だが、筆者が訪れたいくつかのスローシティ認証を受けた自治体には、やはり、その理念を感じさせる地域の取り組みや自然環境、文化歴史を見出すことができ、ひとりの観光客としても満足するものであった。また、そうした農村に、田園回帰する若者の姿を見出すことができた。ここで具体的にスローシティについて紹介したい。

筆者が訪れたのは、キャベラーノ（Chiaverano）という、人口2150人の小さな村である。トリノ市から北東55kmに位置し、ヨーロッパ最大規模の円形劇場型氷堆石の山脈（Serra）が楕円状に25kmにわたって広がり、エコミュージアムとしてEUから認定を受けている景勝地を有する。中心部には、中世に築かれた石垣が街中に張りめぐらされて当時の風景をいまにとどめ、周辺に広がる森には五つの湖と、中世の城や教会が点在する。こうした大自然の環境のなかにアグリツーリズモが数軒点在する。

そのひとつに30代半ばの2人の女性が経営するアグリツーリズモがある。ひとりはトリノ市役所に勤め、もうひとりは看護師をしている。忙しいバカンス時期はアグリツーリズモに専念し、オフシーズンは週の半分程度を市役所、病院で仕事に従事する。出身地も違う2人がアグリツーリズモを始めたきっかけは、暮らし方を変えたいと思っていたところに意気投合できる相手が偶然見つかった、ということと、運よくアグリツーリズモの中古物件が売りに出されていた、ということで、行き当たりばったりに共同経営することとなったという。

アグリツーリズモ法では、建物の外観や設備用件のほかに、食事はできるだけ自家製食材や地元食材、特にPDOやPGI認証（EUの地理的表示保護制度）[*15]を受けているものや有機農産物を提供す

＊15 前掲＊9

4 農業、観光、伝統工芸に係る政策　10項目

1 エコ農業の開発**	2 職人の技、手づくり、工芸品の保護（認証、文化博物館など）**	3 職人技、伝統工芸のブランド化*	4 田舎暮らしの質向上（住民サービスの充実）*
5 公共・コミュニティ食堂における地域産品の活用。可能であればオーガニック（学校給食など）*	6 味覚教育における地域産品の活用促進。可能であればオーガニック*	7 地域の文化イベントの保護および価値向上*	8 観光客の収容力（ベッド数、長期滞在型宿泊施設）*
9 農業における遺伝子組み換え種子の使用禁止	10 休耕地の新たな活用法		

5 ホスピタリティに係る政策　10項目

1 歓迎体制（担当者の研修、看板、適切なインフラ、営業時間）*	2 オペレーター、貿易業者の意識向上（オファーや値付けの透明化、関税の明示）*	3 "slow"な旅行案内書の設置（印刷物、ウェブetc.）	4 より重要な政策決定への住民参加の仕組みづくり
5 指導・管理者、雇用者へのスローシティのテーマに関する継続的な研修**	6 健康教育の実施（肥満、糖尿病との闘い）	7 住民に対するスローシティの取り組みに関する情報提供*	8 スローシティのテーマにかかわる団体の積極的な参加
9 スローシティ・キャンペーンへのサポート*	10 公刊物やウェブサイトにスローシティのロゴを使用すること*		

6 社会的包摂　11項目

1 被差別マイノリティ	2 異文化圏／隣人	3 障がい者の包摂	4 子供のケア
5 若者の状態	6 貧困	7 自治会などの地域組織	8 多文化共生
9 政治参加	10 公共住宅	11 若者の活動拠点、青少年センターの設置	

7 パートナーシップ　3項目（地域食材・伝統食推進活動、スローフード理念普及のための協力）

1 スローシティ運動と活動のサポート	2 自然伝統食品を促進する他組織との協働	3 発展途上国への協力・支援とスローシティの理念普及	

（網掛け）＊必須項目　＊＊将来的に必要とする項目

表1　スローシティ認証評価基準―七つのカテゴリー（うち、31項目が必須項目）

1 エネルギーと環境政策　12項目

1 大気保全*	2 水質保全*	3 家庭の節水対策	4 ごみの分別収集*
5 産業および家庭におけるコンポストの推進	6 排水の浄化*	7 建物や公共システムにおける省エネルギー	8 公共の再生可能エネルギー生産
9 視覚公害（景観）・交通騒音対策	10 光害対策*	11 家庭の節電対策	12 生物多様性の保全

2 インフラ政策　9項目

1 公共機関へのアクセスのよさ	2 サイクリング・ロードの拡大*	3 駅の駐輪場の設置	4 自家用車の代替交通手段の整備*
5 バリアフリー*	6 子供連れ家族や妊婦に対する対策*	7 医療サービスへのアクセス	8 市街地における商品流通の確保
9 日常他地域で働く住民の割合*			

3 都市政策の質　17項目

1 都市の防災・復興計画**	2 中心市街地の質向上（標識・旅行者用看板・都市環境保全）*	3 生産植物／果樹や花木などによる社会的緑地帯の創出**	4 都市の暮らしやすさ（家事、介護、勤務時間その他）
5 周辺部の再評価および再利用*	6 ICT活用による市民／観光客のための双方向サービスの開発*	7 持続可能な建物（バイオ建築など）に関するサービスデスク*	8 ネットワーク網都市（ファイバー・オプティクス、ワイアレス）*
9 汚染物質のモニタリングと削減（騒音、電気システムなど）*	10 在宅勤務システムの開発	11 私的空間の持続可能な都市計画開発（パッシブハウスなど）	12 社会的インフラの推進（時間通貨・フリーサイクリングなど）
13 公共空間の持続可能な都市計画（パッシブハウスなど）*	14 生産植物／果物による都市周辺部を含む生産的緑地帯の回復・開発*	15 ローカル産品の商品化に向けた取り組み*	16 個人商店や工房の維持・活性化―商店街の保護・活性化*
17 都市緑地帯におけるインフラ以外のセメント建造物の数			

（網掛け）＊必須項目　＊＊将来的に必要とする項目

＊出典：Cittaslow International Charter（2014年6月発行）より筆者翻訳
＊注：パッシブハウスについては179頁＊4参照。

スローシティ連合 認証の仕組み

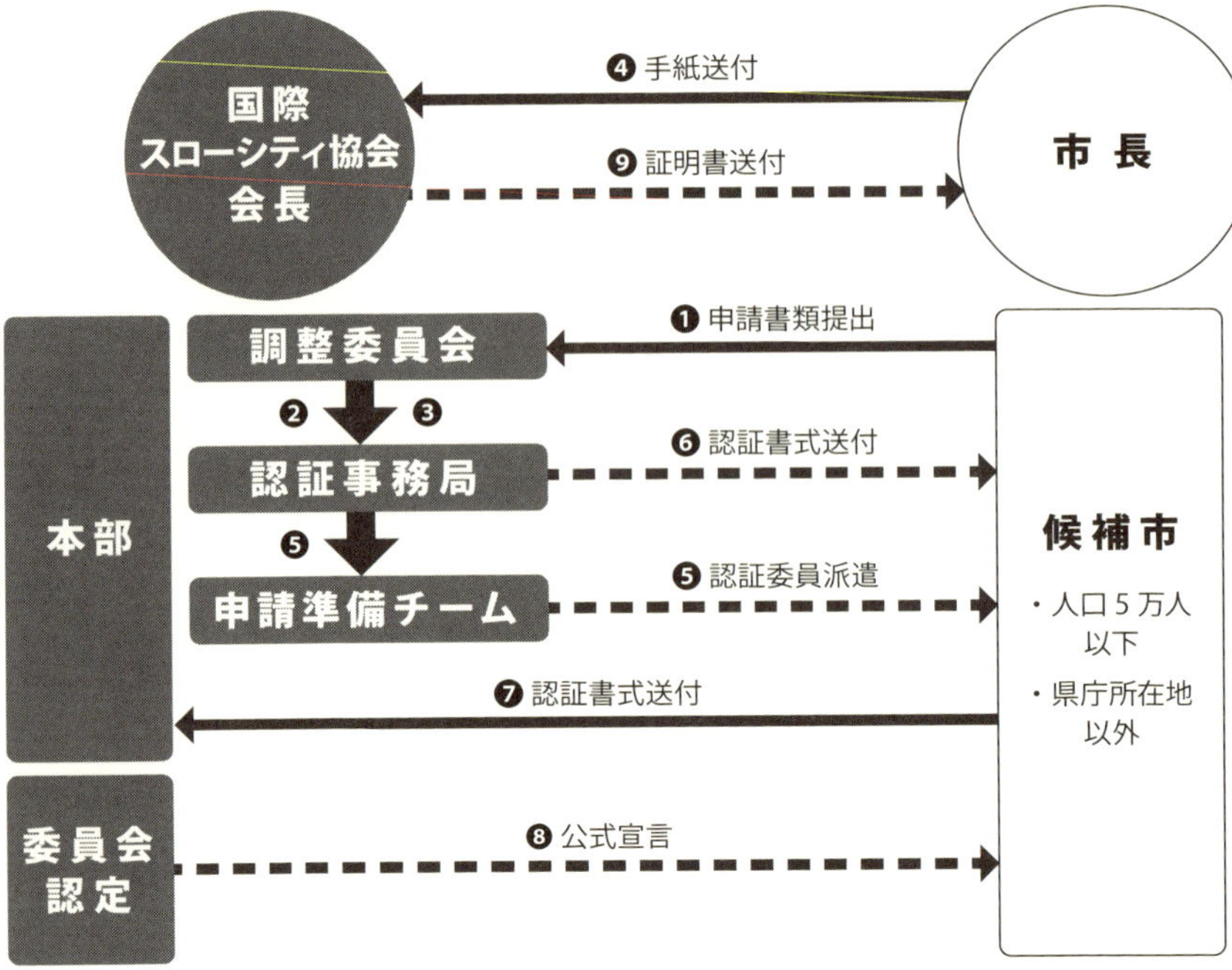

＊出典:「欧州の中山間地域を盛り立てる仕組み」『都市問題』2016年12月号

表2　スローシティ連合 認証の流れ

❶	自治体は、申請書類(①市PR、②加盟する目的、③達成している項目および取り組んでいる項目を証明するもの、④協会との連絡窓口)をスローシティ連合調整委員会に提出。申請書受理された後、申請自治体は一時金600ユーロをスローシティ連合に支払う。
❷	局長、政策室長、事務員で構成される認証事務局が設置され、局長は調整委員会の指示を受ける。
❸	調整委員会は当該市が申請条件を満たしているか確認する。 (市民の人口は5万人以下でなければならない。また、県庁所在地は申請できない。)
❹	申請する市は、市長名の文書(①申請理由、②スローシティとなる根拠、③候補市の担当窓口および認証事務局と直接交渉できる専門家の配置)を作成し、国際スローシティ協会会長に送付。
❺	認証事務局は、申請準備チームを結成し、必要であれば候補市に派遣することができる。
❻	候補市は、認証事務局より認証書式を受理し、必要であれば認証事務局の助言を受けることができる。
❼	候補市は、人口規模によって規定されている一時金(600ユーロ〜3,500ユーロ)を支払い、認証書式を完成させ、本部に送付する。
❽	認証スコアが必須項目達成度50%以上であれば、次のスローシティ連合協議会で公式宣言される。
❾	認証された市長は、国際スローシティ協会会長よりスローシティ認定証明書を受理する。

る、など細かく規則が定められている。つまり、宿泊施設と農地があればよいというわけではなく、農村の暮らしの「豊かさ」を体験できる、ということが重要というわけである。地域性を活かした食文化が楽しめる観光施設でなければならない。Serraの絶景を眺めながら散策を楽しみ、食事は、自家農園でとれた野菜や地元食材を使った地域の伝統料理など、シンプルだがどれもやさしく体に染み渡る。Iターンした彼女たちは、特に農業を学んだわけではない。最初は野菜の栽培方法もわからず、ろくに収穫もできなかったという。近所となじむのも大変だったが、看護師として地元クリニックに勤めてその働きぶりの評判がよかったことがきっかけで、いまでは地域の人々は農業指導をしてくれたり、施設の修理を手伝ってくれたりと協力的で親切になったという。

お客さまを迎える、というより仲間を迎える、といった彼女たちのもてなしは、何か懐かしい場所に帰ってきたような気持ちにさせてくれる。その自然体が心地よいのである。都会で暮らしてきた彼女たちだからこそ、来訪者が何を望んでいるのかわかるのであろう。都会の喧騒を逃れて余暇を楽しむ、ということだけではなく、人とのつながりを求める第三の場、としての役割を担おうとしているのかもしれない。

昨今イタリアでは、若者が農村に移住し、アグリツーリズモを始めるケースが増えているという。また、イタリアでも農家数の減少と高齢化は深刻な問題となっており、対策として40歳以下の新規就農者に補助を出す制度があり、新規就農者も増えているという。実際に、アグリツーリズモで飲ませてもらったワインのつくり手は、Uターンして農業法人を立ち上げた新規就農の若者だった。彼の場合は、子供の頃に祖父と一緒に農作業したことが忘れられず、父親が定年で店を閉めたのをきっかけに農業法人を設立したという。トリノ大学農学部を卒業してまだ間もない弱冠29歳ながら、自分でワイン醸造場・ジャム加工場を建て、ワイン用ブドウや加工用果物・野菜の栽培、加工製造、販路開拓までひとりでこなす。彼はキャーラたちのよき相談者であり協力者でもある。女性だけでは難しい力仕事を手伝ったり、代わりに彼女たちはワインを宿泊客に販売したり、ワイナリー見学を案内したり、助け合いながらそれぞれの事業を営んでいる。

たった1日の滞在であったが、非常に豊かな気持ちにさせてくれた。こうした若者たちに出会えたことだけでもこのスローシティを訪れてよかったと率直に思った。キャベラーノがスローシティに加盟していなければ、間違いなく筆者は訪れることはなかっただろうし、彼らのような小さな取り組みは、埋もれてしまってなかなか日の目をみないだろう。しかし、認証というシステムによって、その価値が可視化され、発信されるのである。私のような訪問者を生み出すことが認証の効果といえるだろう。

スローシティの場合は、スローフードの理念と「オレンジのカタツムリ」のロゴマークによって、「おいしいものがありそうな地域」と連想することができる。

また、市側としては、アグリツーリズモ法やPDO／PGI制度、有機農業推進法、景観法など、EU、国家・州の政策に係る助成や補助金を、スローシティというコンセプトのもとに集結させ、自治体政策に活用できるのだ。たとえばEUでは、有機農業といった環境に配慮した農業へ転換する農家への所得補償を行っているが、地元の農家に有機農業への転換を進め所得向上させることができる。あるいは、EUや国の補助金を使って、市民にアグリツーリズモを始めることを後押しすることができる。つまり、EU、国、州の補助事業等は各省庁や部局が別々に行うが、小さな市町村では、それらの補助事業をスローシティ政策として統合して活用することができるのである。スローシティ連合の市長たちは、単にスロー論を繰り広げるために集っているのではない。こうしたさまざまな財

経営者キャーラ（左）とクラウディア（右）

キャーラとクラウディアのアグリツーリズモ

スローシティのロゴマーク

源を、いかに市政に有効活用するか議論し合っているのだ。[*16]

もうひとつ重要な点は、スローシティ連合が、全世界に広がっていることだ。異国間交流によって、まったく違う文化圏のアプローチや方法を学びとることができる。つまり、グローバル化するネットワークに参加することで、よいところだけを取り上げることができる。

しかし課題もある。キャベラーノ市役所で職員にスローシティ連合のことをたずねても、「あれは単にブランドだ。中身は何もないよ」という返答だった。住民にもスローシティの意味や理念は理解されていないようだった。スローシティの認証を受ける場合、市長自ら申請しなければならない。つまりトップダウンのプロセスとなっていてそのプロセスに住民を巻き込むための仕掛けはない。そうした課題に対して連合では、2016年のテラマードレの一環として行われたスローシティ連合会議では、ドイツの住民主導型で認証に至った事例や、オランダの住民啓発活動の事例を参考に、スローシティ活動にいかに住民を巻き込んでいくかが議論され、住民への啓発活動や子供たちへの食農や環境教育の推進が提案されていた。

（4）地域経済と認証システム

ここまで、農村再生に向けた取り組みをみてきたわけだが、イタリアの強みは、コンセプトとイメージの創造である。スローフード協会は、既存の制度や仕組みを飛躍的に発展させた。スローシティに関しても、市長のトップダウン、単なるブランドづくり、といった批判もある。しかし、確かに訪れる価値のある観光のコンテンツがそろっているのである。それは、一つひとつではほかの地域のものに負けるかもしれないが、「暮らしの質」というくくりで評価することによって、訪れる人々は、「質の高い暮らし」を疑似体験することができる。それが満足につながる。また、ネットワーク

＊16 宗田好史『なぜイタリアの村は美しく元気なのか』学芸出版社、2012年

化によって、他地域と比較することができ、地域間の差異が明確になる。ただし、認証はあくまで存在するものへの価値判断である。そもそも、評価の対象となる資源がなければ、あるいはつくろうとしなければ認証システムは意味がなくなってしまうのだ。

イタリアの場合は、自発的な個人の活動に加え、政策的アプローチも功を奏した。日本政府はEU政策を模すことが多いが、早急に成果を出そうとして失敗に終わるケースがある。現在政府は、日本版地理的表示（GI）保護制度も躍起になって推し進めているが、きっちりとした名声やしっかりした地域団体が育成されないままに数だけ増えてしまうと、有名無実のものができてしまい、制度自体が信頼性をなくしかねない。最初であるからこそ慎重にならねばならない。

3 ファッションと農村
――一流ファッションを生み出す片田舎の一流企業

（1）共同体と衣づくり

食とともに人間が生きるうえで欠かすことのできない衣。ファッション産業というと一見田舎とは無関係と思われるかもしれないが、実は地域社会と密接なかかわりがある。

分業と生産システム、そこにかかわる個人、そして自然（資源）と人との関係性を包括的に考察するうえで、衣をめぐる人の生活を振り返ることは多くの示唆を与えてくれる。衣は元来自然と人、人と人との連携のなかで生産されるものであり、コミュニティ形成の基盤をなしてきた。日本においても全国各地に織物産地があることからもそれがわかる。しかし、産業革命以降の分業の発達によって、人の日常の生活空間から衣は消えてしまった。つまり、衣服は購買の対象でしかなく、その原料がどこでつくられ、誰によって縫製されているのか、など考えも及ばない、自分とは関係のないことだと錯覚してしまうようになった。だから、2013年にバングラディッシュで起きたラナ・プラサの悲劇のようなことが起こる。*17

しかし、元来衣服をつくるということは、人間の創造の欲求をかきたてるものであり、ファッションは、その人の個性・アイデンティティを表すだけでなく、個人の技術、知性を育む、人間の創造性を育む社会システムであった。つまりは、人を豊かにし、夢を与える創造的価値があったのだ。イタリアは「職人の国」といわれるが、いまもそうしたファッションにかかわる人々は尊敬の意を込めて「マエストロ」と呼ばれている。地方に行けば、世界の一流ファッションを牽引している地元企業にいまだに出会うことができるのである。イタリアの繊維会社は中小企業がほとんどであり、地域に根差したネットワークが形成されている。日本のようなヒエラルキーは存在しない。つまり、信頼と競争によってお互いが同等の立場で支え合っているのである。

*17 2013年首都ダッカの衣料縫製工場5社が入居する8階建てビルが崩壊し、死者1100人以上、負傷者2500人以上を出す大惨事となった。数日前から壁に亀裂が入り、怖がって避難しようとした従業員を経営者は仕事場に戻らせたという。その直後に、ビルは倒壊した。

(2) イタリアの繊維産業の仕組み
——歴史的背景・風土と産地の関係性

一流ブランドを手がけるメーカーと聞けば、ミラノなどの中心地に事務所をかまえていると考える人も多いかもしれないが、現実はそうではない。1着10万円以上もするような超高級婦人服メーカーでも、家内工業規模で、公共交通機関ではたどり着けないような片田舎にあることが多い。筆者がイタリア・ミラノでファッションコンサルタントの助手を務めていたとき、訪ねたある取引先は、周りは農地に囲まれ、鶏を飼っていたり、周りに自生するタンポポをお浸しにして食べたり、庭でとれたスモモでジャムをつくったりと、自然豊かな環境のなかで仕事をしていた。従業員は自宅に帰って昼食をとる。私たちが訪問すれば、コーヒーとかわいらしいプチケーキでもてなしてくれる。必ずお互いに家族のことを聞き合い、政治やサッカーのことなど、おしゃべりを楽しむ。お互いの家族を自分の親戚のように扱い、信頼関係が築かれている。同時に重要なのは、お互いプロとして自分の役割を理解し、信頼できる確かな技術能力を有しているということである。たとえば、仕上がりのイメージを話せば、細かな指示をしなくてもちゃんとサンプルが出来上がってくる。それどころか、こちらが指定した袖や丈の長さにも、「バランスが悪く、美しくない」と言って勝手に長さを変えてくる。しかし仕上がりを見ると確かにそのとおりなのである。「ごちゃごちゃ言わずに、プロにまかせたほうがいいのよ」というのが私のボスの口癖だった。

イタリアは職人の国といわれるが、経験に裏打ちされた技術をもつ人へは惜しみなく賞賛と尊敬の意を表す。ボスはよく、「人間的に信頼できる人とじゃないと仕事はしない」と言っていたが、そういうメーカーは、職人技術に裏打ちされた確かな品質の製品に仕上げてくる。また、どんな小さなオーダーでも、「君のためならつくってあげるよ」といった商談が成立するのである。そこには、強固な信頼関係のもとに、市場原理とは違う理論が働いているのである。ちなみに、ヨーロッパの繊維企業は99％が中小企業であり、そのなかの86％が従業員1～9人という家内工業であり、もともと地元の貴族である場合も多い。

イタリアのアパレル繊維メーカーは、イタリア中・北部地域に集中しており、南部に多いのは、縫製・靴業者である。こうした違いが生まれた原因は気候の違いだけではない。地方都市国家が勃興する北イタリアでは、各地方都市が自国の産業発展のためにこぞって繊維産業に参入していったのである。それは、外国との交易、あるいは神聖ローマ帝国のような周りからの脅威、あるいはライバル地方都市国家との覇権争いなどによって多様な文化が交錯し、脅威に立ち向かう自治意識が醸成されていたからだと考えられる。一方南部は、各時代でヨーロッパ制覇を目指す帝国に入れ替わり立ち替わり統治され、住民たちの自治意識を奪ってきたといわれる。ここに、南部が北部へ依存する産業構造が成立することになる。

イタリアで最初に織物業が発達したのはルネッサンス期のフィレンツェを中心とした北イタリアの地方都市であるが、14世紀に入ると、絶え間ない戦争やペストの流行などから、交易費が極端に高騰し、それまでの商売は成り立たなくなり、独自の高級織物製造へとかじを切ることとなる。

その後、17世紀には一時衰退するも18世紀の産業革命によって欧州で機械化が進むと、イタリアでも繊維産業が息を吹き返し、20世紀に入ると軍需による産業が発達する。新たな市場である米国の販売業者と特別な関係を築くことによって[*18]、イタリア繊維産業は世界的な名声を博すことができたのである。

しかし、1970年代以降、ライフスタイルの急激な変化によって人々の服装の習慣も激変した。さらに、発展途上国からの安価な製品との競争もあって、ヨーロッパの繊維産業は衰退することとなるが、イタリアでは、各地域で得意分野を伸ばし、その品質にこだわったこと、また、独自の製品を開発することによって危機を乗り越えた。すなわち、品質と創造性を強みとして地場産業を守ることに成功したのである[*19]。

このようにイタリアは、社会の逆境や時代の変化のなかで紆余《うよ》曲折しながらも、欧州で唯一、競争力のあるアパレル繊維業界を保持してきた。2007年時点では、イタリアの繊維・衣服メーカーは欧州全体の45%を占める。また、繊維産業従事者もフランス、英国と比べて非常に多く、フランスの2・4%に対してイタリアでは4・9%となっている。

しかし、2010年代に入り、ファスト・ファッションのように集約型巨大アパレルの台頭によって、ファッション産業システムは変わりつつあり、イタリアの中小アパレル繊維メーカーも縮小傾向にある。そうしたなかでも奮闘する若い起業家が出てきている。次項では、伝統を引き継ぎながら革新するひとつの企業を紹介したい。

＊18 米国の販売業者は、プレタポルテの製造業者に対しどんな生地を選択したらいいかアドバイスした。これによって、米国の市場ニーズをとらえることができた。

＊19 中小企業基盤整備機構「繊維・ファッション産業欧州事情調査」報告書、2007年

（3）ある小さな片田舎のアパレルメーカーの話

2003年、婦人服メーカー・カストール（CASTOR）社は、30歳前後の女性3人によって設立された。カストール社のあるカステルッキオ市はロンバルディア州南東マントヴァ県に属する、人口約4600人の小都市である。

社長のアンジェラ・ピコッツィは、英国の大学を卒業してから有名ブランドで修業を積んだ後、生まれ故郷に戻り会社を立ち上げた。会社の理念は、両親から受け継いだものだ。父はナポリ出身の紳士服の仕立て職人であり、すべてにおいて「完璧さ」を求め、「ミスター・ミリメートル」と呼ばれていたという。母は業界きっての腕をもつパターナーであり、世界の一流デザイナーが彼女を離さない。一般に洋服は、デザイナーがつくると考えられているが、実際服をつくるのは、生地のデザイン・生産、パターンづくり、縫製、マーケティングなど各工程の担い手である。デザイナーがよい服をつくれるかどうかは、自分のイメージを実現化してくれるような高い技術力をもった有能なエキスパートをどれだけ自分の味方につけることができるか、にかかっているのである。なかでも、服の形をつくるパターナーは、洋服のよしあしを決定的にする最も重要な役割を担っている。

社長のアンジェラたちは、そうした技術をもつスタッフの重要性を深く理解しているのだ。アンジェラはインタビューのなかで、「世界中のセレブレティとのビジネスはわくわくするけど、最も楽しいのは、会社のなかで社員と一緒に働いているとき」と話してくれた。社員には54名の女性がいるが、それぞれが違った経験をもち、個性をもっているという。年齢も20歳代から80歳まで、同じ空間のなかで働いているのである。各工

カストール社・企画デザインルーム

カストール社の社長アンジェラ（中央左）と母グラツィエッラ（左端）

程で熟練の技をもつ社員たちが、日々技術の向上を目指して話し合うという。それも、会議室にこもってミーティングするというのではなく、仕事中にお互いに声をかけながら、相談しながら進めているのである。経験の少ない若者は、おばあちゃんほど年の離れた女性に技術を教わることができる。日々技術の伝承が行われているのである。アンジェラ曰《いわ》く、「すべてのスタッフのその人生に毎日かかわっていることが、何よりも幸せ」なのだそうだ。人を第一に考えることをモットーとし、手仕事にこだわる彼女たちだが、ただ手仕事をやみくもに守っているのではない。

パターンメーキングにおいては、モデルづくり以外はコンピュータを使い、自動裁断できる最新の精密機械を導入するなど、可能なところは設備投資して合理化し、生産性を高めているのである。そうしたアイデアも、多様なスタッフとの日々絶え間ないコミュニケーションのなかから生まれているという。

スタッフの国籍は英国、フランス、ドイツなど欧州各国から、また、祖母の代から3代にわたってピコッツィ家で働いてきた地元っ子や、英国の名門デザイン学校ロイヤルアカデミーの修了生など、多様である。世界を相手に仕事をするファッション産業は、女性にとっては憧れであるが、こうした世界につながる就職口が人口4000人あまりの村に存在しているのである。

(4) 地域に根差すものづくり
——そこに引き寄せられる若者たち

イタリアに行くといつも感心するのは、小さな都市でも、メイン通りにはみるからに良質な洋服が並ぶブティックやクラシックなインテリア・雑貨店、家具店などを見つけ

コンピュータによるパターンメーキング

自動裁断機

ることができる。それは、衣食住における質を重視する国民性を表しているのだろう。下図からもわかるように、イタリアは高付加価値製品を多く生産し、デザイン性のみならず、その素材に対しての強いこだわりをもっている。また、流通が有名ブランドや有名デパートの手中にあるフランスや英国とは違い、小規模店舗の巨大ネットワークにより細分化された流通をもつ。また、イタリア人は、フランス人、英国人よりも収入のはるかに多くの部分を衣料品に充てているのである。

こうしたイタリア繊維産業の強さは、イタリアモデルといわれ、その成功要因は産業区制にあるといわれている。産業区は、各種製造段階のいずれかを専門とし、互いに競争／協力関係を維持している中小企業によって構成され、互いの信頼関係によって全体が機能しているという。また、この信頼関係は家族関係が拡大したものであり、ノウハウや信頼、対抗意識および秘密の情報経路によって構成された社会・文化的資産となっているとされている。

こうみてくると、イタリアにおける繊維産業は、地域の基幹産業として発達するなかで地域の伝統・文化となり今日に至っていることがわかる。地域の風土・歴史と密接にかかわりながら、品質とスタイルを評価するイタリア人ならではの気質が育まれることとなったのである。すなわち、アパレル繊維産業が、単に経済活動にとどまるのではなく、住民の社会的文化的生活に溶け込んでいるのであ

主要6か国の特徴

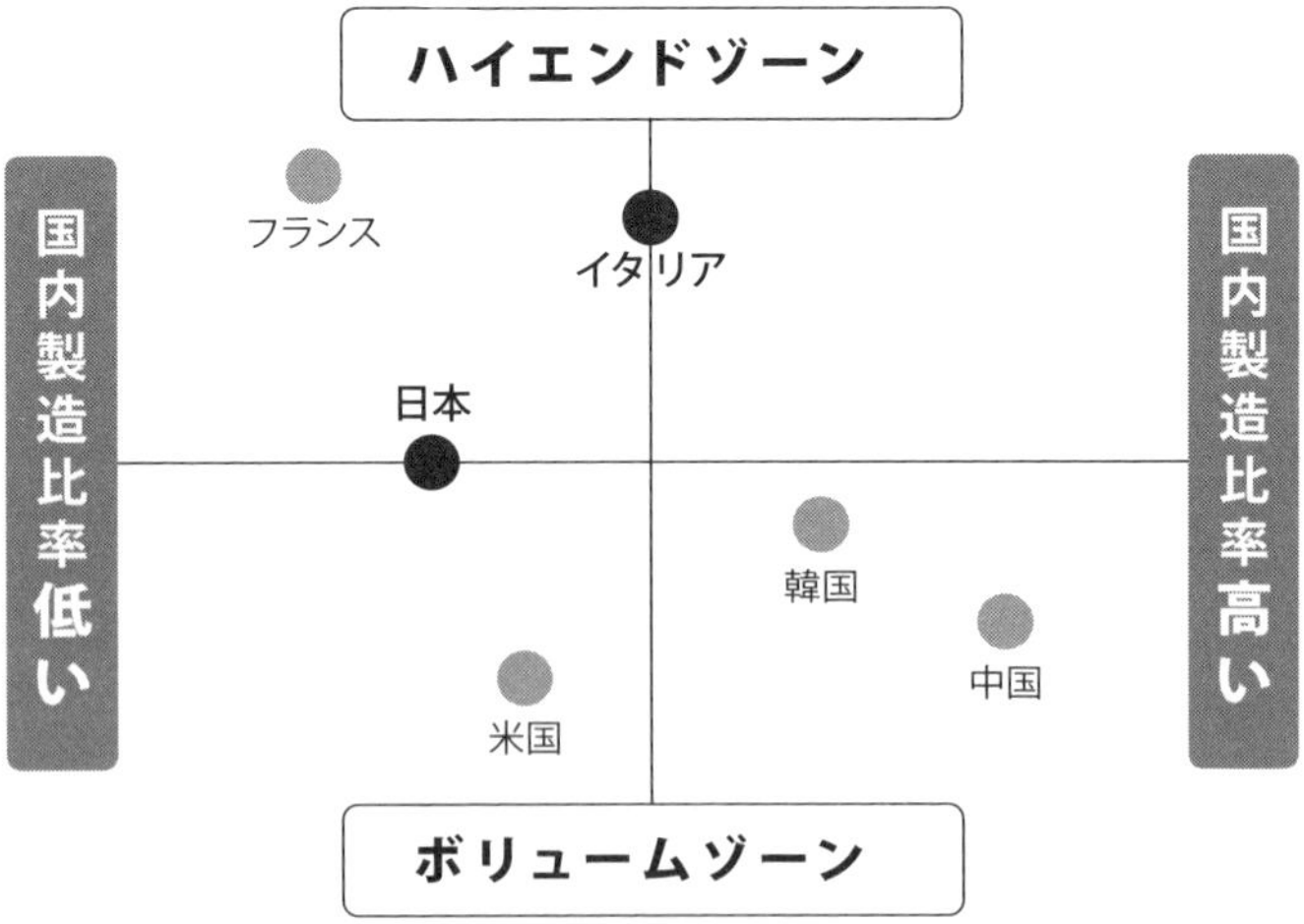

＊「繊維・ファッション産業欧州事情調査」報告書より筆者作成

る。そしてそうした気質に支えられながら、地域経済としての繊維産業は活気を保ち続け、「イタリアモデル」と評されるに至ったのである。

しかし前述したように、グローバル化の波にのまれつつある。繊維産業の勃興は、縫製業を中心として生地メーカーや紡績業、さらに機械製造業にまで影響する。その衰退は地域経済の衰退、ひいてはイタリアに非常に深刻な事態をもたらすのである。

この事態に国としても、Made in Italy といった認証システムを導入し、地元中小企業の競争力強化に乗り出している。イタリアブランドが世界のなかで競争力を保ちファッションをリードすることができたのは、その背後に品質へのこだわりや美的感覚の伝統を継承してきた中小企業のネットワークがあったからである。カストール社のように地域と密接にかかわりながら世界を相手にするグローカル企業は、人材の流動化を促進し、地域の高齢者雇用創出など、地域全体に活気を与える。儲けだけを目的とした巨大ファッション産業のなかでは、コストと時間と数の理論のもとで、もはや仲間とともに創造する喜びなど感じる暇も与えてくれない。暮らしのあり方は、仕事のありようにゆだねられる。当たり前のことだが、超消費社会においては、それがわからなくなってしまっているのではないだろうか。田園回帰する若者は、そのことに気づき始めているのであろう。

4 EU政策と若者の田園回帰
――ヨーロッパ2020におけるソーシャル・イノベーション政策

英国の離脱が決定し、揺れるEU（欧州連合）であるが、ヨーロッパ共同体が果たしてきた役割は大きい。CAPに対する批判はあるものの、イタリアの農村が立ち直った背景にはCAPの改革[*20]があったことも事実である。さらに、スローフード協会のプレシディオの認証を受けている生産団体

*20 前掲＊12

も、ＥＵの農村開発政策として評価の高いリーダー（ＬＥＡＤＥＲ）プログラム[*21]として採用されているものが多い。つまり、資金的援助は公的資金によるところが大きいといえる。本項では、ＥＵ政策の新たな展開をふまえつつ、イタリアにおける田園回帰の現状について述べたい。

２０１０年、欧州連合委員会は、２０２０年までに達成すべき目標を掲げた『ヨーロッパ２０２０(Europe2020)』を公表した。その目標は「知的で持続可能で包摂的な成長」(smart, sustainable and inclusive growth) とされ、次の10年間のＥＵの経済社会政策の基軸となる戦略を提示している。

ヨーロッパ２０２０は、重要政策課題七つの柱（人材の高度化と高雇用、ＩＣＴ推進、環境・エネルギー問題、など）で構成されているが、その基本コンセプトのひとつとして「ソーシャル・イノベーション」を据えており、イノベーション・ユニオンという包括的戦略的ソーシャル・イノベーション政策を打ち出し、ソーシャル・イノベーションを引き起こす人材の発掘や育成、革新的な人材のネットワーク、革新的な諸活動を支援する資金調達などを包摂するエコシステムの構築を目指している。欧州の若者の失業率は高水準のまま推移しており、特に南欧は高く、高等教育修了者の就職難が社会問題となっている。イタリアも２０１５年で44％、スペイン、ポルトガルに次いで高く、イタリアにいても仕事がないため、48％の大学卒業生が海外を目指すという[*22]。このイノベーション・ユニオンを推進する基盤を形成するために、ＳＩＥ（Social Innovation Europe）というソーシャルイノベーション醸成ネットワークが設立された。欧州諸国にとって若者の仕事づくりは喫緊の課題なのである。

ＳＩＥ政策によって、欧州各国にソーシャル・イノベーション拠点が設置されている。そこにインキュベーション機能や、ファンディング機能を集約させ、それらの拠点をネットワーク化してグッドプラクティスの共有やコンペティションを開催することで、社会的起業の醸成、人材育成を推進している。

また、ＥＵでは、エラスムス計画[*23]など大学間交流協定等による共同教育プログラムの実施によっ

＊21 農村住民が主体となって実施する農村活性化事業に対するＥＵの財政支援策。Liaison entre actions de développement de l'économie rurale（農村経済発展のための活動の連携）の頭文字をとったもの。１９９２年から始まった。

＊22 International Business Times「イタリア失業問題：若者の国外逃亡の歯止めなし」２０１３年 http://jp.ibtimes.com/articles/363854

＊23 ＥＵにおける学生の流動化促進を目指した高等教育政策。ヨーロッパの高等教育機関の間の協働を促進し、高等教育の質向上と革新を目的とした。

郵便はがき

1078668

おそれいりますが切手をはってお出し下さい

東京都港区
赤坂郵便局
私書箱第十五号
（受取人）

農文協
http://www.ruralnet.or.jp/
読者カード係 行

◎このカードは当会の今後の刊行計画及び、新刊等の案内に役だたせていただきたいと思います。　はじめての方は○印を（　）

ご住所	（〒　－　） TEL： FAX：
お名前	男・女　歳
E-mail：	
ご職業	公務員・会社員・自営業・自由業・主婦・農漁業・教職員（大学・短大・高校・中学・小学・他）研究生・学生・団体職員・その他（　）
お勤め先・学校名	日頃ご覧の新聞・雑誌名

※この葉書にお書きいただいた個人情報は、新刊案内や見本誌送付、ご注文品の配送、確認等の連絡のために使用し、その目的以外での利用はいたしません。

● ご感想をインターネット等で紹介させていただく場合がございます。ご了承下さい。
● 送料無料・農文協以外の書籍も注文できる会員制通販書店「田舎の本屋さん」入会募集中！
案内進呈します。　希望□

■毎月抽選で10名様に見本誌を1冊進呈■（ご希望の雑誌名ひとつに○を）

①現代農業　②季刊 地 域　③うかたま　④のらのら

お客様コード

O14.07

お買上げの本

■ご購入いただいた書店（　　　　　　　　　　　　　　　　　書 店）

本書についてご感想など

●今後の出版物についてのご希望など

この本をお求めの動機	広告を見て（紙・誌名）	書店で見て	書評を見て（紙・誌名）	出版ダイジェストを見て	知人・先生のすすめで	図書館で見て

◇新規注文書◇　　郵送ご希望の場合、送料をご負担いただきます。

購入希望の図書がありましたら、下記へご記入下さい。お支払いは郵便振替でお願いします。

（書名）	（定価）¥	（部数）　部
（書名）	（定価）¥	（部数）　部

て、欧州圏内での人材の流動化に力を入れている。SIEにおいて各国のソーシャル・イノベーションの拠点となっているのも、大学に設置された研究センターが多い。

2016年に訪れた北イタリアのトリノ市や南部のバーリ市の大学で話を聞いたところ、正確な数値は出ていないものの、外国の大学を卒業した若者が故郷に帰って起業するケースや、キャベラーノの事例のように、Iターンしてアグリツーリズモを始める若者や新規就農者が増えているとのことだった。このことは、EUがソーシャル・イノベーション政策として進めているSIE政策のようなインキュベーション推進事業や、前述した新規就農者補助制度、若手の起業促進政策などが、海外に流出した若い人材を呼び戻しているとも考えられる。いずれにせよ、ソーシャル・イノベーション政策が若者の田園回帰にも一定程度寄与しているといえるのではないだろうか。

おわりに

19世紀の社会学者ガブリエル・タルドが理想とした社会とは、ある個人によって発明される多種多様なアソシアシオンが群生し、その多種多様なアソシアシオンに個人が自由に加入できる「アソシアシオンの体制」(régime associationnistes) であった。アソシアシオンとは個人の「信念と欲望」によって設立され、他者との相互援助によってひとつの目的に向かう集団のことである。個人が複数のアソシアシオンに加入することによって、多種多様なアソシアシオンは組織され交錯することで連帯的で相互的に成立し、調和的社会システムが構築されるとした。個人に目を向けると、アソシアシオンでは人々は「共にあり、共に作業すること」[*24]で共感し、友愛を感じることができる。そして協働の喜びを「労働者の魂」に取り戻し、真の人間的な喜びを分かち合うことが人々の間に広がること

*24 Tarde,Gabriel "Rôle social de la joie", Revue Bleue 4e série19, 1903.

で、人々の間の不和を減らし、心理的な調和をもたらすのだとする。さらに、タルドは、アソシアシオンにおいて完成された分業が可能になるとした。生産の合理化とテクノロジーの発展によって進められた分業は、一方的であり支配的であり完全な分業ではなく、労働者から協働の喜びを奪ったとしたうえで、完全な分業とは相互援助的であり、協働であるとした。今日の生産サプライチェーンを考えれば、いかにその分業が支配的であるかは容易に理解できる。

つまり、タルドによれば今日の分業は不完全なのである。生産という問題とともに分業という問題は、これからの持続可能な社会を目指すうえで重要なテーマである。あまりにも進みすぎた今日の分業は、人と人、環境と人の間に分裂と分断を引き起こしたといえる。人と人とが「共にあり、共に作業をする」アソシアシオンでは、分業は相互援助的となり、個人が共感し友愛を感じるなかで真の人間的な喜びを労働者の魂に再び宿すことができる。筆者は、こうしたアソシアシオンが多種多様に連帯的に群生し、個人と社会の調和的存立を可能にする社会を、「持続可能な社会」像としてとらえることができるのではないかと考えている。そして、ＩＴ技術の進む現代では、そうしたアソシアシオンは空間を飛び越え形成され、都会と農村を対立軸ではなく、つなぐものとして機能することになるだろう。

コラム

地域へのこだわりと誇りが醸し出す農村の魅力

農的社会デザイン研究所代表　蔦谷栄一

ジーノ・ジロロモーニ氏との出会い

2003年に初めてイタリアを訪れて以来、その農村の魅力にとりつかれ、毎年のように足を運んできた。とりこになった最たるきっかけはジーノ・ジロロモーニ氏との出会いにある。ジーノ氏は有機農業推進団体である地中海有機農業協会（AMAB）の会長であるとともに有機農業生産とその加工品の製造・販売を自ら手がけておられ、国内外でよく知られた人物である。そのジーノ氏と初めて会った際に彼が発した最初の言葉が「あなたは Masanobu Fukuoka を知っているか」であった。「福岡（正信）さんの農場を訪問していろいろとお話をうかがい、昼食までご馳走になったことがある」と話したところ、いきなり私を抱きしめて「それならあなたは私の友だちだ」と言っておおいに歓待してくれた。自然農法家として世界的に有名な福岡さんを直接的に知っていることとあわせて、私が福岡農場を目標にわずか10aとささやかながらも自ら開墾した畑で自然農法に取り組んでいることも影響してか、ずいぶんと親近感をもって接してくれた。

ジーノ氏（右から3番目）をはさんで、筆者夫妻、ジーノ氏の息子さんと農協スタッフ。農協レストランの向こうに広がる風景をバックに

イタリア　マルケ州周辺

以来、ジーノ氏が亡くなるまでの10年弱の間、夏休みといえば毎年のようにイタリアに出かけ、ジーノ氏の本拠地マルケ州にあるイゾラ・デル・ピアーノや、ジーノ氏がバケーションをとって

いる先で一緒になり、有機農業はもちろん、農業情勢やEUの農業政策、WTOと農産物の自由化等々について議論した。その一方で、ワインを酌み交わしながらの食事や野山の散策を楽しんだ後、その時々の私の問題意識にあった訪問先を紹介してもらって各地を見学・ヒアリングして回るのを定番とした。

右：ローマの古街道を歩く。先頭を行くのがジーノ氏
左：修復が進められてきた修道院。民族博物館やセミナーハウスなどとして利用されている

2009年のことだったように思うが、ミラノから電車で約1時間北に走り、そこからさらに車で30分弱、山あいの道を駆け上がったところにある村でジーノ氏と落ち合って3日ほど滞在した。ジーノ氏の友人の中世建築の専門家の案内で、一日、近くの山や畑の中を走る細くて急な坂が多いローマ古街道を歩きながら、ところどころにある中世の姿を残した民家を見学してまわったことは忘れられない。またその夜は中世建築の専門家をはじめ知人たち十数名が集まって、郷土料理をたらふくいただきながらワインを痛飲したのも楽しい想い出だ。

またジーノ氏もフーデックス[*25]でのスピーチなどのため毎年のように来日され、東京でお会いするのはもちろんのこと、

＊25
FOODEX JAPAN　アジア最大級の食品・飲料専門展示会。1976年より毎年開催されている。

宮崎や岩手などの農業現場を案内するとともに、山梨にあるわが畑においでいただいたりもした。

そのジーノ氏は2012年に急逝した。その少し前にはジーノ氏を訪ねた友人から、変わりなく元気だとの話も聞いていた。それが当日、朝からの農協での打ち合わせが終わって、娘さんが責任者をしている農協のレストランでお茶を飲んでいる間に気分が悪くなり、病院に運ばれたものの、そのまま息を引き取ってしまったという。ジーノ氏はその3、4年前に奥さんに先立たれており、まさに奥さんに呼ばれたかのように突然天国に旅立ってしまった。

村長から有機農協の組合長に

ジーノ氏は私にとってかけがえのない友人であり、ジーノ氏の生き方をとおしてイタリア的なるものやイタリア人の特質といったようなものを感じてきた。イタリアには魅力ある農村が多く、アグリツーリズモに象徴されるように都市農村交流も活発で、ジーノ氏の取り組みはひとつの事例とはいえ、多くの魅力にあふれ元気な農村に共通したキーマンなるものの存在とその重要性、そしてその行動や姿勢の何たるかを明らかにしてくれているように思う。

ジーノ氏は1946年の生まれ。イタリア半島の中ほど、ローマとは反対のアドリア海側にあるマルケ州のイゾラ・デル・ピアーノの出身であり、生涯ここを拠点に活動を展開した。

イタリアでも高度経済成長により、早くも1950年代には農村人口は急減して過疎化が進行した。イゾラ・デル・ピアーノの田園地区の人口をみると、1951年1127人であったのが、1961年には888人、1971年は430人と20年間で3分の1強にまで減少している。一方でたくさんの森林を残したなかで行われてきた農業も、1960年代には一変して森林の伐採が進み、ブドウなどの果樹を若干残しながらも頭を刈りこまれた坊主頭のように穀物、飼料作物中心の畑が広がる独特の景観を呈している。

ジーノ氏も若い頃は父親から「農業をやめてローマへ行け」とよく言われたそうであるが、「おじいさんの代まで生きてきたこの地で生きていけないはずはない」と反発してこの地に踏みとどまり、ここで農業経営を成り立たせ、出ていった人たちが帰ってきたくなるような農村の環境整備と活性化に取り組んできた。手始めが廃墟と化していた中世の修道院の再建・修復であり、整備はずいぶんと進められてはきたが、いまだに修復は継続中である。

アルチェ・ネロ農協のむらおこし運動・六つの柱

そして23歳になった１９７０年から村長を10年間務めるとともに、１９７７年にアルチェ・ネロなる農協を設立し、過疎地である郷里の再生に奮闘してきた。

具体的には取り組みの第一は有機農業の推進である。「これ以上、大地を汚すことには我慢ができない」として農協を設立して間もなくから、国内はもとよりスイスやドイツなどに幾たびも足を運んで有機農業の手法を修得しながら、地域の農家に有機農業への転換をすすめるとともに、これに必要な資材を調達・供給して有機農業を広めてきた。２００２年時点で当地区の生産面積の約7割、当地区のあるウルビーノ県の約5割を有機農業が占めるようになった。またＡＭＡＢの地中海に面した近隣諸国も含めた活動によって、イタリアが世界でもトップレベルの有機比率の高い国となるのに大きく貢献してきた。

第二が付加価値の造成である。有機栽培によって生産した小麦に付加価値をつけるために１９８８年、パスタ工場を設立している。小麦は石臼で挽《ひ》かれ、一般には１２０～１３０度で3分程度乾燥され、しこしこ感を出すために添加物が入れられるのに対して、65度の低温で32時間もかけてじっくりと乾燥させ、添加物は絶対に使用しない。あくまで品質と安心・安全を重視し、在来の加工法にこだわることによって、高品質・高付加価値を実現しており日本をはじめとする海外へも輸出されている。

第三が在来種へのこだわりである。パスタ製造の原料となる小麦はデュラム小麦に加えて、古代小麦として9000年前から栽培されているといわれるスペルト小麦も含まれている。肉用牛の肥育も、イタリアでは一般的な、茶色をしたペッツァテローテのほかに、在来種で白色のマルケジャーナも飼養している。

第四が多角経営である。レストランと民宿も経営しており、レストランでは地元で生産された農産物はもちろん、農協の工場で加工されたパスタ、そしてここで生産された食肉も含めた郷土料理が提供され、地元住民も含めていつもたくさんの人でにぎわっている。

第五が農村文化の重視である。修復した修道院の一角は民族博物館として利用され、この地域で使われてきた数多くの農具などが展示されており、地域の農業の歴史や暮らしの変化を身近に実感することができる。また建物の一部はセミナーハウスや合宿所としても使われるなど、子供から大人までの学びの場になるとともに、都会の人たちの出入りも多い。

第六が雇用の創出である。このような複合的で多角的な取り組みを展開することによって、パスタ工場だけで40人もの雇用を可能にしている。

ローカリズム志向が農村の個性を引き出す

ジーノ氏は信念と行動力の人であるが、その地域おこしの基本に置かれているのは地域資源への徹底したこだわりであり、その前提として有機農業への取り組みに象徴される環境負荷の抑制が置かれている。そのうえで付加価値を高めていくために加工、さらには輸出も位置づけるなど多角的に起業していくことによって雇用の場の確保につなげてきた（「アルチェ・ネロ農協」はその後、組織の改編などを経て、ジーノ氏が亡くなった後は「ジーノ・ジロロモーニ農協」に名称を変更して次男が組合長に就任している）。

有機農業へのここまでの大々的な取り組みを除けば、類似の取り組みはイタリア各地でみられ、けっしてめずらしい事例というわけではない。全体を俯瞰《ふかん》して整理してみれば、イタリアでのこうした取り組みの裏に共通して存在するのが、関係する人たちの地域に対する誇りと愛着の強さであり、これが信念となって行動力を支えているように受けとめられる。そしてこれに大きく影響しているのが、大きいものよりも小さいもの、一般的なものよりも特徴的なものをよしとするイタリア人気質があるように思われる。これはイタリアの地理的・自然的条件がもつ地域の多様性やポリス以来の地域性を大事にする歴史・伝統が大きく影響しているだけでなく、たとえば農協の多くは小規模で、50人とかの一定規模を超えると細胞のように分裂していくことを当然とするような、「大きくはしない」「小さいからいい」とする風土がいまだに濃厚であることが大きい。グローバリズムとは逆のローカリズムを徹底していく志向が農村の個性を引き出すとともに、これが都市住民、消費者を引きつけ、都市農村交流やアグリツーリズモの原動力となっているように思われてならない。

ジーノ氏の墓。農具を手にした写真が掲げられている

第4章 英国編 田園回帰による田園らしさの喪失をいかに回避するか

千葉大学大学院准教授　木下　剛

1　田園地帯での住宅需要とその課題

（1）目立つ都市部から田園地帯への移住と生産年齢人口増

英国総人口の84％を擁するイングランドの人口に関する政府の統計データ[*1]は大変興味深い結果を示している。イングランド総人口5430万人中、田園地帯に居住しているのはわずか930万人（イングランド総人口の17％）で、残りの4500万人（83％）は都市部に居住しているというのだ。この数字だけをみれば、イングランドは日本と同様、高度に都市化された社会といえる。しかし、イングランドの2014年の田園地帯人口は2011年比で1・4％の増となっている。この値は、同都市部人口の2・5％増と比べて低いものの、田園地帯の人口が増加傾向にあるのは日本の状況と大きく異なる。

加えて、田園地帯の人口増が国内での移住、特に都市部からの移住によっている点も注目に値す

*1 Department for Environment, Food & Rural Affairs (2012, 2016): Rural population and migration, 2014/15 version 2.

*2 Department for Environment, Food & Rural Affairs (2014, 2016): Rural Urban Classification Leaflet: The 2011 Rural-

る。2014／2015年期において、主に田園で構成される地域[*2]の基礎自治体は、主に都市で構成される地域[*3]の基礎自治体からネット（転入者から転出者を差し引いた数）で5万4200人の移住者を、相当な規模の田園を擁する都市地域[*4]の基礎自治体からネットで1万3000人の移住者を受け入れている。一方、主に田園で構成される地域の基礎自治体から英国の他の地域の基礎自治体への移住者はネットで2300人にとどまっている。以上より、田園地帯への移住人口はネットで6万4900人で、この値は2010／2011年期の主に田園で構成される地域のネットの移住人口4万4100人から増加している。逆に、2014／2015年期の主に都市で構成される地域のネットの移住人口は9万4300人の減となっていて、2010／2011年期の6万3500人減と比べてもさらに減り続けていることになる。

次に2011年から2015年にかけての田園地帯への移住者の年齢層をみてみると、17歳から20歳を除くすべての年齢層で毎年の流入人口が確認できる。30〜44歳が最も多く、次いで45〜64歳、0〜16歳と続く。いわゆる生産年齢人口が最も多く、2011年以来この年齢層のみ増加し続けている。このように、田園地帯への移住はリタイア層ではなく生産年齢にある人々が、職場に近接しかつ安価な住居費、良好な生活環境を求めた結果と考えられる。こうした移住者のために、田園地帯では新たな雇用の場の創出、手頃な価格で入手可能な住宅（アフォーダブルハウジング）の供給、社会インフラの整備などが必要な状況が発生している。

（2）安価な住宅建設により田園地帯の開発が進む

再び政府の統計データ[*5]を引くと、2004／2005年期から2012／2013年期にかけて主に田園で構成される地域および主に都市で構成される地域ともに住宅の竣工件数（1000世帯あたり）自体は減ってきている。しかし、主に田園で構成される地域での住宅の着工件数・竣工件数は、

*2 Urban Classification for Local Authority Districts in Englandによれば、主に都市で構成される地域は、人口の50%以上が田園地帯または田園地帯と関係のあるハブ都市に居住している地域を指す。

*3 同じく、主に都市で構成される地域(Predominantly Urban)とは、人口の74%以上が都市部に居住している地域を指す。

*4 同じく、相当な規模の田園を擁する都市地域(Urban with significant rural)とは、人口の26〜49%がハブ都市を含む田園地帯に居住している地域を指す。

*5 Department for Environment, Food & Rural Affairs (2013, 2016): Rural housing availability and affordability, 2014 version 2.

英国

主に都市で構成される地域のそれおよび全国平均をつねに上回る状態が続いている。その一方で、住宅の入手しやすさを示す、勤労所得に対する住宅価格の比率は、1997年以降、主に都市で構成される地域よりも主に田園で構成される地域のほうが高い状態が続いていて、田園地帯でのアフォーダブルハウジングの入手は都市部よりも難しい状況にある。

田園地帯で進む、移住者のための住宅建設にはほかにも課題がある。それは、住宅建設によって農地や牧草地が蚕食されることがあるからである。田園地帯での住宅建設は、都市部と比べて新築が多く、既存建物の転用が少ないという傾向が認められる。[*6] このことは、田園地帯においては既開発地（ブラウンフィールド）だけでなく、未開発地（グリーンフィールド）でも住宅が建設される可能性があることを示している。政府は住宅を含む開発行為はすべからくブラウンフィールドを利用するよう方針を示しているが、[*7] 田園地帯においては都市部よりもこのことが徹底されない可能性が高い。

イングランドの田園保護に影響力をもつ全国組織の運動団体（CPRE）は、以下のように指摘する。[*8]「わがカントリーサイドは新しい住宅に覆われて失われつつある。（中略）住宅建設は他のどのような開発行為よりもカントリーサイドを覆っている」。また、「現政府は引き続き新規の住宅建設を優先しており、地方自治体は新規開発を許可する見返りに財政の優遇措置を受けている」と付け加える。CPREはまた、住宅建設による、温室効果ガスの排出、道路の需要増や混雑、水源へのさらなる負担、カントリーサイドでのさらなる採石などの負の側面を強調する。CPREはこうした事態を打開すべく、地方自治体に都市再生を支援するよう住宅建設事業者に圧力をかけること、開発事業者にはブラウンフィールドを最大限に活用し、人々が町の外に出ることなく魅力的な住宅を選択できるようにすることを期待している。その一方で、田園地帯でのアフォーダブルハウジングの供給が長年低い割合にとどまっていることにも注目し、社会住宅（公営住宅）への投資やコミュニティの主導による住宅供給を推進するよう政府に求めている。

*6 Department for Environment, Food & Rural Affairs (2013, 2016): Rural housing – net additions to housing stock, 2014/15 version 2.

*7 Department for Communities and Local Government (2012): National Planning Policy Framework, p.6, 21, 26.

*8 Campaign to Protect Rural England のウェブサイト http://www.cpre.org.uk （2016年11月29日最終確認）

2 計画制度における田園地帯の位置づけ

(1) 田園地帯への住宅建設に課せられる条件

こうした状況に置かれている田園地帯に対して、イングランドの都市および地方計画制度(以下、計画制度)はどのような位置づけを与えているのであろうか。イングランドの計画行政に関する政府の政策指針(NPPF)[*9]では、大目標である「持続可能な成長」を支える柱のひとつとして、「豊かな農村経済の促進」をあげ、自治体が定める計画政策は雇用と繁栄を創出するために、持続可能な新しい開発に対して積極的なアプローチをとることをすすめている。農村経済を強化するために、自治体のローカルプランや近隣計画は、既存建物の転用とよくデザインされた新築建物の両方によって田園地帯における持続可能な成長とあらゆる種類のビジネスと事業を支援すべきとしている。

また、質の高い住宅の選択肢を増やすために[*10]、田園地帯でのアフォーダブルハウジングの開発許可について特段の考慮を求めている。その際、住宅は地域社会の活力を維持・向上できる場所に立地すべきで、隔絶した場所への住宅建設は避けるべきとしている。しかしこの規定は、労働者がカントリーサイドの職場の近くに定住する切実な必要がある場合、遺産の活用・存続に貢献する場合、放置された建物・未利用の建物を再利用する場合、革新的な住居のデザイン(田園地帯の設計標準を引き上げる傑出したデザイン、相隣環境を著しく向上させるデザイン、地域の特質を理解したデザイン)のいずれかに該当する場合には適用されない。

NPPFはグリーンベルト内外の住宅建設についても例外規定を設けている。[*11]たとえば、地方自治

*9 前掲*7、9頁

*10 前掲*7、14頁

*11 前掲*7、20頁

英国

体はグリーンベルト[*12]内での新しい建物の建設は不適切とみなすべきであるが、ローカルプランに規定された政策のもとで地域社会のニーズに応える、少数のアフォーダブルハウジングについてはそのかぎりではないとしている。

（２）住宅政策の決定の開発規制の権限は地元に

田園地帯における住宅建設のあり方に大きな影響を与えている法制として、２０１１年のローカリズム法を忘れることはできない。同法は、地方自治体に自由度と柔軟性を与えること、コミュニティや個々人に権利や権力を与えること、計画制度をより民主的で効果的なものに改正することに加えて、住宅に関する決定を地元で行えるように改正することを趣旨としている。[*13]それまで、住宅政策を含む地方自治体の計画行政は基本的にはより上位の行政単位であるリージョン[*14]の計画・政策に即して行われていたが、これを廃し、交通やごみ処理等広域での対応が必要とされる一部の行政サービスを除いて、地方自治体が地域の実情やニーズにより即して独自の政策決定や開発規制ができるようにしたものである。ＮＰＰＦは、地方自治体がローカルプランなどを作成する際の大原則を示すものであるが、そのＮＰＰＦが地方判断での住宅建設を認めている背景には、このローカリズム法の規定がある。

このように、グリーンベルトや田園地帯での住宅建設は、現行計画制度上において容認または促進すべきものとして位置づけられており、ローカリズムと分権化を志向する政治理念がこれを後押ししている。ローカリズム／分権化は、地域の内発的な発展という観点からは歓迎すべきことと考えられ、先に紹介したＣＰＲＥもコミュニティ主導のアフォーダブルハウジングの必要性は認めている。そのうえでＣＰＲＥが警鐘を鳴らすのは、不当に高く非現実的な住宅建設目標が設定されることで、地域社会のニーズに見合わないばかりか、結果として防げたはずの田園環境の消失を招く可能性であ

＊12　英国の大都市の周囲に指定されている開発制限区域。農地や牧草地、樹林地、公園やレクリエーションサイトなど、開放的な土地利用を維持することで、市街地のスプロールや連担を防止し、田園環境を保護することを目的としている。

＊13　Department of Communities and Local Government (2011): A plain English guide to the Localism Act, p.3, 15

＊14　リージョン（region）は、イングランドの最上位の国土区分である。１９９４年から２０１１年まで９つのリージョンが存在し、中央政府の機能が委任されていたが、もはやこうした役割は果たしておらず、統計といくつかの行政的目的のためにのみ使われている。１６２頁の地図参照。

る。その根拠として、地方自治体が住宅建設の目標戸数を決める現行の方法が、地域社会の実際の住宅需要に見合わない不当に高い目標設定を後押しするものであることをあげる。これをふまえCPREは、正しい場所に正しい住宅を供給すべく、客観的に設定された目標値を地方自治体が現実的な数値に変更できるようにすることを政府に求めている。さもなければ、公的資金の支援が不足し目標を達成できず、より収益の上がるグリーンベルトや保護区域をつまみ食いするような土地の開放を余儀なくされるであろう、と指摘する。[*15]

（3）田園環境の保全と再生可能エネルギー

以上、要するに、田園地帯に一定の住宅需要があることは間違いないが、その供給にあたっては地方自治体が現実的かつ実現可能な目標設定を行うことで不要な田園環境の消失を回避する必要がある。また、計画制度も手放しで田園地帯での住宅建設を認めているわけではなく、住居の質に関わる条件を付している。CPREは田園地帯の住居の将来像についても具体的なビジョンを提示している。[*16]曰く、「イングランドの田園地帯はレジャーや野生生物に恩恵を与えつつ、温室効果ガスの排出規制や、人々および野生生物の気候変動への適応を助ける。よって、その土地は家屋や優良農地の洪水を防ぎつつ、あるところでは以前より湿潤になるような管理が施される。住宅にはさらなるエネルギー効率が求められ、小規模な再生可能エネルギーが地域内供給される。グリーンエネルギーが大きく成長するが、あらゆるエネルギー開発はランドスケープの特質を最大限考慮に入れたものとなる」。

イングランドにおける田園回帰の流れは確実なものであるが、そのことによる田園らしさの喪失をいかに回避するかが地域ごとに問われているといえよう。

では、各地域はどのように住宅需要を受け止めているのであろうか。ひとつの例として、イングランド東部ケンブリッジシャー州のキャンボーンヴィレッジの開発例を紹介したい。

＊15
前掲＊8

＊16
Campaign to Protect Rural England (2009): 2026 A Vision for the Countryside, p.14–15

英国

イングランド　ケンブリッジシャー州と英国周辺

……… はリージョンの境界

＊17
UKCIPウェブサイト
Creating sustainable

3 田園地帯における住宅地開発
——キャンボーンヴィレッジ

(1) サステナブルコミュニティ

キャンボーンヴィレッジは、大学都市として有名なケンブリッジ市の西方約14㎞の田園地帯のなかにある。ケンブリッジシャー州は政府の住宅戦略上鍵となる成長地域に指定されていて、2016年までに5万戸の新規住宅が計画されていた。[17] ケンブリッジ市の近郊で計8ヵ所の建設候補地があげられたが、景観への影響、隣接する既存村落との連担の可能性、アナグマの生息地であること、視認性の高い敷地であることなどを理由に競合する候補地が却下された。[18]

ケンブリッジ市とサウスケンブリッジシャーディストリクト[19]およびデベロッパーが土地所有者（従前の土地利用は農地）となり最初の住区の建設が始まったのは1998年で、最後の住区の建設が2016年に終了する予定である。計画人口1万500人で総面積405haのなかに3300戸（追加で950戸）の住宅を収容する大規模な田園開発である。総住宅戸数3300戸のうち900戸（27%）がアフォーダブルハウジングで、その内訳は社会住宅が650戸、低価格または共有持分の住宅が250戸である。アフォーダブルハウジングは約20～40戸をひとつのグループとしてヴィレッジ内各所に点在する。ほかにもビジネスパーク、小学校2校、アロットメント（市民農園）、リサイクルセンター、タウンセンター（保健所、図書館、警察署、消防署、墓地）、オープンスペース、スポーツ施設（ゴルフ場、運動競技場など）のコミュニティ施設および商業施設が建設されている。

2011年の統計[20]によると、人口8186人、2964世帯、3094戸（推計）である。

drainage in a new housing scheme: Cambridgeshire County Council http://www.ukcip.org.uk/creating-sustainable-drainage-in-a-new-housing-scheme/（2016年12月11日最終確認）

*18 Dick Longdin (2010): Cambourne Cambridgeshire Case Study, Planning for the Sustainability Challenges of Tomorrow.

*19 ディスクリクト（district：区）とはリージョン、州（county）の下位階層の行政単位で、イングランドで最も身近な地方自治体である。日本の市町村に相当する。

*20 Cambridgeshire County Councilのウェブサイト http://cambridgeshireinsight.org.uk/Census2011（2016年12月11日最終確認）

英国

２００５年時点での人口４４００人から着実に増えていることがわかる。開発の過程では、地方自治体の社会住宅助成金の損失という危機もあったようだが、それにもかかわらず、住宅協会からの継続的な資金投入を得ることができたのは、アフォーダブルハウジングやサステナブル（持続可能な）コミュニティといった優先的な政策に合致し、実際に供給可能な現実的なプログラムを当該事業が提供していたからである。[*21]

いささか古い、２００２年時点の居住者の属性に関する貴重なデータ[*22]がある。それによると、ケンブリッジ市からの移住が23・4％、サウスケンブリッジシャーディストリクトからが13・1％、東イングランド地域からが25％、英国の他の地域からが34・1％、海外からが4・2％で、約60％が地元地域からの移住である。また、居住者の28％がより近い職場を求めて同ヴィレッジに移住しており、25％は異なる広さの住宅を探していた。居住者がこの地域の他の場所ではなく同ヴィレッジを選んだ主な理由については、新しい村のビジョンが39％、他のケンブリッジの場所と比較して価格を挙げた人が34％である。村のビジョン〝サステナブルコミュニティ〟を居住地の選択理由に挙げた人が最も多かったというのは大変興味深い結果である。

年齢構成（２０１１年）[*23]については、生産年齢人口（15歳以上65歳未満）が66・5％を占め、高齢化率（65歳以上の人口割合）は3・8％にとどまる。また、２００２年の時点では世帯の60％に子供がいなかったが、２０１１年は47％となっており、自然増または社会増によって子供が増えていることがわかる。なお、居住者の約10％が同ヴィレッジ内、41％がケンブリッジ市内で働いている。

（2）グリーンインフラストラクチャー

サステナブルコミュニティを体現する最大の特徴は、既存の田園環境、生態学的価値を最大限に保護・増進する住宅地開発が行われたことである。それはヴィレッジ全域にわたってグリーンインフラ

＊21 South Cambridgeshire District Council (2005): Cambourne: a sustainable community?, Chartered Institute of Housing (Eastern Region), p.7, 9

＊22 前掲＊21、7頁

＊23 前掲＊20

＊24 Cambridgeshire Horizons (2006): Green Infrastructure Strategy, p.16-17

ストラクチャー（以下、ＧＩ）が導入されたことに象徴される。ＧＩとは、植生や土壌による自然のプロセスを通じてさまざまな生態系サービスを人々に提供する土地・施設を総称する概念を指し、欧米諸国において気候変動対策や持続可能な発展を支える政策の一環として導入が進んでいる。キャンボーンヴィレッジでは、公園や運動場に加えて、緑豊かなフットパス（歩行者専用道）および自転車道・乗馬道、雨水の流出を抑制するスウェールやベイシン、雨水を集め貯留する湖沼、アロットメント（市民農園）・果樹園などが整備されたほか、既存の樹林地がカントリーパークや自然保護区として保全された。キャンボーンヴィレッジはまたケンブリッジ市と周辺のディストリクトを計画区域とするＧＩ戦略[*24]において、域内に張りめぐらされた緑の回廊の結節点をなすとともに、地域の樹木園として主要ＧＩサイトにも位置づけられている。

❶雨水を集める道路端のスウェール（溝状の湿地）と自転車道
❷ヴィレッジ内に降った雨が流れ込むエワート湖。自然保護区およびカントリーパークに指定されワイルドライフトラストが管理する
❸住宅地開発にあたり保護された既存樹林オークウッド。ヴィレッジ内を周回する乗馬道が整備されている
❹田園地帯ならではの解放感のあるフットパスは草原の中を隣村へと続く

フットパス・自転車道・乗馬道は、ヴィレッジ内全域にわたって網の目のように張りめぐらされており、ヴィレッジ外のフットパスや既存集落とも連絡している。乗馬道については都市部では確保が難しいが、キャンボーンヴィレッジでは周回ルートが設定されるなど、田園地帯ならではのスケールメリットを生かした整備が行われている。ヴィレッジ内のフットパス・自転車道・乗馬道はまた極力土舗装や植栽を用い、生態的な機能を高めるとともに田園らしい景観形成への配慮がなされている。これらは、徒歩や自転車その他の動力を用いない手段による移動を推進するという。サステナブルコミュニティの重要な要素のひとつとなっている。その結果、居住者の余暇旅行の51%はヴィレッジ内で行われ、余暇旅行の交通手段も自動車以外が53%で全国平均の26%を大幅に上回る。通学の交通手段も自動車以外が68%で、全国平均の47%を上回る。*25

土舗装の自転車道。左側の草地は住宅地の雨水が流れ込むスウェール。田舎道らしい景観が演出されている

（3）持続可能な都市排水システム
――ラム・ドローブ地区

サステナブルコミュニティを体現するもうひとつの要素として、持続可能な都市排水システム（Sustainable Urban Drainage System: SuDS）が挙げられる。ＳｕＤＳとは、雨水の流出抑制を目的として設置されるＧＩのひとつで、その大規模かつ先駆的な導入例となったのがキャンボーンヴィレッジ内のラム・ドローブ地区である。約１haの同地区は35戸全戸がケンブリッジ住宅協会の開発・所有するアフォーダブルハウジングで、２００４年に敷地が選定され、２年後の２００６年に入居が始まった。*26 同地区には、透水性舗装、ベイシン、スウェール、グリーンルーフ（緑化された屋

＊25 前掲＊18

＊26 前掲＊17

上・試験的に導入されている)、天水桶などのSuDSが導入されており、小規模なアフォーダブルハウジングの開発においてもSuDSが導入できることを示した。

このSuDSの整備により、同地区内に降った雨水はよほどの豪雨でないかぎり下水道に流入することなく地区内で地下浸透または一時貯留され、下流域の洪水調整に貢献する。同地区は南に緩やかに下る地形で、標高の異なる三つのベイシンと貯留池(最低地点)がつくられ、排水管またはスウェールで連結されている。宅地に降った雨は雨樋を通じて天水桶に貯留されるほか、排水管を通じてスウェールに流入し、地下浸透する。スウェールの地下浸透能力を超えてオーバーフローした雨水は順次下流のスウェールに流入し最終的に貯留池に流入し、これをオーバーフローした雨水のみが水路・湖沼に流れ込むという仕組みである。道路および駐車場の一部は透水性舗装が施されており雨水の流出抑制を助ける。

SuDSの機能を維持するためには、植栽の管理、ごみの清掃、透水性舗装の管理、給排水施設の管理が必要であるが、これらはケンブリッジ住宅協会が造園業者に委託して行っている。これらの管理に要する費用は、SuDSによらず通常の下水管によるヴィレッジ内他地区の管理費と比べて安価だそうである。[*27] また、英国の上下水道料金には表面排水チャージ(敷地内に降った雨水が公共下水道に流入することに対して課される料金)が含まれているが、このSuDSの整備により居住者は課金を免れている。[*28] 居住者にとっては大きなメリットである。居住者はまたSuDSの美的・視覚的な外観を高く評価している。住居周りのオープンスペースはキャンボーンの他の地区と比較してより美しく心地よいと考えており、90%以上の居住者が良好もしくは満足できると回答している。[*29]

居住者の高評価は、同地区のSuDSに特有の植栽に起因していると考えられ

住宅地の雨水を集め地下浸透または一時貯留するベイシン(盆状の湿地)。草本類が野性味のある景観をつくりだしている

＊27 Cambridgeshire County Council, Royal Haskoning (2012): Lamb Drove Sustainable Drainage System (SuDS) Monitoring Project Final Report, p.43

＊28 前掲＊17

＊29 前掲＊27、44頁

英国

る。英国の田園地帯でよくみかける草本類を主体に構成されたＳｕＤＳは、同地区をして非常に野性味あふれる景観をつくりだし、生物多様性にも貢献している。同じく健全な水循環に寄与する数々の湖沼や広大な草原、保全された樹林地はまた居住者のレクリエーションサイトや野生生物の生息地にもなっている。そして、ヴィレッジの周囲には広大な牧草地の景観が展開している。一概に開発を否定するのではなく、地域独自の判断によって田園地帯ならではの居住スタイルや景観形成を実現した同地区および同ヴィレッジは、田園回帰に応える居住地のひとつのモデルを提起していると考えられる。

❶住宅地先のスウェール。地中には住宅の雨樋などから続く排水管が通っているが、スウェール区間のみ穴が空いていて雨水を地中に逃がす

❷雨樋に接続された天水桶（建物の手前左端）。雨樋は下水管には接続しておらず、下手のスウェールやベイシンに流れていく

❸草本が植えられたスウェールは、イングリッシュガーデンとは異なる野性的な美しさと粗放管理を両立する

❹ヴィレッジ内に確保された緑地。これだけの規模の草原が住宅に隣接する環境は田園地帯でなければ絶対に得られない

コラム

コミュニティ再生の事務局を担う移住者たち

株式会社地域計画研究所代表 井原満明

英国の「まち・むらづくり」に関心を寄せて

初めてヨーロッパを訪れたのは1980年代の後半、農業団体が主催する「緑のヨーロッパと都市農業」というツアーで、英国をはじめ欧州5ヵ国のグリーンツーリズムやクラインガルテン（市民農園）など農村と都市の「農」に関したさまざまな取り組みの視察であった。それを通じて都市住民の農村へのあこがれ、美しい農村に対する国民の考え方にカルチャーショックを受けた。それ以降、毎年のごとく英国に農村調査で訪れるようになった。

折しも、1988年3月13日の朝日新聞に「他人事でない――恐竜シグナル、衰退の兆し、《百年前の英国、いまの日本とそっくり》」という見出しで「一流大学卒の金融界志向」「海外へ団体旅行大はやり」「庶民の食卓もグルメブーム」など7項目[*30]にわたって産業革命以降、おおよそ100年前からの英国の繁栄と衰退に対して、バブル絶頂期の日本の現状とこれからが比較されていた。上記の7項目には含まれていないが、100年前に行われた英国の小麦の自由化と一部ではあるが日本の米の自由化、さらには、産業革命以降のロンドンの環境悪化と東京の公害問題も同じように思えた。

英国の繁栄から衰退に至る100年を学ぶことが、日本の農村問題、都市問題に何らかの解決の糸口があるのではと思い、英国の「まち・むらづくり」に関心をもつようになった。

＊30 3項目以外に掲載された内容は「音楽家来訪オペラブーム」「つかの間のハイテク先進」「ニューリッチ階層分化進む」「巨大黒字が対外摩擦呼ぶ」である。

英国　デボン州とその周辺

具体的には、経済的に衰退した地域をツーリズムで再興している「タルカ・プロジェクト（Tarka Project）」、都市と農村の境界部で荒廃している地域の環境改善に取り組む「グラウンドワーク・トラスト（Ground Work Trust）」、家畜（動物）を導入し農的な環境と機能を都市のなかに創りだしている「シティ・ファーム（City Farm）」、都市（地域）再生のための補助金「SRB（Single Regeneration Budget：単一補助金）」を使ったまちづくり、EUの農村地域を含む過疎地域の再生を目指すリーダープロジェクト（LEADER Project：農村経済の開発のための活動の連携）など、住民を主体とした地域再生の取り組みである。

それらに共通しているのは、コミュニティをベースとして、地域住民・民間企業・行政のパートナーシップ組織があることだ。さまざまな活動を支援している中間支援組織や非営利組織は、パートナーシップの場であり、そのパートナーシップ組織の中核（事務局）に、都会の大学で学んだ若者や企業での経験を積んだ人たちといった移住者がプロジェクトマネージャーやプログラムオフィサー！などとして働いている。

＊31 『かわうそタルカ』の邦訳には、あかね書房版（1964年、高橋正雄訳、少年少女動物文学全集№4）、福音館書店版（1983年、順子・ホーズレー訳）や文藝春秋版（1996年、海保眞夫訳）がある。

経済的に衰退している地域でツーリズムによって農村再生を図った事例
——「タルカ・プロジェクト」

「タルカ・プロジェクト」は、英国南西部にあるデボン州、ダートモア国立公園北部地域の約1500㎢、80の集落を区域とし、「タルカ地域（Tarka Country）」と名付けて、グリーンツーリズムによる地域再生を試みたものである。ダートモア国立公園の南部と中部は観光地として人気が高いが、海岸線を除く北部の内陸部は過疎地域で名所もなく、失業率は全国平均を超え、所得水準は低く、公共サービスは衰退し、地域住民の環境保全や地元の歴史・文化への関心も低く、農業も不振であった。1987年のヨーロッパ環境年に行われたプロジェクトのひとつとして、グリーンツーリズムの精神でこの地域の活性化を図ろうと、プロジェクトチームが設置され、1989年から1997年まで取り組まれた。1992年には、「タルカ地域ツーリズム協会（Tarka Country Tourism Association：TCTA）」が組織され、地元企業や農家、アーチスト（移住者）などを巻き込んだツーリズムに発展していった。

その取り組みのきっかけとなったのは、ヘンリー・ウイリアムスン著1927年初版の児童書『Tarka the Otter』（邦訳『かわうそタルカ』[*31]）である。傷ついた雌のかわうそを助け一緒に暮らし、旅に出る物語である。ベストセラーになり、映画化もされた。さまざまな活動の場にタルカ地域、タルカ鉄道、タルカ遊歩道、タルカ・サイクリングロード、タルカ・ビールなど、「タルカ」の名がつけられ地域ブランドを形成していった。

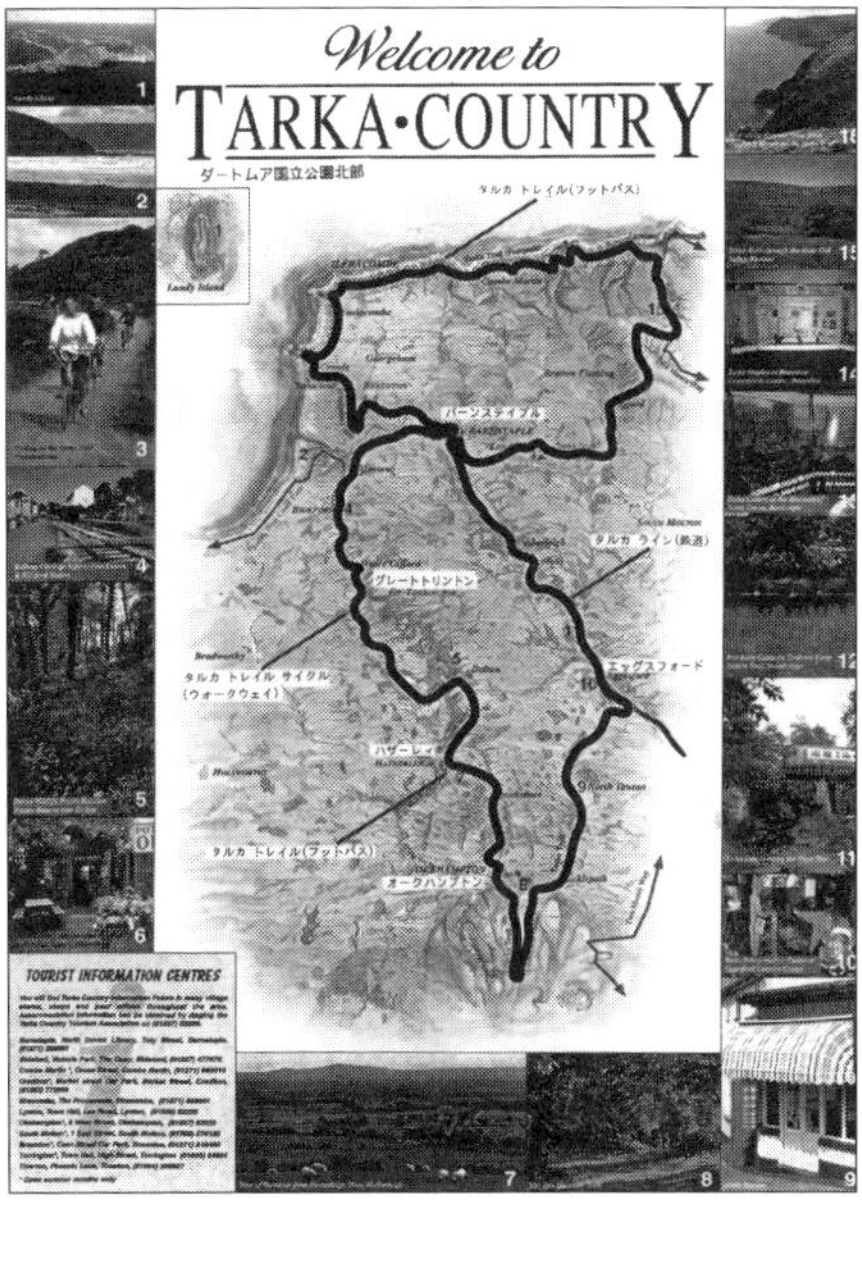

タルカ・プロジェクトのポスター。太線でなぞった8の字が、かわうそのタルカが旅したルート。遊歩道やサイクリングロードが整備されている。また、バーンスティプルからエグゼターまでの鉄道（Tarka Train）があり。このプロジェクトによって活性化している

英国

児童書『Tarka the Otter』で描かれているタルカの旅したルートなどの整備が、この地域での環境保全活動やレクリエーション、ツーリズムを推進するうえで、適切なテーマかどうかを検討され、自然環境の保全がこの地域において社会的・経済的に重要な役割があることを確認し、①北デボンの野生生物、自然美などの特色を守りながら、②公共性の高い遊歩道やサイクリングロードを整備し、③ツーリズムとレクリエーションを促進することとなった。1981年の「野生生物と田園に関する法律（Wildlife & Country Act）」によって、絶滅危惧種であったかわうその保護もこのプロジェクトの活動にとって大きな後押しとなった。

このプロジェクトの動機には、ビディフォードとメースをつなぐ廃線鉄道を処分するという英国鉄道の決定があり、州議会はこの廃線を購入し、廃線を活用した新たな取り組みの可能性を打ち出した（州議会はかつてツーリズムと雇用の可能性を見込んで鉄道建設を推進した主要な投資者でもあった）。

それは、北部の海岸や国立公園に挟まれた過疎地域に遊歩道やサイクリンググロードを整備し、にぎわいを創出し、かわうそなどの野生生物の保護やヘンリー・ウイリアムスンと彼の作品を通じて地域に対する理解と評価を高めることを目指した。さらに提案されたさまざまな計画を具体化していくためにプログラムオフィサーが雇用され、それらの費用については州議会、地方議会などのパートナーシップ組織が担い、かわうその生活や冒険、旅した地域を整備することとなった（児童書『Tarka the Otter』には、その地域の地名や地形が実名で書かれ、自然や当時の地域の静けさや美しさが描かれている）。

具体的な整備内容は、かわうそがタルカ地域を8の字に旅したルート約300km

右：タルカ・トレイル（遊歩道）の案内板、ルートの沿線の観光施設などを紹介している
左：廃線となった軌道がそのままサイクリングロードに

を遊歩道（タルカ・トレイル：Tarka Trail）に整備するというものであった。そのルートは野生の動植物の生息環境や地域住民の生活にできるだけ影響が出ないように配慮され、ルートを軸に農村の環境整備や農家民泊、滞在施設が整備された。昔の廃線の軌道をサイクリングロードと遊歩道に整備し、集客力を高めることによって、地域の活性化を試み、成功している。また、この地域を走るタルカ鉄道（Tarka Lain：70㎞）の利用促進にも寄与している。

事業のスポンサーは、デボン州、四つの地方行政、国の機関などで、当時2人の専門家（プロジェクトオフィサー）を中心にさまざまな事業展開を図った。150人の農家や商店経営者、芸術家、民間企業なども参加した組織TCTAが設立され、8ベッドの民宿経営者である会長は、宿泊者ひとりから45ペンスを「タルカ基金」に、と呼びかけて、コミュニティ活動や環境活動に活かすことを考えだした。プロジェクトの終了とともに、1997年には、「タルカ・トラスト（Tarka Trust）」が設立され、「タルカ基金」は「タルカ環境保全基金」として受け継がれる。「タルカ・トラスト」は1998年にはチャリティ団体として登録され、「タルカカントリー・トラスト（Tarka Country Trust）」と改名し今日に至っている。この事務局を担っているプログラムオフィサーは、さまざまな地域再生の実績が認められて採用された外部人材である。

2016年9月、福島大学の若手研究者たちと、英国のブリスト

右：農家であるご主人は、農家民宿ではホームバーのマスターに。カウンターの右手には地元の醸造所でつくられた「タルカビール」がある。Tarkaのマークのラベル

左：タルカ地域ツーリズム協会（TCTA：Tarka Country Tourism Association）の会員プレートをもつ農家民宿の経営者。自らの農場をタルカが歩いたとして農場にタルカ・トレイルを整備した

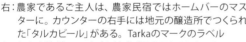

ル市および周辺地域（North Devon）の調査に参加した。このツアーのなかでタルカ・プロジェクトのその後を訪ね、廃線軌道のタルカ・トレイルを使ってサイクリングを体験した。案内板などのサイン計画も整備され、子供からお年寄りまで、そして障がい者もサイクリングを楽しんでいる。駅舎を利用したカフェの横にあるサイクリングセンターには、乳幼児用のワゴンや2人乗り、障がい者用の自転車など多くの車種の自転車が所狭しと置かれ、貸し出されている。プロジェクトが終わってもしっかりと地域で運営されていることが、このプロジェクトの成功を物語っている。

社会的企業を支援する中間組織や非営利組織の事務局を担う外部人材
――「ウィンドミルヒル・シティ・ファーム」

ブリストル市は、社会的企業の活動が盛んで、2013年に英国で最初の「社会的企業都市（Social Enterprise City）」の称号を得ている。最近の調査では、ブリストル大都市圏で850以上の団体（社会的企業）が1万500人を雇用し、年間収入は3億8000ポンド（約500億円）に達しているという。[*32]

こうした社会的企業のひとつとして「ウィンドミルヒル・シティ・ファーム（Windmill Hill City Farm）」を訪ねた。

シティ・ファームとは1970年代に「都市部にも農場を」という運動のなかで、英国各地で生まれたものだが、「ウィンドミルヒル・シティ・ファーム」は、荒地をより生産的に使おうと市から借りうけ、地域住民のボランティア・グループによって、全国で二番目（1976年）に設立された。そして、地元のコミュニティの人たちに、都市のなかに農業を経験する機会（場）を与えてきた。いままでは、農場（家畜の飼育や食料生産活動）やコミュニティ・ガーデンのほかに働く女

*32 今回のツアーのコーディネーターの小山義彦氏による事前レクチャー。

シティ・ファーム事務局長のスティーブ・セイヤーズさん

性たちも含めた保育園やコミュニティ・ルームなどを整備し、失業者の雇用訓練、要介護者のデイサービスセンターなど、コミュニティのニーズに応え、教育や福祉の分野に活動が広がっている。年間の事業収益は約150万ポンド（2億円）あり、スタッフを約80人雇用している。

そのシティ・ファームの事務局長であるスティーブ・セイヤーズさんは、英国やカナダの大学で博士号（化学）を取得し、いくつかの企業の実務（企業経営）やさまざまな活動に対して個人、法人、政府などから資金調達（ファンドレージング）する事業のスタッフ、ブリストルの再開発の事業計画（Business Planning Consultant）などにもかかわり、2011年1月からシティ・ファームに雇用されている。

彼の参加によって、ビジネス的な取り組みも行われ、市民団体が社会的企業（非営利民間組織）として成長した典型的な組織であるといえる。彼の生き方を通して、「自分の経験を活かし、豊かな生き方ができるのは地方や農村である」とおのずと主張しているように思えた。これら非営利組織などの事務局を担っているのは都市部の大学や企業あるいは海外留学などを経験し、スキルをつけてきた人たちが多い。*33

右：ウィンドミルヒル・シティ・ファームの入り口。シティ・ファームは家畜を飼うことが条件で、子供たちにわかるように、入り口にも動物が描かれ、迎えてくれる
左：ウィンドミルヒル・シティ・ファーム。おばあさんと一緒に遊びに来ている子供たち

*33 これらの社会的企業をサポートしている中間支援組織「Social Enterprise Works」やクラウドファンディング「Fundsurfer」、社会的企業の起業家たちとビジネスラウンジや会議室などをシェアしている「Engin Shed」、非営利組織である「Windmill Hill City Farm」などを訪ねた。また、1979年に導入され、地域の弱者や条件不利世帯、貧困者などを宝くじの基金や民間企業からの資金などを活用してコミュニティを支援している「Devon Community Foundation」の女性事務局長（ロンドンで民間企業や社会的企業の経験をもつ）は、非営利組織や社会的企業の運営には、「Optimistic とResilient（楽天的で叩かれても立ち上がる）」の性格が大切であるといわれ、福島原発事故で厳しい状況でも「You can（あなたたちならできる）」と励まされた。

非営利民間組織を支えるコミュニティ
——支え・支えられる経済性のマッチング

ブリストル市の社会的企業家たちは、自らの地域のコミュニティ支援（ホームレスの生活支援や弱者などの雇用、健康、福祉の支援）を社会的課題と位置づけている。そして市は、社会的企業が取り組むプロジェクトに民間企業などが協力することを呼びかけている。地方や農村における社会的企業や非営利組織（特に地域に依拠するコミュニティ・ビジネス）などは、特定のエリアであるコミュニティを対象として経済的なスケールメリットの少ない地域で経済活動を営んでいる。それらの事業を軌道に乗せるためには、コミュニティのニーズに根差すことによって、コミュニティから支えられる経済活動が必要である。地方や農村での起業は、コミュニティから支えられる事業展開が必要であり、それに対してコミュニティも社会的企業の事業を支えることが大切である。言い換えれば、「支える経済性と支えられる経済性とのマッチング」が必要であり、それを担うのも非営利組織や社会的企業だということだ。

この点についていえば、日本でも高知県津野町旧葉山村床鍋地区の廃校を活用した「森の巣箱」では、失われた村のコンビニを復活させる「小さなお店」を整備し、その整備に当たっては、家族の規模によって1戸当たり月2～4万円を使うことという紳士協定を結んでスタート。集落の人が支えて、集落のための購買施設が運営されている。まさに「支える経済性と支えられる経済性のマッチング」である。

日本においても地域の自治を構築する中間支援組織や都市と農村との連携、地域の「暮らしとなりわい」を大切にしている地域住民とそこへの来訪者など、さまざまな場面でのマッチングが必要な時期に来ており、それらのマッチングを進めていく中核（事務局）に、都市部からのさまざまなスキルをもった人たちが参加していくことが重要である。

持続的なパートナーシップを形成する新しい『かたち』

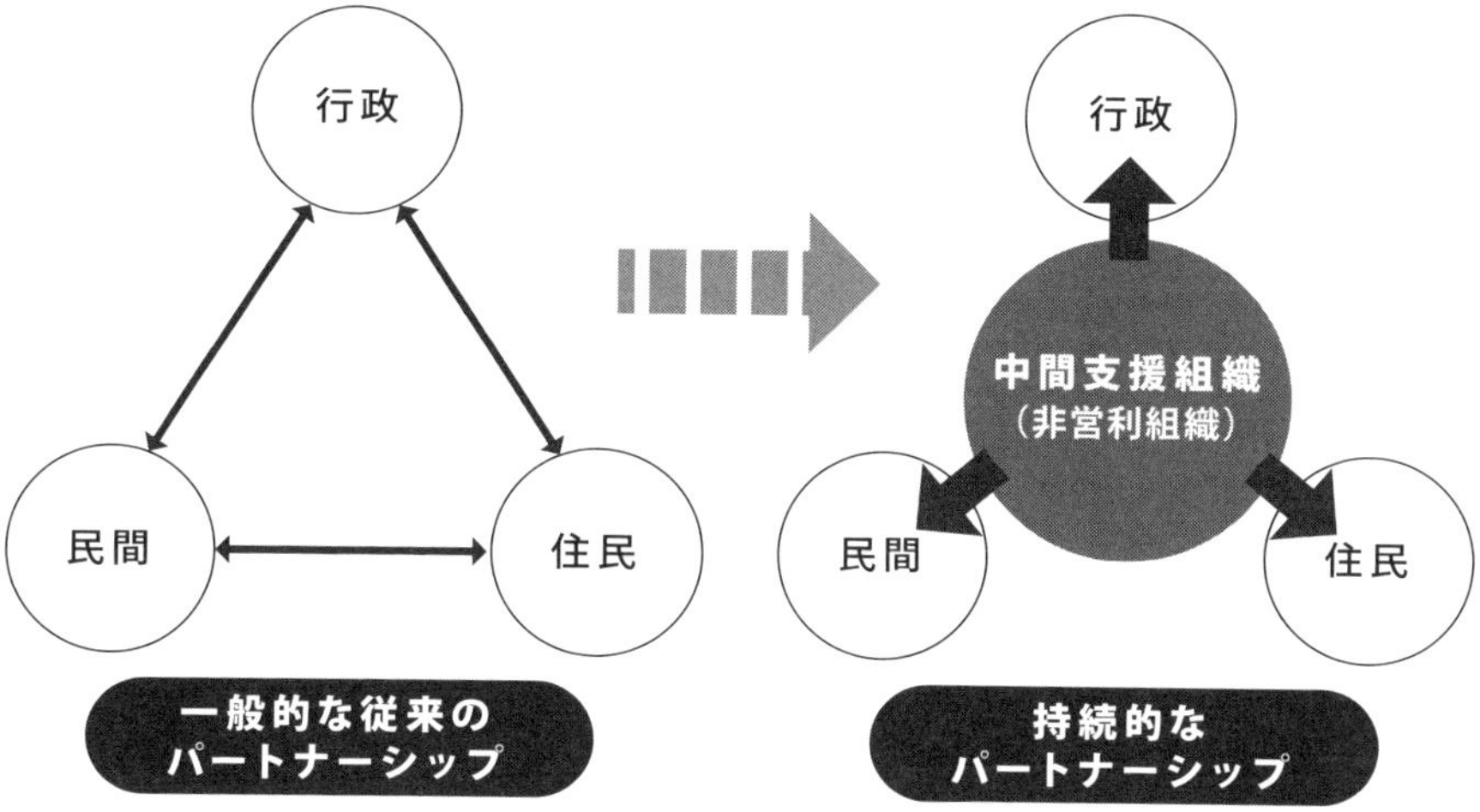

＊「民間」は地域経済を担い、「住民」は地域の豊かな暮らしを築き、「行政」は民間と住民が秩序ある活動を進めるための制度や条例を制定する役割を担い、それらの連携を図るためのパートナーシップを構築する新しい組織が必要である。

今回の訪問では、EUのリーダー・プロジェクト[*34]の今後について直接的な意見を聞くことはできなかったが、さまざまな形で育ってきたコミュニティがあるかぎり、いままでの取り組みを重視し自らの決定権でよい方向に進むだろうと現地のプロジェクトを担う人たちはいう。EU離脱についても同様にコミュニティが解決するという。住民と地元企業と地方行政のパートナーシップについても、それを構築する非営利組織や中間支援組織が必要である。

英国のようにコミュニティ再生をベースにした中間支援組織や非営利組織、社会的企業を担う外部人材が日本の農村でも求められており、そこに田園回帰の流れが必要であると感じている。

＊34 リーダー・プロジェクト（LEADER project）は、過疎地である農村地域の総合的な発展を目指して、1991年からLEADERⅠが始まり、LEADERⅡ、LEADER＋、そして現在は5期目のLEADERⅤが始まり、北部デボン地域でも230万ポンド（約3億円）の予算が確保されているが、今回のEU離脱でどうなるか未定のようであり、直接的な言及は控えていた。

第5章 諸国探訪編 この国のここに注目したい

1 オーストリア 森の農民が再生可能エネルギーの担い手となる

東北芸術工科大学教授　三浦秀一

（1）山岳国オーストリアの森林エネルギー利用

有機農業の栽培面積はトップクラス

オーストリアといえばウイーンやザルツブルグに代表される音楽の都というイメージが強いかもしれないが、もうひとつの顔はアルプスの山々である。アルプスには有名なスキー場も多く、世界のトップを走るオーストリアのスキー技術から日本は多くを学んできた。そして近年、多くの日本人がこのオーストリアの山々における森林利用技術を学ぼうとしている。

オーストリアはあまり知られていないが、環境問題に対して欧州のなかでも先進的な取り組みを行ってきた国である。たとえば、オーストリアは有機農業の栽培面積が全農地面積に占める割合が約20％とEU加盟国のなかで最も高い。ちなみにドイツは6％、日本は0・3％である。[*1] 実際、オーストリアの農村へ行くとBIO[*2]の看板のある農園が目につき、スーパーへ行けばBIOマークの食品が

＊1 Consortium of the Data network for better European organic market information

＊2 オーストリア有機農業者1万2500人から構成される協会。

ずらりと並んでいる。こうした有機農業は、アルプスなど条件不利な山間地域に多い。また、こうした農家は山林も所有する農家林家が多い。[*3] こうしたことは日本の中山間地にとっても示唆的である。

再生可能エネルギー比率の高さを支える豊富な森林資源

ここで紹介したいのはオーストリアの森林のエネルギー利用についてだが、この国はエネルギー問題についても非常に先鋭的な動きをとってきた国である。1978年、オーストリアは世界で初めて原子力発電に関する国民投票を行った。結果は原発に賛成49・5%、反対50・5%という僅差で反対派が勝利した。それを受け、完成したばかりであったツヴェンテンドルフ原発を稼働させることなく、廃炉にしてしまったのである。原発事故を現実に起こしたのにもかかわらず、原発を再稼働させていく我が国の状況からは信じられないような決断である。

こうしたことからか、オーストリアは省エネルギー対策、そして再生可能エネルギー導入に早くから取り組んできた。たとえば太陽熱温水器の普及率はEU主要国で最も高い。日本でもオイルショックの頃、太陽熱温水器が売れた時期もあったが、それも過去の話になって太陽光発電にとって代わられた感がある。太陽のエネルギーを給湯や暖房に使う太陽熱温水器は、いまでも太陽エネルギーの利用効率が太陽光発電を上回る有効な再生可能エネルギーである。また、建物の断熱性能を上げてほとんど暖房がいらないような状態にする、パッシブハウス[*4]という超高性能省エネルギー基準の住宅の普及もEUのトップを走る。この基準は国が定めたものではなく、民間の基準であるということも、日本の行政主体のエネルギー施策と異なる様相を呈している。

そして、再生可能エネルギーの占める割合は2014年実績で33・1%。これはスウェーデン、ラトビア、フィンランドに次いでEU28ヵ国中4位である。なお、ドイツは13・8%で17位である。オーストリアの再生可能エネルギーの6割を森林のエネルギーが占める。オーストリアの森林面積率

*3 オーストリアの林家は17万戸で全世帯の5%程度と高い。また、小規模な林家が多く、3ha以下の林家が4割となっており、日本の6割と似た状況にある。

*4 ドイツのパッシブハウス研究所が規定する性能認定基準を満たす省エネルギー住宅。暖房に要するエネルギー需要を年間15kWh/㎡以下に抑えるという基準があり、日本の省エネルギー基準の3倍から5倍の水準である。

は47％。EUでは70％前後を占めるフィンランド、スウェーデン、ラトビアに続いて4番目である。こうしてみるとEUの再生可能エネルギー比率上位国と、森林面積率上位国が重なっていることがわかる。森林資源は再生可能エネルギーの利用に大きな影響力をもっているのである。

（2）森林エネルギー利用に取り組むオーストリアの地域と人々

自伐林家が自ら地域熱供給の担い手に

現在、オーストリアは全エネルギー需要の約17％程度を森林のエネルギーでまかなっている。その方法は薪、チップ、ペレットのボイラーによる暖房や給湯*5、そして発電など、さまざまなものがある。薪やチップのボイラーはほとんどの農家が自宅や農場、ペンションに導入しているものである。

そして、おもしろいのが「地域熱供給」である。地域熱供給とは、木をチップにした燃料をボイラーで燃やして温水をつくり、それを配管でいくつもの施設や住宅につなぎ、暖房や給湯に使うものである*6。薪やペレットをくべる手間がいらないので、ガスや電気と同じように使えるのである。発電を行うものもあるが、あくまでも地域熱供給を行うことを中心とした熱電併給プラントである。

もともと石油やガスによる地域熱供給はウイーンのような都市部で普及していたが、農村部で燃料を木にしたプラントが建設されるようになったのは1980年頃からだった。この地域熱供給のおもしろいところは、農家林家を中心とした住民たちが仲間になって取り組んでいることである。彼らは組合をつくって熱を供給する。それは林家がその事業のなかで自分の山の木を使うためであり、単に木を売るのではなく、より付加価値の高いエネルギーとして売ることの重要性に気づいたからでもある。また、自分の山の管理を自分で行う林家は日本には少ないが、最近日本でもようやく再認識され始めた自伐林家がオーストリアには非常に多く、川上から川下までを林家が自分でやろうとしているのである。農業から林業、そしてエネルギー業までも生業にするオーストリア農山村での新しいビジネススタイルである。

*5 オーストリアではストーブはあまり使われておらず、ボイラーが中心である。また、ペレットは主に製材所がつくり、薪やチップを農家林家がつくっている。

*6 日本の熱供給事業法で定めているものは大規模な加熱能力（21GJ／時以上）のものを指し、国内には130ヵ所ほどある。オーストリアの木質エネルギーによる地域熱供給はこれよりも小さなものが多い。

*7 1ユーロ＝122・4円のレートで換算した（以下、同じ）。

オーストリア　シュタイアーマルク州における森林エネルギー利用施設の分布

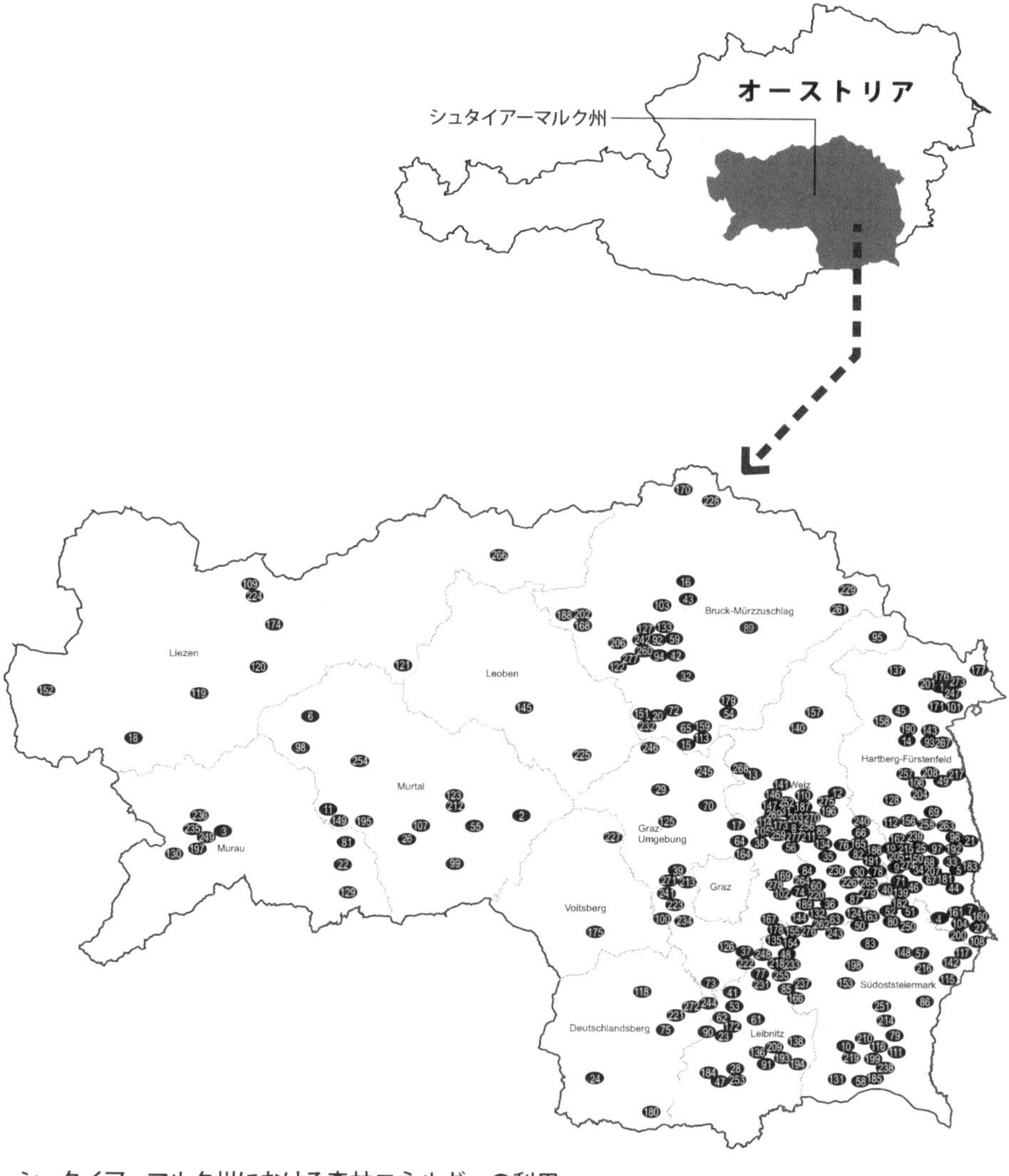

シュタイアーマルク州における森林エネルギーの利用

森林エネルギーにかかわる279のプロジェクトによって、合計出力32.6MWのボイラーと3億1500万ユーロ（約18億3600万円）[*7]の投資が生まれ、9万8000㎥のチップが740万ℓの石油を代替している。これらのプロジェクトによって製造・販売で245人、林業で60人の雇用を生み出している。

なお、シュタイアーマルク州は面積約1万6400㎢、人口約122万人で岩手県（約1万5300㎢、約128万人）とほぼ同規模である。

＊資料：Regionalenergie Steiermark（シュタイアーマルク地域エネルギー推進機構）

地域熱供給でよみがえった町

オーストリアにおける森林エネルギー利用のサクセスストーリーとしてさまざまなところで紹介されるのは、ギュッシングという人口3800人ほどの町である。ここはかつて冷戦時代、東側諸国に接するオーストリアの東端国境の町で、出稼ぎ労働者が多い最貧地域となっていた。

この状況を打破するために着目されたのがエネルギー支出の流出であり、それを地域にある森林からのエネルギー等に代替していくことで地域経済を活性化していこうとしたのである。そのために取り組んだのが260の住宅や施設が延長24kmの配管でつながる木質エネルギーによる地域熱供給システムであった。このシステムが完成した1996年当時、木質エネルギーを使う地域熱供給としては欧州最大であった。こうした事業をきっかけに雇用も増えていき、地域がよみがえったという物語である。このギュッシングは町をあげての比較的大きな事例だが、木質燃料を使った地域熱供給の規模はもっと小さなものが多く、オーストリア全土に2000ヵ所以上ある。ここではそうした事業に取り組んでいる人と地域を紹介する。

（3）木質エネルギー利用の先進地を訪ねて

ムーラウ地区——修道院と林家が共同で手がける地域熱供給

ムーラウは34の自治体から構成される人口3万人の地区である。工業がなく農林従事者が多い地区であるが、農産物の3分の2は有機栽培で生産されており、豊富な森林資源を生かした木材産業集積地として地区の活性化を図るため「バイオリージョン・ムーラウ」*8というコンセプトを掲げている。その象徴となっているのが欧州一大きな木造橋である。そして、小水力発電と森林のエネルギー利用でエネルギー自立を目指している。

この地区のなかにあるザンクト・ランブレヒットは人口1900人だが、1072年

*8 河川の流域のように、自然の特徴によりひとつのまとまりをもつ地域を「バイオリージョン」と呼び、そのまとまりを再構築しながら、持続可能な地域に転換していこうとする運動をバイオリージョナリズムという。

ザンクト・ランブレヒット修道院長

リネッグ村前村長クナップ氏

設立という有名な修道院があり、４０００haの森林を所有している。この修道院と林家15人が一緒になって組合をつくり、地域熱供給を手がけている。その事業費は３００万ユーロ（約3億７０００万円）で、延長6kmの配管で修道院、ホテル、二つの住宅団地、老人ホーム、レストランなど90棟をつないで熱を供給している。

　このムーラウ地区に影響を与えたのは人口１７０人、45世帯の小さな村リネッグだった。１９９４年、この村の村長がリネッグ村の住宅や建物には木を燃料としたエネルギーを使わなければならないという規則をつくった。彼は村の役場に木のボイラーを入れ、住民が木のエネルギーを使えるように、自ら薪やチップをつくり、全員が木のエネルギーを使うようになったのである。こうした小さな村の取り組みが徐々に周辺へ広がっていったのである。

　ムーラウのような地域連合型の取り組みはEU各地で展開されているが、それはE

オーストリア　ムーラウ地区ほか

上：ザンクト・ランブレヒットの燃料倉庫
右：ムーラウの木造橋（全長85m）

Uのリーダー（ＬＥＡＤＥＲ）事業によって進められているところが多い。リーダー事業は、農村地域の過疎化を防ぐために地域の特色を活かしながら新たな収入源を創出することが目的であるが、その特徴は地域住民が企画段階から参加するボトムアップアプローチにある。そして、多様な取り組みがあるなか、再生可能エネルギーに取り組む地域は多い。

フォアアールベルク州――地域の木材を使った美しい建築物

オーストリアのスキーリゾートでは、観光資源として美しい景観と環境を守ることが大事だという考え方が浸透している。また、気候変動への対策としてエネルギー問題にも関心を寄せる地域が多く、山の中にあるスキーリゾートは、その山の資源をエネルギーとして利用しようという取り組みが各地でみられる。

オーストリアの西端フォアアールベルク州は人口37万人の小さな州である。この州にある人口１５００人の小さな村レッヒは王侯貴族も集まる高級スキーリゾートとして有名だが、美しい自然を守るための取り組みについても評価が高い。森林エネルギーを利用した地域熱供給プラントが四つあり、スキー客で滞在者が1万４０００人にふくらむときでさえ、暖房エネルギーの80%をカバーしている。これを推進してきたのはホテルの若手経営者たちであり、きれいな空気がこの場所にとって非常に価値あるものだと考えているのである。

また、この地域熱供給プラントの建物が木でつくられていて非常に美しい。日本でこの手のボイラーが入る建物は工場のような建物であることがほとんどだが、レッヒの地域熱供給プラントは建築家によって美しくデザインされているのである。フォアアールベルク州は、現代的な木造建築が数多く建てられている地域としても知られ、外壁に木材を多用した建築物が美しい風景を生み出してい

ルーデッシ村のコミュニティセンター
提供：ヘルマン・カウフマン氏

＊9 カウフマン氏はミュンヘン工科大学建築学科の木造建築デザインを担当する教授も務め、欧州の環境を配慮した省エネ建築に関する多くの賞を受賞している。

る。そうした木造建築を専門にする建築家がおり、その第一人者であるカウフマン氏[*9]が設計した人口3000人のルーデッシ村の役場の入る複合施設コミュニティセンターは地域の木材がふんだんに使われたモダンで美しい木造建築である。もちろん暖房は木を燃料とした地域熱供給で、地元農家の組合が木の燃料を納めている。

ヒッツェンドルフ——サラリーマン林家がエネルギー事業を牽引

ヒッツェンドルフ地区は人口3600人。ここにも木質燃料を使った地域熱供給プラントがあるが、42人の林家が組合をつくり125万ユーロ（約1億5000万円）を投じてこのプラントをつくりあげた。彼ら組合員が所有する森林は600haあるが、38人は企業に勤めており、林業を仕事にしているのは4人だけである。つまりサラリーマン林家もエネルギー事業を行っているのである。

その中心になっているのは消防署職員のライヒト氏。彼は2haの山をもつ小さな農家林家でもある。副業的にエネルギー事業にかかわっているとはいえ、ボイラーのメンテナンスまで自分でこなすプロ顔負けの技術者でもある。彼はこのほかにも3人の林家といっしょに15世帯の集合住宅にチップボイラーを入れて、暖房用の熱供給事業を行うなど複数のプロジェクトを運営している。また、ヤナギなどの早生樹を畑に植えて、エネルギー作物をつくることにもチャレンジしている。

（4）森林のエネルギー利用による雇用効果

行政主導ではなく、住民自身が切り拓く

オーストリアで森林のエネルギー利用に取り組む地域を紹介してきたが、いずれ

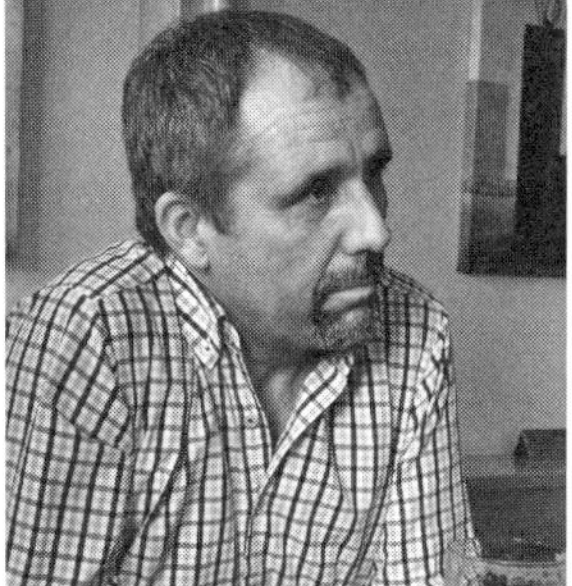

ヒッツェンドルフのサラリーマン林家ライヒト氏

ヒッツェンドルフの地域熱供給プラント

も小さな町や村の農家が中心になっている住民主体の民間事業であることがわかっていただけたであろう。彼らは森林所有者であり、そこから燃料を供給し、事業のための出資をし、ボイラーのメンテナンスも行いながら住民に対してエネルギー供給サービスを行っている。2000以上あるプロジェクトにはそれぞれ地域の物語があり、それを切り拓いた地域のリーダーがいる。農家ではあるが、機械やエネルギーにも詳しく、熱意に満ちており、その知識量と何でも自分でやるバイタリティに驚かされる。

日本でも森林のエネルギー利用は徐々に進められているが、その多くは地方自治体が公共施設に導入する形であるのとは様相が大きく異なる。

森林エネルギー利用の効果を試算してみると

環境を守ること、地域の農業や観光を活性化させていくこと、自然のエネルギーを利用していくこと、これらは農山村のなかで関連するものであり、同時並行的に取り組みが進められている。そして、森林をエネルギー利用する彼らの大きなモチベーションになっているのはやはり過疎化を防ぐための雇用創出である。オーストリア・エネルギー研究所[*10]が森林からのエネルギーを使うことによる雇用効果を人口6600人のまち・ハルトベルクをモデルに出している。ここでは①石油100%の場合、②現状の森林エネルギー47%の場合、③森林エネルギー100%の場合、の三つのモデルが試算されているが、二酸化炭素の排出は①の年間5万8500トンから②では3万1900トン、③では1600トンへと減り、雇用がそれぞれ8・5人から、35人、61人へと増え、地域からの経済的流出が1510万ユーロ（約18億4800万円）から810万ユーロ（約9億9000万円）、160万ユーロ（約2億円）へと減っている。

このように環境的な効果だけでなく、雇用や経済効果のことが強くPRされている。石油や電気に

*10 Österreichische Energieagentur

気候エネルギーモデル地区ハルトベルクにおけるエネルギー転換による効果

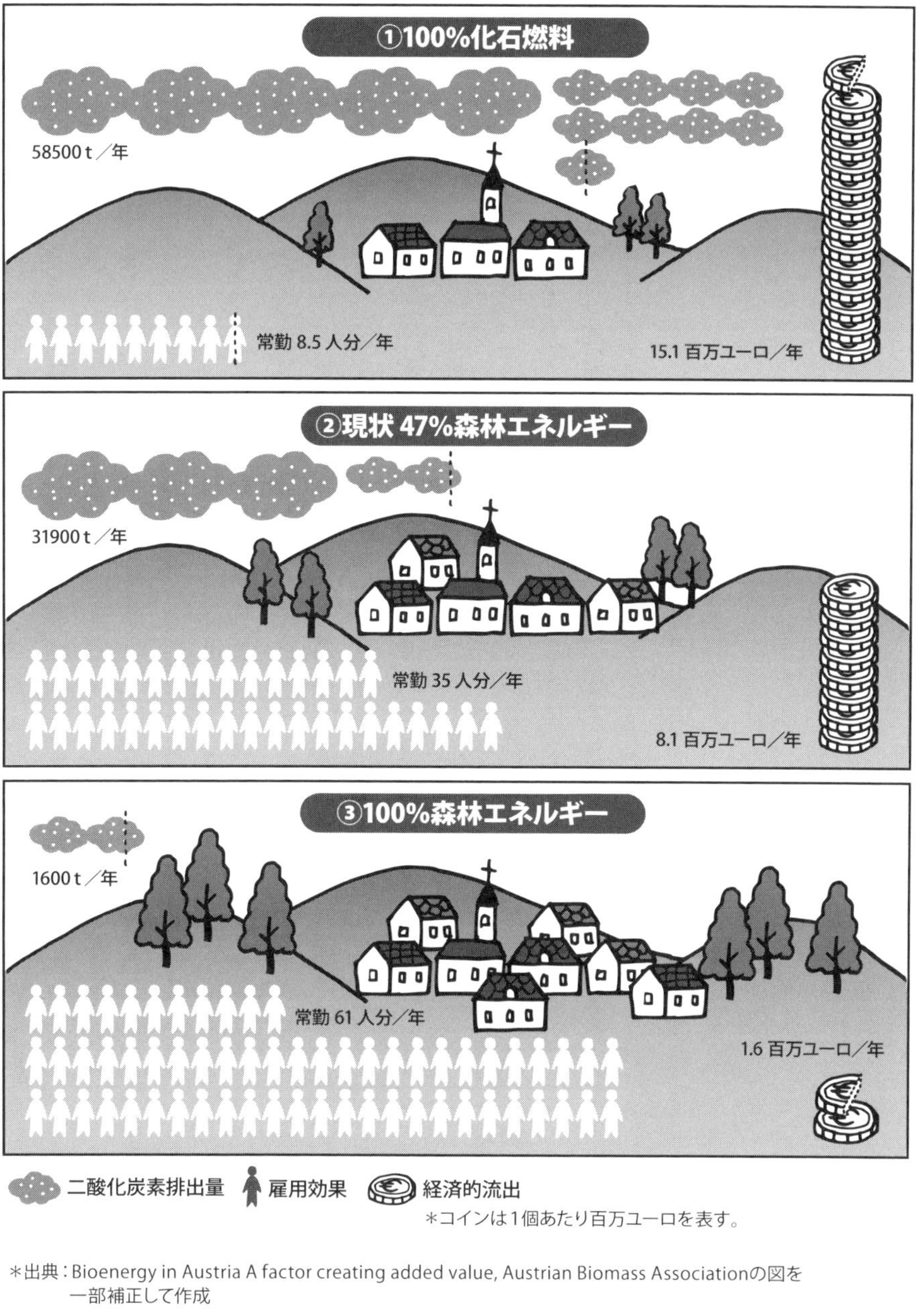

＊出典：Bioenergy in Austria A factor creating added value, Austrian Biomass Associationの図を一部補正して作成

支払ったお金は海外に流出していくが、地域でエネルギーをつくると地域でお金が回る。木質エネルギーに支払ったお金は地域に落ち、地域の人が山で仕事をしたり、燃料をつくったりすることを可能にするのである。

(5) 小さな国、小さな地域からの取り組み

小さいから、いいことも決めやすい

さまざまな観点からみて、オーストリアは欧州随一の環境先進国であると思われるが、日本ではあまり知られていない。やはり人口や経済規模でEU最大のドイツの情報発信量が多い。しかし、オーストリアはドイツよりも進んでいると思われる部分も多いのだ。なぜオーストリアがこんなに進んでいるのか、先ほどの木造建築の設計を行う建築家カウフマン氏にその理由を聞いてみたことがある。彼が答えてくれたのは、オーストリアという国が小さいからだということだった。小さな国だから、いいことも決めやすい。そして、いいことは広げやすいと語ってくれた。

オーストリアの人口は845万人。東北地方6県が902万人でちょうど同じ規模である。このような規模で独立国であるというのは日本人の感覚としては信じがたい。また、ここで紹介してきた町や村のようにオーストリアの地方自治体の規模も小さい。日本には市町村が1718あるのに対して、オーストリアは2359、人口2000人以下の市町村が半数を占めているのである。小さな自治体に行政職員はほとんどおらず、首長も議員もほとんどボランティアである。そのようなこともあって、オーストリアのプロジェクトには行政色が感じられない。地域の住民自治がそこにはあり、住民がエネルギー自治を目指しているのである。

住民自らエネルギー自給率アップに動きだした日本のむら

オーストリアの森林をエネルギーにする姿をみていると、日本とのコミュニティ力の差を大きく感じる。日本の農山村は平成の合併によってますます力を落としたようにもみえる。しかし東日本大震災以降、森林をエネルギー利用しようとする地域の自立的な動きが日本にも現れている。地域の住民が自分の手で森林を管理し、エネルギーをつくることで、エネルギー的にも経済的にも自立的な地域をつくり出そうという動きである。そんな農山村が日本にはいまいくつも出てきているが、そのなかのひとつ、山形県鶴岡市三瀬《さんぜ》地区を最後に紹介しよう。

三瀬地区は人口約1600人、500世帯、1000haほどの森林を有し、かつては杉の産地として栄えた地域であった。電気や石油の普及とともに森林のエネルギー利用は消え、林業も衰退していき、エネルギー支出は増えていった。私たちが調査した結果、三瀬地区全体のエネルギー支出が年間3億円、石油だけでも1億円に達していることがわかった。そして、石油の消費量に相当するエネルギーをいまでも三瀬の森林は生み出せる資源量があるという試算も出た。それを知った地区の人々は驚き、森の見方が一変する。木を伐りだす人、薪ストーブを使う人、自治会の人など、地域の人々がつながり、使われなかった山の資源をまちのエネルギーとして使うための連携が出来上がっていく。そして、「三瀬の薪研究会」が発足し、薪の製造販売を手がけることとなった。[*11] そして、自治会として森林とエネルギーの将来を描き、木質ボイラーの導入を検討している。自治会がこういう計画を検討するのは全国的にも例をみないだろう。

森林のエネルギー利用を通して現れた三瀬の動きは、行政とは無縁の、地域住民らの主体的な動きであり、オーストリアの動きと重なるものがある。3・11後の社会変化、深刻化する過疎化によって、日本の農山村にも自立の道を歩もうとするところが出てきている。

*11
詳しくは『季刊地域』24号（2016年冬号）の特集「熱エネあったか自給圏構想」に取材記事がある。

2　スウェーデン〝過疎地〟における地域再生運動

札幌学院大学教授　小内純子

（1）地域再生運動の三つの原動力

ここではスウェーデンの北部に位置するイェムトランド県を取り上げ、スウェーデンの〝過疎地〟の地域再生運動についてみていく。[*12] 八つのコミューンから構成されているイェムトランド県は、その北側で北極圏に接しており、スウェーデンでも有数の人口希薄地帯である。1960年代には人口減少が進み、1960年代半ばから始まるコミューンの統合（1964年1006→1980年279）と地方議員の削減により、地域住民の間に生活不安と危機感が広がっていく。だが、1980年代に入るとこの閉塞感を打ち破る動きが生まれてくる。この動きはやがて大きな潮流となり、数々の成果を生み出していき、その手法は1990年頃には「イェムトランドモデル」として広く知られるところとなる。この運動は以下の三つの活動を原動力として盛り上がってくる。

第一は、地方のボランティアグループの活動である。この活動の基盤には100年以上前から続くさまざまな社会的ネット

スウェーデン北部の農村風景

＊12
詳しくは、中道仁美・小内純子・大野晃『スウェーデン北部の住民組織と地域再生』東信堂、2012年参照。

＊13
集落自治会（ビアラーグ）については、前掲書＊12の第6章に詳しい。

＊14
スウェーデンでは1830年代以降、社会改良運動の一環として聖職者を中心に禁酒運動が展開された。これがスウェーデンの学習サークル活動の原型といわれる。

＊15
Ronnby Alf 1995 *Mobilizing Local Communities* : Avebury.

ワーク活動の蓄積があった。古い集落自治会（ビアラーグ）[*13]や禁酒団体[*14]の活動をはじめ、村クラブ（village club）が牧草地、漁業水域、森、共有地、村の水車、鍛冶屋などを共有することがみられた。また、さまざまなアソシエーションや協同組合が、道路、街灯、水道ポンプなどの維持・管理やスポーツ、コーラス、芝居などの活動に取り組んでいた。新たに生まれてきたボランティアグループの活動は、こうしたかつての活動の蓄積の上に展開したという意味で「new-old運動」と呼ばれた。[*15] この運動は、国内やEU諸国の動きとも連動し、1987年からスウェーデン政府はNGOと協力して「スウェーデン全体で生き残る」というキャンペーンを開始し、活動をサポートしていく。[*16]

第二の原動力は、「新しい協同組合」設立の動きである。もともとスウェーデンは協同組合の国として知られるが、ここでいう「新しい協同組合」とは、既存の大規模化した協同組合とは異なり、1980年代に地域

イェムトランド県と八つのコミューン

村のお祭りで演奏する地元の音楽隊

内のニーズに住民自身が応えるかたちで結成された小規模な協同組合である。イェムトランド県では、1983年にフンゲ村で親協同組合（共同保育所）が結成されたのを皮切りに、高齢者ケア組合や工芸、食品加工、村の売店、カフェ、ウール生産などの協同組合が結成され、1995年頃にその数は140以上を数えた。その半数は親協同組合であった。

第三に、女性たちの運動が大きな原動力となった。イェムトランド県の人口減少は特に女性において顕著だった。[*17] 女性が進学や就職で流出してしまうことは地域の将来にとって深刻な問題で、女性にとって暮らしやすい地域をつくることは行政の大きな課題であった。1991年には県行政の後押しを受けてクビンヌム・プロジェクト[*18]がスタートし、女性の地位向上を目指す活動が展開されていく。特に、地域で孤立している女性たちを結びつけるためのネットワークづくりと女性の自立を支援する活動が重視された。そのなかから、郷土料理や伝統的なレシピを用いた料理を提供する協同組合イェムトマート[*19]の活動が生まれ、1994年には県都エステルスンド市で開催された全国大会「"Women Can"フェア」は、4万人を超える参加者を集め大成功を収めた。

こうした運動の盛り上がりもあって、一時12・5万人まで減少した県の人口は1990年代前半には13・5万人にまで回復している。

＊16 Herlitz Ulla 1999 The Village Action Movement in Sweden – Local Development – Employment-Democracy, *School of Economics and Commercial Law,* : Gothenburg University.

＊17 男性は、継ぐべき財産や仕事があるうえに、狩りや釣りの楽しみがあるため、地元にとどまる傾向にあるといわれる（前掲＊15）。

＊18 スウェーデン語で"女性"の意味。

＊19 イェムトランドと食事（mat）の合成語。

(2)「イェムトランドモデル」に学ぶ

こうした活動を通して生み出されてきた「イェムトランドモデル」と呼ばれる地域再生運動の手法とはいかなるものであろうか。この運動のキーワードは、「ボトムアップ(グラスルーツ)」「ネットワーク」「パートナーシップ」「触媒作用」の四つである。なかでも特に重視されたのがボトムアップの活動である。活動の出発点は地域住民の側にある。危機感をもった住民たちが、集団的学習を積み重ね、目標を設定し、計画をたて、それをやりきるという見通しのもとで活動を展開していくことが重視された。その際、地域資源をどう活用するかが重要なポイントとされ、ムース狩り、釣り、スノースクーター、スキー、工芸品、織物、薄焼きパンなどが地域資源として注目された。

「ネットワーク」と「パートナーシップ」は人と人とのつながりのあり方を指している。「ネットワーク」とは同じような条件のもとにある者同士の結びつきである。同じような境遇にある人々の活動状況を知ることは、これから活動を起こそうとしている人たちを勇気づけ、刺激を与える最良の方法といわれた。特に、仕事もなく、孤立しがちに生活している女性たちを運動に巻き込んでいく際に大きな力を発揮した。これに対して「パートナーシップ」とは、他の諸団体との結びつきを指す。特に重要なのは公的セクターとの関係で、なかでも県行政やコミューンと緊密なパートナーシップを形成していくことは、住民諸団体が自分たちの意見を行政に反映させていくためにも必要なことであった。団体間の関係は水平であることが理想とされた。

そして、「触媒作用」とは、以上のような活動を促進する役割を担うものである。ボトムアップの活動が重要とはいえ、待っているだけでは活動の広がりは期待できない。学習会や講演会、あるいは研修旅行などを企画して運動の種を蒔いたり、刺激を与えたりする活動は

市街地の市場で地元野菜を直売している女性

必要である。またネットワークやパートナーシップを構築する際のサポートなども重要な役割である。触媒の役割を担うのがコミュニティワーカーであり、プロジェクトリーダーであり、研究者であった。特に、「新しい協同組合」設立に際しては、県都にある中央スウェーデン大学の教員が大きな役割を果たしたことはよく知られている。研究会を組織し、協同組合の設立を理論面で支えるとともに、実践にも深くかかわり活動をサポートしていった。その活動の延長線上に協同組合の設立をサポートする中間支援組織の地域協同組合開発センター（ＣＤＡ）の設立が実現していく。[*20]

（３）過疎地の〝希望の星〟――トロングスヴィーク社の存在

再び人口減少へ

１９８０年代に地域再生運動に積極的に取り組み人口増加を実現してきたイェムトランド県であるが、１９９０年代後半になると、産業構造の変化などを背景に、再び人口は減少に転じ、新たな活性化策が求められる段階に至った。

そうしたなかで、イェムトランド県の自治体のひとつクロコムコミューンのトロングスヴィーケン地区における活動が注目を集めている。株式会社トロングスヴィーク社を中心とする活動で、当地における〝希望の星〟ともいわれている。

前史　住民による新しいコミュニティセンターの設立

トロングスヴィーケン地区は三つの集落自治会からなり、世帯数は約３００、人口は７００人程度の地域である。19世紀の中頃に木材需要が増大し、交通の要衝に位置していたため企業や労働者が集まり繁栄した地域である。しかし、１９８０年前後には、人口も減少し、コミュニティセンターをはじめとする諸施設の老朽化が進み、企業、郵便局、銀行などの撤退や、ＩＣＡ[*21]や小学校の閉鎖の話が

＊20 Grut Katarina 1995 *The Cooperative Idea as a strategy for regional development*, Glesbygdverket.

＊21 ＩＣＡは地元スウェーデンのスーパーマーケットチェーン。

＊22 ２００７年12月の調査当時のレート（1クローナは約15円）で換算すれば約3・8億円である。

＊23 銀行は閉鎖する予定だったが、交渉の末、週に2日の業務を継続することになる。

進行するようになる。とりわけ、ＩＣＡと小学校の閉鎖は地域社会の存続に致命的といわれており、地域住民の間に危機感が広がっていく。

こうした現状を打開すべく動き出したのは、古いコミュニティセンターを運営していた協同組合と当地に集積する企業約60社で組織された企業家組合であった。彼らは新しいコミュニティセンター設立に地域の将来を託し、粘り強い活動を展開して国の合意を得ることに成功する。建設費総額は２５３０万クローナ[*22]で、国が36・０％、クロコムコミューンが24・５％、地域の企業や住民が７・１％、残りはコミュニティセンター組合の負担であった。重要なことは、このほかに現金に換算すると２００万クローナともいわれるほどの無償の労働提供が、地元企業や集落自治会、あるいは住民個人によって行われたことである。そのため、現在も新しいコミュニティセンターは、地域住民の誇りであり、自慢の施設となっている。

新しいコミュニティセンターがオープンするのは１９９２年で、オープンまで10年を要している。このコミュニティセンターには２０００㎡のスペースに14種類もの施設が入っている点が特徴的である。保育所、学童保育、郵便局、銀行[*23]、レストラン、老人施設、集会所（体育館）、図書館、青少年余暇センター、デイケアセンター、教会の礼拝堂、音楽室、ＩＴ施設など、実に多様である。隣の別の建物には小学校があり、音楽室、体育館、食堂はコミュニティセンター内の施設を利用している。少し坂を下ったところにはＩＣＡもあり、地域住民はここに来ればほとんどの用事をすますことができ、話し相手を得ることもできる。我が国で現在推進されている「小さな拠点づくり」を先取りするような試みである。

このような施設は当時スウェーデンでもめずらしく、「過疎地に適した本物の生

右：トロングスヴィーケンのスーパー ICA。左上のモンスターはEUプロジェクトで制作したものである。観光資源としてスコットランドのネッシーにあやかってつくったもので、夏はストール湖に浮かべられる
左：コミュニティセンター内にある郵便局と銀行の窓口

スウェーデン

は、生活スタイルを手に入れた」と評価され、多くの見学者が訪れた。この活動によって、地域住民は、生活の利便性とともに、交流の「場」を確保し、自信と誇りを取り戻していくことができた。地域住民

EUプロジェクトの導入とトロングスヴィーク社の活動

以上の活動をステップにトロングスヴィーケン地区は次の段階に進む。EUプロジェクト[*24]に採択されたことで、1998年からその事業の運営に乗り出していく。それにともない運営主体がコミュニティセンター組合から株式会社に移行する。事業の拡大にともないより強固な組織が必要とされ、株式会社トロングスヴィーク社が設立され[*25]、外部からプロジェクトリーダーが雇用されることになる。我が国で最近増えている「まちづくり会社」を思い浮かべればよい。EUプロジェクトの期間は2005年までの7年間で、その間に約1477万クローナ（約2・2億円）の補助金を得て活動が展開される。

このトロングスヴィーク社中心の活動が当地の〝希望の星〟といわれるのは、主に以下の二つの点によると考えられる。第一は、EUプロジェクトの期間中に、持続可能な事業スタイルをつくり上げた点である。一般に、補助金が得られる期間が終わると活動が停滞したり、ストップしてしまうことが多い。EUプロジェクト終了後に事業をどう継続するかは大きな課題である。トロングスヴィーク社の場合は、継続的な収入を建物の賃料で確保する仕組みをつくり上げた。コミュニティセンターは床面積の8割を貸し出しており、その最大の借り手はコミューンで、確実な収入が期待できる。また、このほかにインダストリーハウス（企業が数社入居する建物）を2棟建設し、そこに入居した企業から賃料を得ており、この三つの建物の賃料によって収入を安定的に確保することに成功している。

第二の点は、地域の雇用の維持・創設に最大限努力し、成果をあげてきた点である。2006年に出された「最終報告書」によれば、EUプロジェクト期間中に、①新たな企業の誕生や転入によって新たに34・5人分（男20・5人、女14人）の雇用が創出され、②撤退が予定されていた職場を存

＊24 EU構造基金による農業地域振興プロジェクトで、1998〜1999年は人口希薄地域の開発のための「目的6」で採択されている。制度改革により、2000〜2005年は開発の遅れた地域への開発支援のための「目的1」での採択となる。

＊25 資本金は当初150万クローナで、2003年の増資により271・6万クローナとなる。株主は、企業、組合、個人で全89名からなり、筆頭株主は69万クローナを所有するコミュニティセンター組合である。

続させることで24・5人分（男16人、女8・5人）の雇用が保持され、③新たな起業によって23の事業所（男性経営者15事業所、女性経営者8事業所）が設立されている。700人という人口規模であることを考えればこれがいかに大きな数なのか理解できる。なかでも②の試みが興味深い。具体的には、事業からの撤退を検討していた製パン工場の経営を従業員の1人が引き継ぐことで雇用を守り、ICAの撤退も新たな後継者が引き継ぐことで阻止し、3人の雇用の継続に成功している。その際、トロングスヴィーク社は、新たな経営者を見つけることに尽力し、必要に応じて財政的な援助も行う。新たな雇用を生み出すことと並んで、いまある雇用を守ることにも最大限力を注いでいるのである。我が国ではあまりみられない取り組みである。

こうした取り組みは、EUプロジェクト終了後の事業にも引き継がれている。終了時に発行した広報紙には、「トロングスヴィーク社は地域社会の発展に尽力している企業です」「トロングスヴィーク社は中小企業のインキュベーターとして機能しています」と、自らのミッションが掲げられている。実際、起業の試みを支援すると同時に、経験が乏しい経営者に対して、地元の優良企業の経営者をメンター（助言者）として張りつけ、経営全般の相談にあたってもらっている。われわれの調査期間中にも、木製のドアを製造する企業が倒産する事態が生じたが、それに対してトロングスヴィーク社が新たに若い経営者を見つけ、その経営者の相談役として、携帯用調理器具の製造・販売で世界的に知られるトランギアの社長を張りつけるという体制が組まれていた。

このように地元企業の経営を守り、雇用を維持・創出する試みを続けることによって、トロングスヴィーケン地区は活況を呈しており、転入を希望する人や企業が後を絶たない状況にある。比較的交通の便がよく、早くから企業が集積されていたという地域的条件があったとはいえ、これが人口700人という地区で行われていることを考えると、われわれがこの事例から学ぶべき点は少なくないと思われる。

3 北米

ローカルフード運動《ムーブメント》の深まりによるコミュニティ再生
——消費者からフードシチズンへ

宇都宮大学准教授　西山未真

北米（米国とカナダ）では、経済のグローバル化にともなう負の影響が地域の多様な問題に広がったことで、１９９０年前後にコミュニティ再生への動きとしてローカルフード運動が登場した。ローカルフード運動とは、地域で生産された食を地域で消費する仕組み（ローカルフードシステム）をつくることで、食生活の質の向上や地域環境への負荷の軽減、貧困問題への対応、コミュニティ機能の強化、民主的な社会運営などを目指す取り組みである。具体的な取り組みは、ファーマーズマーケットや市民農園、学校給食での地域農産物の利用の促進などであるが、その背後には、自分たちのコミュニティを自分たちでコントロールし、問題を解決していこうという意識がある。

登場してから4半世紀がたち、この間ローカルフード運動はどのように展開したか、そしてどのような方向に進んでいるのかをあらためて考えてみたい。

（1）ローカルフード運動を取り巻く状況の変化

まず、ローカルフード運動が登場してから現在までのローカルフード運動を取り巻く状況の変化を概観しておきたい。グローバリズムがもたらした諸問題を解決する手段としてローカルフード運動が登場したが、望ましい食のあり方を追求することは、民主的な社会運営、社会正義の実現を意味するものでもあった。したがって、運動にかかわっている人たちの間では、〝ローカル〟とはナショナル

（国）やグローバル（国際）と違って、〝民主的な場所〟つまり自分自身のかかわりによって問題解決が可能な場所という共通認識があった。そうした価値観を背景に進展してきたローカルフード運動では、安全・安心な食、地域環境に優しい食、地域農業を支える食として〝オーガニック〟や〝ローカル〟という価値観が支持されてきた。グローバル化の影響の深刻化とローカルフード運動の進展により、〝オーガニック〟や〝ローカル〟の価値観は広まったが、同時に、そのことはビジネスの側からは商品の新たな付加価値として魅力が増すものとなった。

その結果、2000年代にはトレーサビリティ[*26]やラベル認証などの制度が整備されたこともあって、有機農産物やローカルフード市場に多国籍企業が参入するようになった。たとえば、有機農産物に関して、それ以前は「有機農産物」対「慣行栽培の農産物」として差別化されていたのに対し、「地域生産の有機農産物」対「ビッグオーガニック（多国籍企業が供給する有機農産物）」へと競争が変質した。ローカルフードに対しても同様で、地域農産物が多国籍企業や巨大化したローカルフードハブ[*27]を通して供給されるようにもなってきている。元来、〝ローカル〟とはグローバルの対語として使われてきたので、地理的な領域として明確な定義があるわけではなく、新鮮そう、自然に近そう、安心できそう、社会によさそうという、実態はともかくよいイメージのある便利な言葉として使われてしまっている面があるのは残念なことである。いずれにしても、オーガニックやローカルフードの市場環境が、多国籍企業も含めたものに変化しているのである。

（2）ローカルフード運動の発展

前項で述べたように、ローカルフードを取り巻く環境は大きく変化しているが、それはローカルフード運動が展開し、そこで提示してきた価値観が広く受け入れられてきたことが背景になっている。このようなローカルフード運動の展開がどのようにもたらされてきたのか、そしてこれからの進

＊26
trace（追跡）とability（可能性）を合わせた言葉で、食品のトレーサビリティとは食品製造の各段階で記録を残すことにより、それがどのように移動したかを把握できるようにすること。

＊27
ローカルフードハブは、消費者に直接アクセスできない小規模な生産者を消費者につなげる中間業者の役割として登場したが、流通網を拡大し大型化しているものもある。

むべき方向性について整理したい。ここで、ローカルフード運動の展開に大きな影響を与えた２本の論文を紹介する。

１本目の論文は、１９９６年に発表された“Coming into the foodshed”（フードシェッドになる）である。ここでは、分水嶺を境に降水が集まる範囲である集水域を意味するWatershedの単語から生み出されたFoodshed（フードシェッド）という造語が使われている。それはある場所に食がどこからどのように届いたかという、食が供給される範囲を示すものであり、理念や活動をとらえる際の概念的、方法論的な範囲として規定されたものである。米国ウィスコンシン州マディソン市では、この論文で提示されている考え方を取り入れた複数のローカルフード運動が始まった。[*28]

この論文の大事なポイントは、私たちが食の消費や生産をとらえる際に、土地との結びつきとして考えることの重要性を指摘した点である。フードシェッドにおける食はどこか遠くでつくられ、運ばれてきたものでなく、土地と結びついた食であり、食のあり方とは生産者、消費者、自営業者らの土地とのつながり方でもある。つまり食のあり方は、食の生産から消費にまでかかわるすべての人々の地域（土地）での関係のもち方で決まってくるといえるのである。それゆえにその土地への責任感とコミュニティの重要性が認識されるようになる。つまり、コミュニティの形成と土地への責任感の醸成によって、持続可能な地域の食が実現するのである。さらに、このことは人間的に生きるための本質的な行為であるとも説いている。したがって、ローカルフード運動は、単に食の生産と消費を結びつけるだけでなく、私たち一人ひとりが食べることを通して、コミュニティや土地と関係をもちながらどう生きるかという、人間として本質的な問題にアプローチするものである。

２本目は、１９９８年に発表された“Food citizenship and community food security -lessons from Toronto, Canada”（フードシチズンシップとコミュニティの食料安全保障―カナダ・トロントの教訓）である。論文では、カナダのトロントフードポリシー・カウンシル（以下ＴＦＰＣ）[*29]での議

＊28　西山未真「アメリカの食育と生産者・消費者連携―ウィスコンシン州を事例として」『農業及び園芸』第82巻第1号、２００７年

＊29　北米で広く取り組まれているフードポリシー・カウンシルと（ＦＰＣ）と、トロントフードポリシー・カウンシル（ＴＦＰＣ）の詳細については以下を参照のこと。立川雅司・秋津元輝・大賀百恵「北米におけるフードポリシー・カウンシルの展開とその含意」『フードシステム研究』（印刷中）。

北米　五大湖周辺の都市

論から「フードシチズンシップ（食料市民権）」という新しい概念が展開されている。シチズン（市民）としてある場所で生活を営み、生活のなかで食料を選択するとき、フードシチズンシップ（食料市民権）とは、社会正義や環境、経済の面から適切である食や信頼できる生産情報を得る権利であり、同時に権利にともなって責任も生じるのである。[*30] こうした食料選択に関する権利を行使し責任を果たすことのできる個人がフードシチズン（食料市民または食市民）である。つまり、食を消費財としての商品の範疇を超えた、人生を形づくるものとしてとらえ、消費者ではなくフードシチズンによる食の選択に基づいて、地域社会を運営していくことが展望されている。ＴＦＰＣは１９９１年に設立され、一般市民と多分野の専門家らをメンバーとして、分野横断的に議論できる仕組みになっている。

注目すべきは、コミュニティにおけるさまざまな分野の問題を、コミュニティの食料安全保障に集約させ、複合的に解決する枠組みを開発

*30 Jennifer L. Wilkins, "Eating right here: Moving from consumer to food citizen", Agriculture, Food, and Human Values Society, 2004.

した点である。たとえば、グローバルフードシステムが介在した社会では農業者は地域市場にアクセスできず、都市の低所得者層はローカルフードにアクセスできなくなっている。また、消費者には食に関する情報の提供が十分ではなく、加えて外食・中食化が進行し食に関する知識や調理技術が減退しているため、大企業が扱いやすい従順な消費者が増えている。こうした多面的に表出した複数の問題を、コミュニティレベルのフードシステムを構築することによって、複数同時に対応することをねらっている。

あらゆる人の日常に深く関係する食は、日常のさまざまな問題とも結びついており、食の問題を通して複数の問題解決に結びつくことが前提にある。TFPCの具体的な活動内容は、都市の農地保全、市有地における100以上のコミュニティガーデンの運営とそこでの市民による野菜の自給促進、住宅の裏庭菜園や屋上菜園の促進、学校における食育（子供たちが野菜を生産、調理、販売）、CSA[*31]の促進、都市農業への新規参入者支援などである。

自分たちの食が供給される場所をフードシェッドとして認識し、そこにフードシステムを構築することによって、自分たち（フードシチズン）がコントロールできる持続的なコミュニティを形成するという2本の論文での方向づけは、ローカルフード運動を体系づけ、その可能性を概念的に広げたといえる。

（3）トロント市におけるコミュニティの食料安全保障の取り組み

カナダのトロント市では、TFPCがNPOなどと連携して、コミュニティの食料安全保障を確保するため、フードシステムを構築する取り組みが実践されている。以下では、二つのコミュニティの取り組みを紹介したい。

*31 Community Supported Agriculture（地域支援型農業）。生産者と消費者が連携し、代金前払いによる農産物契約によって相互に支え合う仕組み。日本の有機農業運動のなかで生まれた「提携」が起源とされている。

❶スカディングコート・コミュニティセンターの事業

スカディングコート・コミュニティセンター（Scadding court community centre、以下、SCCC）周辺は、1970年前後に急速に宅地化が進み移住者が増加した。しかし、新旧住民をつなぐ施設がなかったことから、住民の要望に基づいて1978年に立ち上げられた施設である。SCCCでは、世代、人種、階層の区別なく、教育、レクリエーション、交流の機会などさまざまなサービス・支援を提供している。この地区は居住人口4355人のうち60％が移民である。トロント市全体の移民の割合が46％であることと比べるとその割合の高さがうかがえる。そのため重視しているのは、住民への平等な機会の提供と反人種差別、ならびに多民族をつなぐツールとして食を活用し、コミュニティの食料安全保障を確保することである。SCCCで行われているプロジェクトを紹介する（SCCCについて詳細は、http://www.scaddingcourt.org）。

BoB

低所得者がビジネスを始めようとしても資本と場所を確保するのは難しいのが実情である。BoB（Business out of the box）とは、低所得層を含めた起業を志す人に未利用スペースを貸し出し、コミュニティ内に活気に満ちた収益性の高い市場を形成する取り組みである。輸送用コンテナも貸出スペースとなっており、移

貸出スペースとなる輸送用コンテナ

マーケット707。コンテナが屋台に

北米

動可能であることから柔軟なビジネス展開が可能である。コンテナは明るい青色に塗装されて目立つことから、市民に広く認知されている。ＢｏＢのシステムを活用して運営されているマーケット７０７は輸送用コンテナ３台を使った地元起業家が運営する多国籍料理の屋台であり、起業家のアイデアやセンスが詰まったユニークな商品やサービスが人気である。

アクアポニックス707

アクアポニックス（Aquaponics）７０７は植物と魚を一緒に育てる閉鎖型生態系システムで、土壌よりも水使用量が少なく、殺虫剤などの化学薬品を使用しない生産が可能である。このシステムは、ＳＣＣの展示物として環境教育に活用され、生産された魚や野菜は、特別な方法で生産された、ある種のブランドとして地元レストランに販売されている。

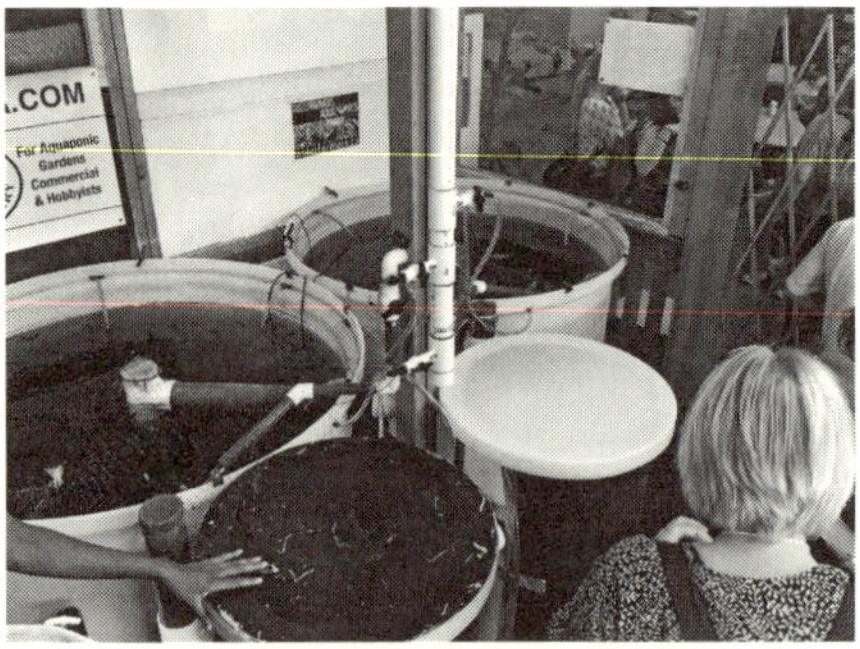

アクアポニックス707の養魚装置

水槽とつながった野菜の水耕栽培

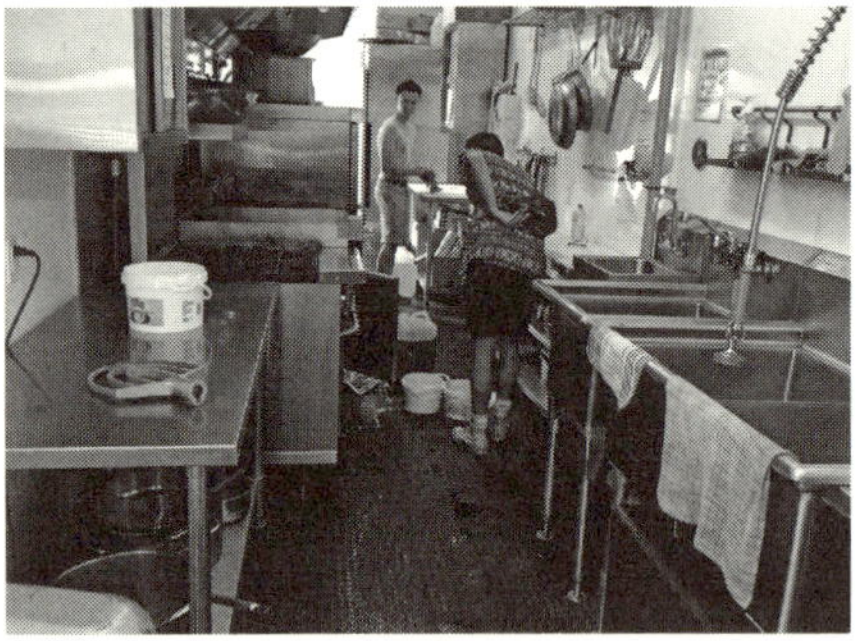
商業用可動型キッチンの内部

コマーシャルキッチン

ＢｏＢと同様に低所得者の起業支援の一環で、調理機器がそろった商業用可動型キッチン（コマーシャルキッチン：Commercial kitchen）を貸し出している。食品加工業者、ケータリング業者などが利用している。安価な料金設定とレンタル期間も選択可能で、ビジネスを始めたばかりの地元の起業家が利用しやすいよう配慮されている。

都市農業プログラム

ＳＣＣでは、都市農業プログラムに関して、市民農園の運営、ビニールハウスの提供、生ごみの堆肥化を行っている。市民農園では、オーガニックによる栽培が奨励され、栽培された生鮮野菜は地域のフードバンクへの寄付が推奨されている。市民が生産にかかわることによってコミュニティの食料安全保障への認識を高め、その重要性を理解するための取り組みとして機能していると考えられる。

その他、ファーマーズマーケットなどを開催し、ＢｏＢやコマーシャルキッチンの利用者に販売機会を提供している。住民はプログラムに参加することによって新しい知識や技術を身につけ、さらに別のプログラムへも参加できるようになっている。そうした住民の活動の触媒になる役割をＳＣＣは担っているのである。

❷パークデール地区の市民農園とフードコープ

パークデール・コミュニティガーデン

パークデール地区の市民農園であるホープガーデン（Hope garden）は２００６年にオープンし、50区画を約１００人の住民が利用している。パークデール地区は全2万５０００世帯の50％が移

パークデール地区の市民農園であるホープガーデン

民で、45％が英語以外の言語を話すトロント市内でも多様性の高い地区のひとつである。そして90％が賃貸アパートに居住し、45％が低所得層である。低所得層は市民農園で母国の野菜を育てている。慈善団体のグリーンシティ（GreenCity）は、食や都市農業は人と自然を結びつけて新しい技術を身につける重要なツールであるという考え方のもとに、この市民農園を運営している。

ウェストエンド・フードコープ

ウェストエンド・フードコープ（West End Food Coop）は地区の食文化に関心をもつ消費者、会社員、生産者、事業者などによる協同組合である。[*32] 地元農産物やそれらを使った加工品、有機農産物とその加工品、フェアトレード商品などを店舗販売している。また、店内のキッチンを開放することによって、調理技術を習得する機会を提供している。そこで調理されたスナック（軽食）などはコープが運営しているファーマーズマーケットで販売されている。また、缶詰、ジャム、ピクルス、発酵食品など貯蔵可能な食材の調理指導を行っている。これら加工技術を個人が習得することで、現代人が加工食品を購入することで失ってきた技術を取り戻すことができ、食のバランスを整えたり、地元農産物の利用機会をさらに増やすことにもつながると考えられている。

＊32
ここに紹介したパークデール地区では、コミュニティの安全保障に関連した活動を行っている団体は少なくとも22あり（報告書：Beyond Bread and Butter Toward food security in changing Parkdale）、それぞれが密接につながっている。たとえば、ホープガーデンを運営している団体グリーンシティ代表アヤル・ダイナー（Ayal Dinner）はウェストエンド・フードコープの創立メンバーである。また彼はTFPCの政策を実践する代表的なNPOであるフードシェア（Foodshare）で働いていた経験もある。ウェストエンド・フードコープについては、https://westendfood.coop/ を参照。

（4）まとめ――ローカルフード運動の目指すもの

ローカルフード運動は食を通してコミュニティを自分たちでコントロールし、よりよい地域や社会運営を実現しようとする取り組みであることを述べた。一方で、オーガニックやローカルという、ローカルフード運動で大切にされてきた価値観は、社会に広く受け入れられるようになったが、多国籍企業にも利用されるようになった。その結果、食を単に消費財としてとらえた場合は、多国籍企業と同じ条件で競争せざるをえなくなった。そのような状況にあって、ローカルフード運動においては、食は単なる消費財でなく、望ましい食へのアクセスを可能とするコミュニティをつくるツールとなる。そうしたコミュニティを形成することによってコミュニティの構成員がそれぞれの人生を形づくることになる。それは、権利（フードシチズンシップ）の実現であり、消費者が食料市民（フードシチズン）になる過程としてとらえられる。

以上のことは概念として提示されているばかりでなく、TFPCでは実践に結びついていた。トロントという大都市で、空地、ビルの屋上、住宅地の片隅などの小さな土地を活用して食料生産が行われていた。さらに、生産物を販売する機会や加工設備を提供することによって、市民は地域の生産物を使った料理に親しみ、調理技術を向上させていた。こうした生産から加工、販売、消費、廃棄に至る小さな取り組みを重層的に行うことによって、多様な人々が結ばれていた。民主的という言葉のもつリアリティがゆらいでいるいまだからこそ、土地と結びついた取り組みの延長上に、これからのローカルフード運動を展望することができるのだろう。

ウェストエンド・フードコープの店内

4 ロシア
菜園つきセカンドハウス＝「ダーチャ」のある暮らし

ライター・翻訳家　豊田菜穂子

(1) 社会主義政権が都市住民に無償で与えた菜園用地

夏のロシアでは、週末ごとに大移動が繰り返される。金曜の夜から土曜の朝にかけて、街から郊外に向かう幹線道路は渋滞し、列車やフェリーは満員になる。日曜の夜、再び渋滞やラッシュに巻き込まれながら、人々は街に戻ってくる。ロシア人がそれほどまでにして通いつめる特別な場所、それが菜園つきセカンドハウス、「ダーチャ」である。

北国ロシアの人々は、短い夏を慈しむようにして過ごす。西欧型の都市サンクトペテルブルクが誕生した帝政ロシア時代、貴族はこぞって郊外に別荘を建て、夏のひとときを優雅に過ごしていた。これがしだいに庶民にも普及していき、ソ連時代になると形を変えて一気に広まる。

社会主義政権のもと、すべての土地は国有となり、政府は国民にアパートを分配し、希望者には郊外の土地を与えた。この「与える（ダーチ）」という動詞が、ダーチャの語源であり、古くは皇帝が家臣に「与えたもの」を意味していた。

ただ同然で土地がもらえたとはうらやましいかぎりだが、そこには政府の

典型的なダーチャの家と菜園。野菜だけでなく花やハーブ、果樹も植えられている

ロシア

思惑があった。第二次世界大戦後の食糧難や北国の慢性的な野菜不足を解消するため、自分が食べる野菜はダーチャでつくるよう奨励したのだ。さらには広島・長崎に落とされた原爆の教訓から、都市から100km以上離れた地に、自給自足できる避難場所を確保するねらいもあったという。

ダーチャはたちまち全土に普及し、1980年代後半、ペレストロイカの時代には、都市住民がダーチャでせっせと野菜づくりをするようになっていた。そして21世紀を迎え、プーチン政権のもとで土地の私有化が認められるようになると、[*33] ダーチャの土地は晴れて自分のものになったのだ。

(2) 国の危機を救うほどの生産量を誇る家庭菜園

現在ロシアでは、全国民の約6割がダーチャをもつといわれる。「都会で働き、ダーチャで田舎暮らしをする」という2地域住み分けのライフスタイルは、ロシアではごく普通のことである。これは社会主義が残した数少ない恩恵のひとつであり、日本で同じことは到底できないが、ロシア人

＊33 以前からダーチャをもっていた人は、役所に書類申請し、わずかな申請代を支払えば、土地の所有権が与えられた。私有地となったダーチャは、転売や相続も可能。

のダーチャでの過ごし方や考え方にはハッとさせられることが多い。

ダーチャの平均的な面積は1区画600㎡（約180坪）。この数字は、ひと家族が食料を自給するのに必要な広さと考えられている。そして実際に、ここで一家をまかなえるだけの野菜をつくってしまう。ロシア国家統計局の調査によると、国内のジャガイモ生産量の77・6％、その他の野菜生産量の67％が、ダーチャでつくられているという。この数字は2015年のもので、10年以上前は、ジャガイモは9割、野菜は8割以上がダーチャ産によって占められていた。*34 ソ連崩壊後の混乱期、商店に食料がなくなるという深刻な経済危機を乗り越えられたのも、市民がダーチャで野菜をつくっていたからなのだ。

現在では、「生きる」ために野菜をつくる必要はないし、安い輸入野菜が手軽に買える。にもかか

家族や仲間とともに土を耕し、何年もかけて家を少しずつ建てていく

キュウリの酢漬け、トマトの塩漬け、果物のコンポートなど、保存食づくりもダーチャの楽しみのひとつ

*34 ロシアでは専業農家や大規模農場が生産するのは、主に穀物、テンサイ（砂糖用）、ヒマワリ種子（食用油用）の三大基幹作物。野菜は自給的生産に頼っている。

わらず、ロシア人はダーチャで野菜をつくり続けている。それは、無農薬でつくる安全な野菜を家族に食べさせたいから。そして、野菜をつくることそのものが、夏のレジャーになっているからだ。

野菜を育てるだけでなく、近くに森があればキノコ狩りやベリー摘み、川があれば釣りをする。鶏を飼って卵を産ませる人もいれば、ミツバチを飼って蜂蜜をとる人もいる。食用豚や乳牛を飼う人や、猟銃で獲物を仕留めて自分でさばいてしまう人もいる。

こうして自分で得た食料を調理して、家族や友人たちと屋外のテーブルを囲む。食べきれない野菜は片っぱしからビン詰めにし、アパートに持ち帰って秋冬に備える。ロシアの家庭料理は、ダーチャの恵みから生まれるのだ。

(3) 荒れ地を耕し、自力で家も建てるダーチャ生活

ロシア人がダーチャでつくるのは、野菜だけではない。家も自分で建ててしまう。簡素で荒削りではあるが、1階に主寝室とダイニングキッチン、2階に子供部屋かゲストルームを備えた家が一般的。さらにバーニャと呼ばれるサウナ小屋も、苗を育てるための温室も、子供たちを遊ばせる砂場や遊具も、みんな手づくりが基本だ。

そもそもソ連時代に政府から与えられた土地は、耕作には適さない荒れ地がほとんどだった。それを何年もかけて肥沃な土地に変え、自分流の家をしつらえてきたのだ。新生ロシア時代になってからダーチャ用地を取得した人も、同様の労苦をものともしない。誰もが家を一からつくるという大仕事に当たり前のように挑戦する。

「夫は最初やせていて、何もできない人だったのよ」と語っていたのはモスクワのレーナさん。その夫が、家づくりを経験するうちに、みるみる手に技をつけていき、いまでは大工仕事はお手のもの。レンガを組んで昔ながらのペチカ[*35]までつくってしまったという。

*35 レンガなどを組み上げたロシア特有の暖炉。暖房だけでなく、中でパンを焼いたり、上に鍋をのせて温めたりとオーブンやかまどのような調理機能ももつ。

ロシア

おもしろいのは、どのお宅も一気に建てるのではなく、何年もかけて建てること。ひと部屋完成したら、都会のアパートから古い家具や食器を運び込んで、当座の拠点にする。そして寝泊まりしながらコツコツと建てていく。たとえばハバロフスクのヴィクトルさん夫妻の場合、まずつくったのはキッチン。そこにベンチをこしらえ、まだ赤ん坊だった娘を寝かしつけ、少しずつ家を建て増し、沼地同然だった土地を耕してきたという。

ダーチャ暮らしを取材して最も驚かされたのが、この開拓民のようなたくましさだ。普段は都会で暮らす人が、ダーチャでは農民にもなり大工にもなる。都会の価値観をもち込まず、創意工夫しながら不便を楽しんでしまう。

不便の最たるものが、水回りである。一般的なダーチャには水道がないので、自分で井戸を掘り、毎朝水をくみ、タンクに移して少しずつ使う。トイレはいわゆる「ぽっとんトイレ」かバケツに便座をセットしただけの「バケツトイレ」。昨今はコンポストトイレを使う人もいるが、いずれにしても自分たちの排泄物は畑の堆肥にする。これを誰も面倒だとは思わない。

こうしたアナログな暮らし方は、非常時に強い。ダーチャは生きる力を養う場であり、いざというときのシェルターでもあるのだ。

（4）家族や仲間たちとともにつくりあげていくダーチャ

ロシア人にとってダーチャは、家族で築き上げ、次世代につなげていく第二の実家のような存在だ。そして家族の成長に応じて、ダーチャのあり方も変わっていく。

働き盛りの若い夫婦にとって、ダーチャはストレス解消の場であり、絶好の子育て環境でもある。子供たちは土や自然と触れ合い、学校では教わらないことを学んでいく。薪を割ってサウナの火をおこす父親や、畑仕事をする母親の姿を見て、田園での暮らし方を自然に身につけてもいく。

子供の手が離れると、ダーチャは釣りや読書、ガーデニングなどなど、夫婦がそれぞれの趣味を楽しむ場になる。そしてダーチャの使用頻度が最も高いのがシニア世代だ。冬も越せる設備が整っているダーチャなら、通年過ごす人も少なくない。「ダーチャは薬」ともいわれるように、田舎暮らしは何より健康にいいし、畑仕事や家の修理、時折通ってくる子供や孫の世話など何かしら仕事がある。それに、ご近所には気ごころの知れた仲間たちがいるので、高齢者がひとりでいても孤立しない。

実はロシアのダーチャは単体ではなく、コミュニティなのだ。百軒、二百軒というダーチャが集まって、ひとつの「ダーチャ村」を形成している。[*36] ダーチャ村ごとに組合があり、共同でインフラを整備し、収穫祭や菜園コンテストを開いて親睦を深め合う。さらに地方ごとに「ダーチャ協会」[*37] ともいうべき組織があり、野菜の種や農具の販売、野菜づくりや家づくりのアドバイス、収穫物の品評会や料理の試食会、地方政府から援助を得るための取り組みなど、さまざまな活動を行っている。ソ連崩壊後、政府はダーチャの保護政策から手を引いてしまったが、こうした組織が利用者の声を束ね、ダーチャ暮らしの向上を図ってきた点は見逃せないだろう。

嬉々としてダーチャに通うロシア人を見ていると、まるで都会は仮の住まいであって、ダーチャこそが帰るべき故郷であるかのよう。大地に寄り添って生きてきたロシア人にとって、田園回帰はほとんど本能的なものであり、いまやマジョリティの選択なのだ。

料理をもち寄って収穫祭を開き、親睦を深めるダーチャ村の人々

＊36 ソ連時代は職場ごとに用地を取得して、ダーチャ村が設けられた。

＊37 正式名称は「園芸家協会」。近年では政治的な影響力ももち、選挙の際は協会の支持を得た候補者が有利とされるほど。

ロシア

5 キューバ 都市農業は生き残れるか

キューバ農業研究家　吉田太郎

異端の経済学者、E・F・シューマッハーは、いまから40年以上も前に、エネルギーの切り口から、「田園回帰」の本質を見事に語ってみせた。曰《いわ》く、どれだけ飽食をしたとしても人間の胃袋には限界がある。にもかかわらず、大量のエネルギーが必要となるのはなぜか。農業者が減って都会人となり、都市を養うために食料を遠距離輸送しているためである。たとえ農業者数が減ったとしても、化石燃料があれば農作業を機械化して都市を養える。しかし、石油はいずれ枯渇する。原子力エネルギーも放射性廃棄物を安全に処理する方法がない以上、自殺行為である。となれば、エネルギー問題の解決策には、再び多くの人が農業に従事して農業機械化と輸送エネルギーを削減する。すなわち、再び農村社会に戻るしかない。しかし、エネルギーを大量浪費するいまのライフスタイルよりもそのほうがずっと豊かで幸せな人生を送れるのだ。*38

筆者を含めて、有機農業や環境問題に関心をもつ人たちからキューバが熱い視線で着目されてきたのは、このシューマッハーの予想をまさに国レベルで体験してしまったからにほかならない。

(1) 国をあげて田園回帰運動を推進

1989年。旧ソ連の衛星国として、砂糖や柑橘類を輸出して主食を輸入する国際分業路線を地でいく国づくりを進めてきたキューバの食料自給率は40%しかなかった。しかも、人口の75%が都市に集中した都市化社会だった。ソ連が崩壊し、米国が経済封鎖を強化し、輸入石油を失うと、未曾有

*38 E・F・シューマッハー、酒井懋訳『スモール・イズ・ビューティフル再論』講談社学術文庫、2000年の要旨を筆者要約。

キューバ

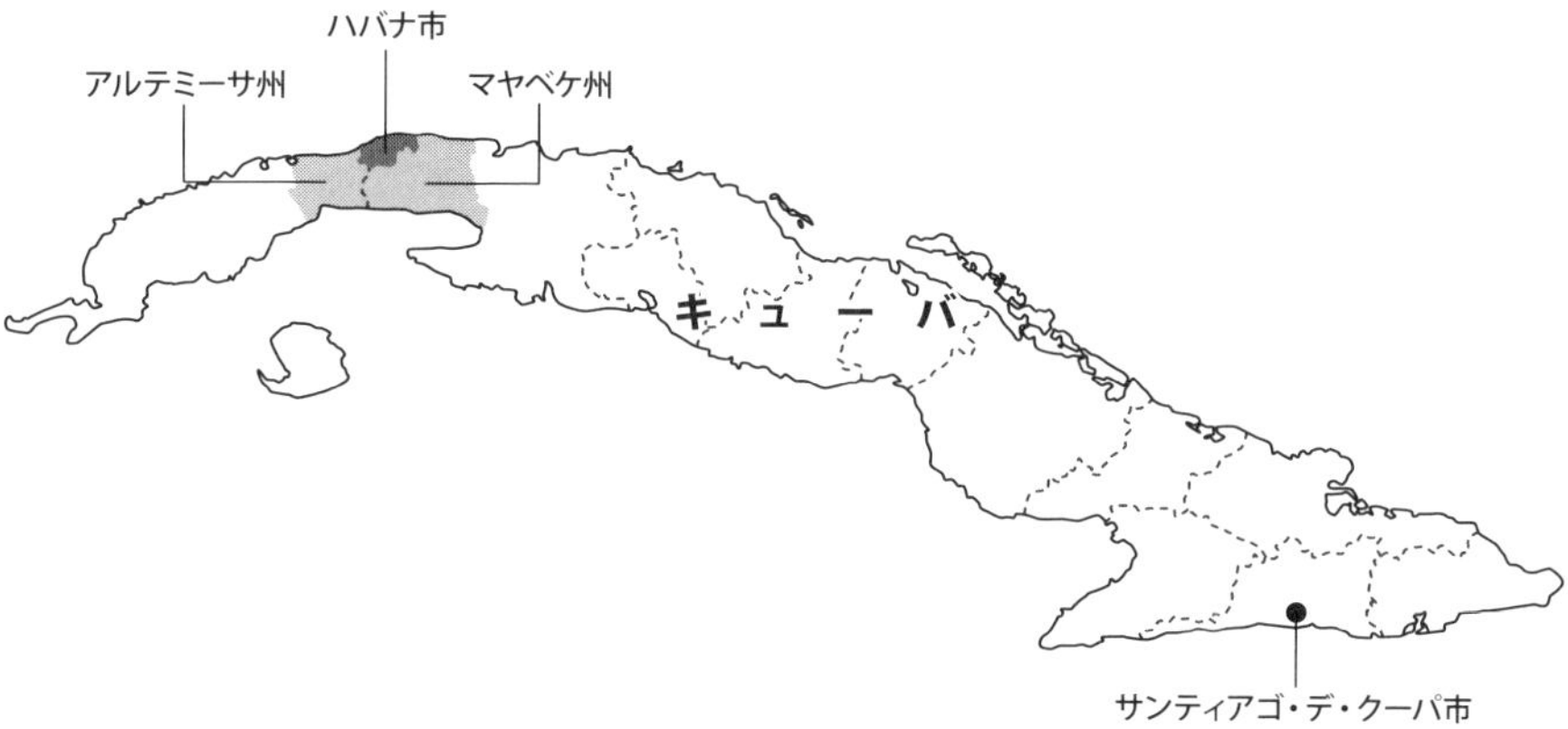

の食料危機に苦しめられる。そこで、国をあげて農政の一大転換を試みた。当時、米国のNGOフード・ファーストにいたピーター・ロゼットは、この動きを「世界がこれまで目にした慣行農業から有機もしくは准有機農業への最大の転換」と1994年に紹介する。

カリフォルニア大学バークレー校のミゲル・アルティエリ教授は、化学肥料や農薬をほとんど使わず農業生産性を高め、以前の自給率40％をいまでは84％にまで高めたと評価する。とはいえ、キューバはまだ完全に自給はできていない。2007〜08年は、農産物への投機によって世界的に食料価格が高騰して食料危機が起きたが、キューバは2008年に相次ぐハリケーン被害で農業生産が落ち込んだため、食料輸入に25億ドルを費やさなければならなかった。

このため、同年、ラウル・カストロ国家評議会議長は、国内生産をさらに高め、輸入を削減するため、遊休国有農地を意欲ある農業者に利用権で活用させる農地改革法を制定。2009年には、11万件の申請があり、うち、8万件が承認され、69万haもの農地が流動化した。

キューバ政府からすれば、意欲ある農業者が規模拡大し、都市から新規就農者が農村に移住し、自給率が高まることは、海外への食料依存を減らし、国家主権を高めることにほかならない。したがって、キューバにおいては、生産振興は「食料安全保障」とともに「国家安全保障」としても宣言されている。

（2）国をあげて都市農業を支援

ソ連崩壊後のキューバの転換のなかでも、とりわけ、国際社会から着目されたのが、完全有機で実施されているとされる都市農業である。それ以前には、都市農業はおろか家庭菜園すら遅れたものと認識され、まれだったものが、食料危機のなかで、市民はやむなく鍬を手に取り、空き地や裏庭をゲリラ的に耕し始める。１９８９年末には政府もハバナ市内や郊外の１ha以上の国有地を無償で提供するが、まず提供を受けたのが、学校や工場ほかの食堂用の食材を確保するための自給農場「アウトコンスモス」であった。

とはいえ、都市では農地の確保が難しい。やせていたり土壌が汚染されているリスクもある。キューバも例外ではなく、以前の駐車場やごみ捨て場などの遊休地を「農地転用」することで農地を人工的に創出するしかない。それを可能としたのが、コンクリートの瓦礫で囲んだ枠内に土壌を客土し、堆肥と混ぜて高畝で野菜をつくる人工菜園「オルガノポニコ」である。この技術をソ連崩壊前からひそかに研究していたのは、産業としての農業を振興してきた農業省ではなく、資源輸入が途絶した有事を想定していた防衛省であった。最初のオルガノポニコは、防衛省資源備蓄庁の隣で１９９１

首都ハバナの市街地内にある都市農場。生産されたハーブは販売されるが、野菜は近所の人に無料で贈与されている

年末に登場し、以来、都市農業の野菜栽培技術の主力のひとつとなっていく。２０１３年現在、ハバナには首都野菜公社が運営する97の高収量オルガノポニコ農場があり、まさに都市農業の顔となっている。

しかし、野菜だけでは胃はふくれない。食料安全保障にとって重要なのは、農地や技術提供等の制度的な支援による作物や畜産物の生産である。自発的に始まった都市農業の可能性を認めた政府は、都市内での「田園回帰」ともいうべき運動を強力にバックアップしていく。

１９９４年には農業省内に都市農業局が創設される。同局は、都市内の遊休地を農地転用し、意欲ある市民に斡旋するとともに、新たに家庭園芸を始めたり新規就農を希望する市民を支援するため、技術指導センターを設置し、バイオ農薬、種子、堆肥などの提供も行っていく。

１９９８年には、インフォーマルな運動を制度化し、全国規模でその発展を支援する目的で、官僚、科学者、生産者などから構成される全国都市農業・都市郊外農業グループ（ＧＮＡＵ）を設立する。「地区による地区のための地区の生産」がスローガンとなり、現在では約38万の都市農場が5万haを耕し、都市の生鮮野菜や果実需要の約70％を生産しているという。

「地産地消」は無駄な輸送や冷却エネルギーも減らす。２００６年の世界野生動物基金のリポートは、国連人間開発計画の人間開発指標[*39]とエコロジカル・フットプリント[*40]とを結びつけ、持続可能な基準を満たす国は現在地球

ハバナ郊外のアバナ・デル・エステにあるアラマル農場

*39 平均余命、教育、所得を指数化し、その複合により国の人間開発の段階を順位づけできるようにしたもの。

*40 Ecological footprint とは、あるエリアの経済活動が環境に与える負荷を、経済活動の規模を土地や海洋の表面積に換算することで数値化したもの。持続可能な利用ができているかどうかの指標となる。

キューバ

上でただキューバ1国しかないと結論づけた。

都市農業には雇用創出効果もある。故フィデル・カストロ国家評議会議長は一大農政転換にあたり、有機農業の推進に加え「農業を尊敬される職業へと転換する」という目標も掲げた。そして、これは都市農業で実現されることになる。２００５年の全労働力人口約４８０万人のうち、35万人以上の雇用が都市農業によって創出されている。しかも、女性や35歳以下の若者が多く、かつ収入もよく、最低でも平均所得に匹敵する。小中学校でも都市農業教育がなされていることから、次世代後継者の確保につながり、トップの都市農家は、名誉ある「優秀賞」を国家から受け尊敬されている。82しかない優秀賞を毎年受けるハバナ市内の優良事例、ビベロ・アラマル協同組合農場では１４７人が働くが、平均月収入は約８１５ペソと平均労働者の３８５ペソの倍以上となっている。さらに、50人がエンジニアリングや中間レベル資格をもつ技術者である。つまり、貧しい小作人ではなく、革命が掲げる崇高な目標に貢献する科学専門家へと農業者のイメージをチェンジすることに成功した。

当時ハバナに留学していた米国の大学生キャサリン・マーフィーさんが都市農業の実態を初めて英文で紹介したのは１９９９年のことだが、それ以降も、キューバの都市農業はいまも世界中から着目され続けている。ディキンソン・カレッジのシナン・クーンツ准教授は２０１１年に「都市が自給するためのモデル」と絶賛する本を上梓《じょうし》し、マサチューセッツ大学アマースト校のカレイ・クローズ

アラマル農場で生産されたハーブを販売用にパッケージしている

准教授も建築家の視点から「どの都市にとっても食の自立に向けた重要なモデル」と評価する著作を2014年に執筆している。

（3）自給する都市のイメージは正しいか？

このように書き連ねていくと、キューバはまさに田園回帰の優良事例のように思える。クーンツ准教授は、まだ完全には自給できてはいないものの、アグロエコロジー（Agroecology）[*41]の技術を用いて、かつ、その食料のほとんどが地産地消されている世界で唯一の例であることにキューバの都市農業の意義はあると強調する。しかし、コンベントリー大学のジュリア・ライト博士は、都市農業で生産される食料は国内需要のわずか5％にすぎず農業全体として評価するに値しないと釘を刺す。

統計も出ているにもかかわらず、数値にこれだけ乖離があるのはなぜであろうか。問題は、前述した全国都市農業グループの「都市および都市郊外農業」の定義にある。この定義では、ハバナ市はもちろん、ハバナ州（2011年からはアルテミーサ州とマヤベケ州）全域、国内各州都の中心10㎞圏、169のムニシピオ（基礎行政区）の中心から5㎞圏、1000人以上の村落の中心から2㎞圏、15戸以上の集落の住宅に隣接した自給用農地とすべてが「都市農業」に含まれてしまう。

ハバナの都市農業の中核を占めるのは、郊外にある3～13haの2300戸以上の小規模農家で、こうした小規模農家の生産が全体の約60％を占める。2008年の農地改革法では、都市農業も食料主権の柱として重視されたが、ハバナ市で都市農家への農地移転がなされたのは、市郊外でまだ空き地もあるボジェロス区がほとんどであった。日本のイメージでいえば、そこは練馬区や横浜市ではなく茨城県や千葉県の平坦な農村地帯そのものである。ハバナでもいわゆる市街地にある農家のそれは全体の約3％にすぎず、面積も最大でも3ha程度となっている。すなわち、日本の「都市農業」という言葉からイメージされる概念とはかけ離れた農村農業すらも、振興施策や統計上では「都市農業」に

＊41　農薬や化学肥料、化石燃料に支配された工業型農業モデルとは異なる農業・社会を求める運動のこと。

含まれている。これが、一般に流布している都市農業の大きな成果と、ライト博士のいう5%という数値のズレの理由のひとつだと私は考える。

(4)都市農業は将来消滅するのか?

さて、前述したアウトコンスモスは、1996年には400ヵ所、6745haあったが、2000年には292ヵ所、3086haと減少した。これは、食料危機が緩和され、経済が平常化するとともに、企業・組織の従業員は通常業務に戻ったためで、生産をやめた農地の多くは、農業委員会を通じて、意欲ある生産者がこれを継承しているといわれる。

しかし、現実には都市農業が衰退していることをうかがわせる数値もある。たとえば、日本の都市農業のイメージに合致するのは、10a以下の個人が所有する家庭菜園パティオ(中庭)とパルセラスである。パルセラスもパティオと同じ10a以下の区画だが、以前の運動場や公園、遊休地などの国有地を個人が借りている点が違う。1991年にハバナでは、パルセラスを活用した自給運動が立ち上がり、1997年には公式に登録されたものだけでも2万6600区画もあった。そして、2000年には、農業省によって「パティオ・パルセラス運動」が公式に立ち上げられる。しかし、その時点ですでに7944と大幅にその数が減少していたのである。2001年にハバナ市東部のムニシピオ、カミロ・シンフェゴスでなされた調査によれば、1995年にいた152人のうち、農業を続けていたのは53人しかいなかった。そして、農園数が大きく減少した理由としては、前述したアラマル農場のような企業型の大規模農場が発展し、自給農業にとってかわったこと。そして、経済回復とともに、観光業に力が入れられホテルなど適切な施設へと農地転用がなされたことがあげられている。

こうしたことから、首都ハバナの都市農業、とりわけ、小規模な自給農場の将来は不透明だとの指摘もある。さらに、米国との国交回復により、米国はキューバの都市農産物を有機認証・輸入するとともに、キューバに対しては、化学肥料・農薬輸出を支援するとの協定も結ばれた。このため、30年近くもかけて築かれてきた有機都市農業運動も数年を経ずして消えてしまうと憂える声もある。

(5) 自立への矜持と生きがいが都市農業の生き残りにつながる

前述した全国都市農業・都市郊外農業グループの担当者は、農場の営農状況を評価するため、毎年、各農場を調査している。そして、優れた成果が認められれば、農場投入資材が支援されるとともに表彰もされる。ピーター・ロゼットは、こうしたインセンティブが持続可能な農業を続ける動機づけとなると述べている。しかし、西オンタリオ大学のアドリアナ・プレマット准教授は、ハバナ市内での生産者への濃密なインタビューから、都市農業を支援する役人と実際に農業を行っている生産者との間にかなりの意識のズレがあることを浮き彫りにする。

たとえば、政府にとっては、都市農業は、食料主権のための重要な鍵であるが、農業者からするとその意味合いが違う。キューバは社会主義国だけあって、国民が飢えないように1961年から配給制度が設けられ、廉価な配給食料が提供されてきたが、オーストリアの研究者たちの詳細な調査に対して、農業者たちは、自分の家の自給を達成し、政府の配給制度への依存を減らし、自立する能力が食料主権だと考えていたという。

実際に現場に入り込んで詳しく調査したそれ以外のリポートからも、現場の農業者が、国が推進するオルガノポニコやその運動、都市農業が果たす環境保全機能、あるいは、国際的な評価にもほとんど関心がなく、ただ家族の栄養が改善されたり、収入が増えるなどの私的なメリットがあるか

ハバナの中心市街地セントロ・アバナにあるパーマカルチャー農場。屋上で果樹を栽培している

ら農業をしていると答えたという。オランダの研究者もハバナ市内の小規模なパティオや屋上菜園を中心に詳細な調査を行い、経営としての都市農業、定年退職者や比較的裕福な中産階級が行う趣味としての家庭菜園、低所得者層が家庭消費を抑えるために行う都市農業と多様なタイプがあることを明らかにしている。

こうした詳細なタイプ分類から明らかになってきたのは、とりわけ、趣味としての家庭菜園には先進国と共通する「田園回帰」への動機づけがみられることである。

キューバでは、すでに、ベネズエラからの支援を受け、化学肥料が使われているし、メキシコから農薬も輸入されている。都市農業では、化学肥料や農薬の使用は禁じられているが、現実には闇市から入手した資材が使われているという。ただその場合、最も化学資材に頼りがちなのは、教育水準が低く、以前の大規模モノカルチャー農業に従事してきた農村出身者である。また、キューバでは小学校から農業教育や食育が行われているが、それでも若者たちの間に共通するのは農業はハードな割に見返りが少ないという職業観である。強力な政府の支援策にもかかわらず、自給率が伸びないのはそのせいもある。

一方、都市農業、とりわけ、オーストラリアのNGOの支援を受けてから普及しているパーマカルチャー[*42]に従事しているのは、高等教育を受けたインテリ階層である。彼らは創意工夫にも富み、循環型農業のモデルをつくり上げている。キューバでは食料価格が高いため、貧しい階層では食費が給与の70%にも及ぶ。わずかの野菜や果物でも4ヵ月分の月給に匹敵する所得をあげられる。にもかかわらず、それをビジネスにせず、近所で贈与してしまっているケースが多い。「パティオでは毎月350ペソが稼げているが、精神面では数百万ペソを稼いでいる」と語る農業者もいる。

いまも都市農業を継続している農業者たちは、自分の生き方に対して大きな矜持を抱いている。さらに、心の幸せやコミュニティの絆など、物質面を超えた生きがいも感じている。現場に入り込んで

*42
オーストラリアのビル・モリソンが考え出した持続可能な農業と生活のデザイン。キューバではソ連崩壊後に海外NGOが支援したことから普及している。
なお、パーマカルチャーの原理を解説した本として、ビル・モリソン、レニー・ミア・スレイ著、田口恒夫・小祝慶子訳『パーマカルチャー――農的暮らしの永久デザイン』(農文協、1993年)などがある。

さらに掘り下げた研究は、それが「都市農業の長期的な生き残り」に影響すると考えて着目している。

おわりに

キューバでは、革命以来、私欲の追求よりも社会的公正の大義のために生きるチェ・ゲバラの「新しき人間」の理念が学校教育で教えられ続けてきた。革命以来、食料安全保障は国家目標であり続け、田園回帰も食料増産の手段とされてきた。そして、農地の確保から、アグロエコロジーの技術開発、技術指導まで、他国からはうらやまれるような充実した支援策を政府が講じてきた。しかし、最終的に「田園回帰」をし、農的なライフスタイルを選ぶかどうかは本人の意志である。

物質的な豊かさは幸せ感とは比例しない。米国の心理学者、ブリックマンとキャンベルは1人当たりのGNPが1万ドルを超せば、所得が増えても幸せ感が増えないことを「幸福のパラドックス」と呼んだ。キューバはまだ先進国並みの物質的豊かさを達成しているとは到底いえない。にもかかわらず、より充実した人間や自然との関係を求める彼らのメンタリティーは、食料危機という生きるために強制された「田園回帰」ではなく、先進国並みの幸せとしての「田園回帰」に達しているのかもしれない。その意味では、エネルギーを大量浪費しない農的ライフスタイルが幸せだと述べたシューマッハーの予言はやはり正しかったのである。

6 韓国
自給的農業を営む帰農者を訪ねて

前京都大学大学院博士後期課程　大前 悠

（1）青年帰農から中高年の帰農へ

韓国では、戦後、急速な近代化の過程で農村から都市への人口流出が止まらず、農村部の過疎化・高齢化が深刻になっていた。ところがその韓国でも近年、都市から農村へ移住し農業などに携わる「帰農者」*43が増加している。

韓国で帰農者が増加するのは、1997年のアジア通貨危機時に、都市経済が悪化し、都市の若年層が出身地の農村に戻っていったことによる。帰農が社会現象となった。

ところが、最近では40代以降の中年層以上による帰農が増えている（226頁の図参照）。筆者が帰農者にインタビューした結果、帰農の理由は、「都市での競争に疲れた」「子供に都市の画一的な教育を受けさせるのではなく農村で育てたい」といったものが多い。またベビーブーム世代の引退による定年帰農もみられる。いずれにせよ、新自由主義経済が浸透する今日の韓国において、都市生活に生きづらさを感じて脱競争的な生き方として帰農を選択する者が多くなっているといえる。

筆者は、2010年から2016年まで、全羅北道の鎮安郡D面と隣接する茂朱郡A面にて帰農者の調査を行った。調査地一帯は海抜600mの高原地帯であり、農地にできる土地が少ないため、帰農者の大部分は農業以外の所得源で生活している。また、農業は自給程度の水準にとどめて生活している者もみられた。農村移住後の生活に関しては、日本と同様に、韓国でも農業以外での現金収入

*43　日本では「帰農」というと「定年帰農」が連想されるが、韓国では都市から農村に移住し、農業を行うことが帰農と呼ばれ一般名詞化している。近年では、農村移住後に農業を行わない形態については「帰村」と呼び、政策的には区別されている。しかし、一般的には両者の形態を区別せず、都市から農村へ移住し定住することが「帰農」と呼ばれる。本稿では「帰村」も含めた都市から農村への移住した者を「帰農者」と呼ぶことにする。

韓国　全羅北道鎮安郡・茂朱郡

手段を得ることが推奨されている。

以下では、現金取得を最小限にとどめ、自給程度の農業で暮らしている帰農者の事例をみていく。

帰農世帯数と年齢層別世帯主の割合（1990年度〜2011年度）

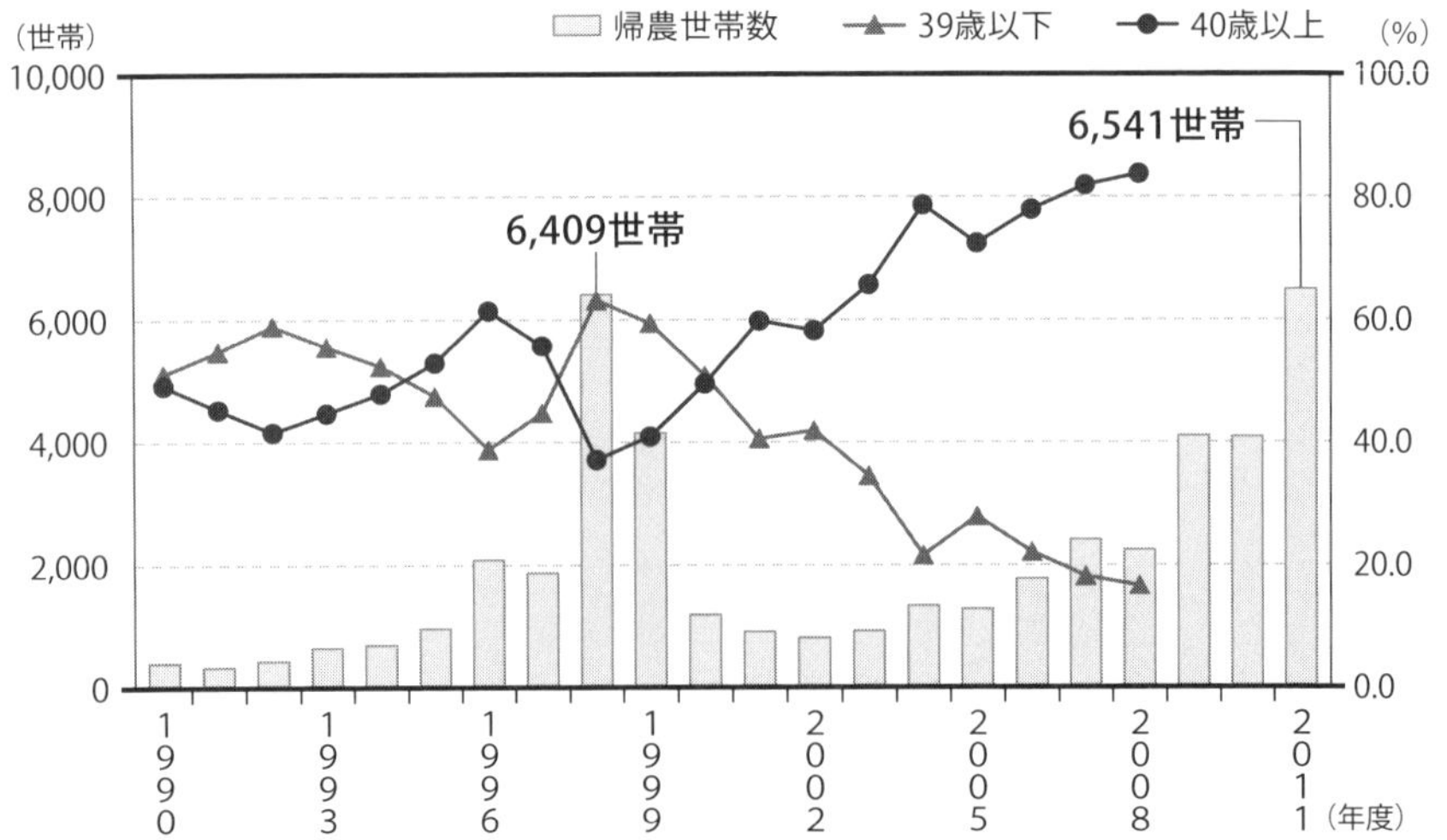

＊ここでの帰農者とは、住民票上の住所を変更し新たに農家として登録された世帯であり、本稿が対象とする農村移住者をすべて含む数値ではない。あくまで、新たに農業を開始する者が増えている趨勢であることを確認していただきたい。

＊出所：韓国・農林部資料

（2）自給的帰農の事例から

〈事例1〉100坪あれば家族の野菜はまかなえる

ソンさん夫婦（50代）は、茂朱郡の山奥に住んでいる帰農者である。1998年に帰農。長男（16歳）、次男（8歳）、長女（14歳）と一緒に暮らす。家族全員の生活に必要な現金は1ヵ月150万ウォン（約15万円）弱だという。自給程度の農業をしながら、夫は1年に何度か大工の仕事をしている。妻は薬剤師で週に4回、車で1時間かけて都市の薬局に勤務している。

200坪の畑で家族の食べる野菜を栽培している。野菜については自給できている。100坪程度あれば家族の野菜はまかなえるが、いろいろな野菜を自給するなら200坪程度は必要だという。定植の時期（4月中旬から末）

が農作業の忙しい時期である。稲作は管理が大変なので撤退しており、米は精米所から買っている。

冬には白菜60株をキムチに漬ける。ダイズを購入してテンジャン[*44]（8kg）、カンジャン[*45]、のほかチョングクジャン[*46]も少量つくる。

ニワトリも3羽飼っている。食べ残しの生ごみを主なエサにしているが、それだけでは足りないので米も与えている。

田舎暮らしをするためには、多くのものを自分の力や技術で解決していかなければいけない。家は老朽化して傷み、機械はしばしば故障する。都会ではすぐに技術者を呼んでカネで解決できるが、田舎では業者を呼んで修理してもらうにも高くつく。

田舎では冬が寒いため暖房費が高くつく。そのため、廉価な練炭ボイラー（30〜50万ウォン：約3

クドゥル部屋

練炭ボイラー

*44 ダイズをゆでて臼ですりつぶしペースト状にしたものを固め（メジュ）、外気にさらすなどして発酵させた味噌に似た調味料。日本の味噌とちがって、ダイズの形が残っている。

*45 メジュからつくる韓国の醤油。

*46 テンジャンと同じく韓国味噌の一種だが、より匂いが強い。チゲなどの料理に用いる。

〜5万円／年）を10月から2月まで使用している。クドゥルパン（床下で薪を焚いて暖める部屋）も一部屋あり、夕方になったら薪を焚く。薪にする木は山からとってくる。台風で倒れた木をとってくるので燃料代はタダである。

〈事例2〉おカネでは買えないよいものを食べている

ここからは、最近中年以上層の目立つ自給的帰農のなかでも、女性だけで暮らす3例を紹介する。

李さん（女性、50代）は、ソンさんの隣の家に住み、1年間300万ウォン（約30万円）ほどの現金収入で生活している。病弱な母と2人暮らし。夫は心臓の手術を受けて別の場所で静養している。夫婦は、キリスト教の民衆教会にて宣教活動や貧民救済活動に携わっていた。

最初は空き家を借りていたが、貯水ダムで水没する集落の家から資材を100万ウォン（約10万円）で買い、家を建てた。

200坪の畑で野菜を育てているが、食べ物は余るという。余った野菜は、兄弟親戚や教会で一緒に活動をしていた人に贈ったり、毎週末ソウルの教会に野菜を持っていき、信者たちに売っている。畑には、ジャガイモ、エゴマ（油をとる）、サツマイモ、カボチャ、ナス、トマト、スイカ、ニラ、チンゲンサイ、マクワウリなどを植え、ブルーベリーも5株ある。冬野菜では白菜80株を植え、うち40株でネギなどとともにキムチを漬け、保存食とする。野菜はほとんど自給し、肉と魚はたまに食べる程度だという。

「農村では買い物ができないけど、食事ができる」と言い、「自分たちの食べているものはお金では

李さんの畑

買えないもの。お金と比較することができない。大統領よりもいいものを食べている」と帰農生活に満足している。

さらに、食べ物のカスと小便を発酵させて液体肥料をつくっており、その肥料をまくと花の色がきれいになり野菜が病気にもかからないという。自分の体に入ったものが排泄物となり、それを肥料として作物に与える。「自分の手で新しい命を育てるので、体が気持ちいい」と語った。

稲作は大変なのでやめ、600坪の田んぼは売った。米は年間160kg買っている。

調味料は自分でつくり売っている。家の近くの梅の実をとり、梅シロップをつくり、教会の元同僚に売っている。カンジャン、テンジャンは自家消費用のみで、チョングクジャンは販売している。原料のダイズは他の農家から買っている。畑でダイズを育てたこともあるが、コラニ*47が来て食べてしまう。また、ダイズができにくい土壌でもあるという。

李さんのつくるカンジャン(醤油)

そのため、平地で農業をしている人からダイズを150kg買い、うち100kgでチョングクジャンをつくって売る(100万ウォン:約10万円の現金収入になる)。五味子《ごみし》*48、ブルーベリーなども他の農家から買って売っている。

4月末から6月にかけては、山菜採りで忙しい。週3～4回、朝に山の中を歩き、チェナムル、ゼンマイなどを採り、湯がいて冷水に浸し冷凍して保存する。

冬の農閑期には、周辺の帰農者の女性たちが集まり縫い物を行う。多いときは参加者が10人を超えることもある。そういった場でのおしゃべりを通して、帰農生活における困難などを分かち合っている。

＊47 朝鮮半島に生息するシカの一種。キバノロ。

＊48 マツブサ科のチョウセンゴミシの果実。漢方の生薬となる。オミジャ。

〈事例3〉五味子栽培は儲かるけどしんどい

崔さん（女性、2014年のインタビュー時は54歳）は、2000年に鎮安郡に帰農し、現在は単身で住んでいる。

以前はマウル[*49]の空き家に住んでいた。空き家は1年で家賃が0・5カマニ（8万ウォン、約8000円）。広い部屋が三つあり、庭も広くて木も植えてあった。

空き家に3年住んで家主から出ていくように言われた。その家を買うつもりでいたのだが、家主が値段を高く吹っかけてきた。マウルの山のほうにナツメの木を植えていたおじいさんが、年をとり登っていくのがしんどくなって畑を放置していた。その土地を1坪あたり5000ウォン（約500円）で売ってもらい、家を建てた。家は、知り合いの大工に建ててもらったという。

300坪の土地で五味子を1000株以上栽培している。昼夜の気温差が大きい土地なので五味子の栽培には適している。鎮安郡では五味子栽培の支援として、五味子のつるを巻きつける網、パイプなどの資材の費用を40％補助している。崔さんもその支援を受け、栽培している。

五味子は夏が収穫時で、1ヵ月ほどかけて摘んでいく。100％親環境農法で農薬・化学肥料などを使わない。

五味子は帰農者や都市の知人から電話で注文を受けて売っている。知人をとおして注文の連絡がくることもある。子供は五味子の酵素のジュースが好きでよく飲む。帰農者には子供がいる家庭が多い

崔さんの家と庭の畑

*49 ムラ、集落の意味。

のでよく売れる。家で加工できるように、崔さんは五味子と砂糖を一緒に送るようにしている。

五味子は朝に発送しなければならないので、徹夜で作業する。夜中に実を取って皮を剝く。知り合いの女性帰農者2人が作業を手伝ってくれる。

2012年は五味子で100万ウォン（約10万円）稼いだ。2013年は失敗した。それまで山で採ったゼンマイや、唐辛子などを売ってもせいぜい10万ウォン（約1万円）くらいだった。稼いだ金で電気カーペットとガスレンジを買った。

五味子栽培は精神的にはしんどい。畑に行くとやることが多くて余裕がない。これ以上広い規模でやるのは自分には合わないという。

また、日当3万5000〜4万ウォン（3500〜4000円）で他の農家の農作業を手伝うなどして生活費を補っている。

〈事例4〉帰農者の取材がきっかけで自分も帰農

同じく鎮安郡のチョさん（50代女性）も、夫はソウルで大工をしていて単身で居住している。帰農関連団体に所属し、帰農者の記事を書くために事例3の崔さんを訪ね、「自分もこんな生活がしたい。近所に空き家があれば紹介してほしい」と頼み込んだ。その1年後に空き家が出たという連絡がきて帰農した。

「これまで人類は地球を苦しめてきたから、自然を壊さない生活をしよう」という思いだったという。住宅もボイラーではなく、1950〜60年代の近代化以前の自分で火をつける方式の家を探していた。現在の住居は1年5万ウォン（約5000円）で借りている。

近所の農作業を手伝って生活費を稼いでいるのだが、手伝う相手は帰農者が多い。崔さんの農作業も手伝う。帰農者以外の農民の作業を手伝うこともあるが、慣れた農民とは作業スピードがまるで違うので、「あの人は役に立たないね」と言われてしまう。帰農者同士ならおしゃべりしながら作業ができて楽しいが、もともとの農民との作業は、成果を出さなければいけないためしんどいという。マウルに住む別の帰農者世帯に自閉症の子供がおり、両親が出勤中にその子供の面倒をみてほしいという依頼も受けた。農業以外のことはやりたくないと考えていたが、隣人との仲を大切にしたいという考えから引き受け、現金収入を得ている。[*50]

(3) おカネでは買えない価値に目を向けたい

以上、自給程度の農業を行う帰農者の事例をみてきた。

農業も自給水準を超えると生活に無理が生じることもある。崔さんの五味子栽培の事例のように、農業を現金稼得の手段にしようとすると、朝の時間帯での出荷のために深夜労働を余儀なくされるなど、生活のバランスが崩れていく。野菜栽培を市場経済というレールにのせるにはストレスがかかる。商業目的であれば、色や形などを市場の規格に合わせなければいけないからだ。だが、自給目的であれば、野菜の見栄えが悪くても自分たちの手で健康な野菜を食べることができ、大きな満足感が生まれると帰農者は語る。

生活の満足度に関して、私たちはもっぱら貨幣をどれだけ稼ぐかから判断しがちである。しかし、自給という営みから得られる市場経済の価値基準を超えたモノのもたらす効用についても、私たちは目を向けなければならないと思う。

＊50 鎮安郡福祉センターから月35万ウォン（3万5000円）の支給がある。

III

田園回帰の深化

——文明論的視点から

終章

長続きする文明のあり方と田園回帰

島根県中山間地域研究センター研究統括監
島根県立大学連携大学院教授　藤山　浩

本章では、本巻ならびに「シリーズ田園回帰」(全8巻)の最終章として、①あらためて日本における田園回帰の最新状況を確かめ、②世界的な動向を踏まえ田園回帰にかかわる社会経済システムの転換を考えるなかで、③長続きする地域社会に向けた田園回帰のあり方と必要な条件整備を提言する。

1　田園回帰の最新状況

2015年に本「田園回帰」シリーズが始まって、2年近くが経とうとしている。その間、日本における田園回帰の状況は、いかに継続あるいは変化しているのであろうか。

(1)島根県中山間地域における田園回帰

まず、シリーズ第1巻『田園回帰1%戦略』において紹介した島根県中山間地域の状況である。『田園回帰1%戦略』では、2009~2014年における一次生活圏単位(全県227地区)のデータを基に、3割を超える地区で、4歳以下の子供(69地区、30・4%で増加)や30代の男女[*1](男性は99地区・43・6%、女性は96地区・42・3%で増加)が増えている事実を明らかにした。

*1　2011年における25~34歳人口と2016年における30~39歳人口を比較(4月末日付の住民基本台帳データ)。

*2　20代前半男女・30代前半子連れ夫婦・60代前半夫婦を同数定住増加させるとして計算。

最新の2011~2016年における一次生活圏単位（全県225地区）のデータでも、2年前と同様に3割を超える地区において、4歳以下の子供（69地区、30・7％で増加）や30代の男女（男性は80地区・35・6％、女性は98地区・43・6％で増加）が増えている。特に、30代女性については、維持している地区も17に及ぶので、全体として過半の115地区が増加もしくは維持を達成していることになる（図1）。そして、これも前回と同様に、幼児や30代が増えている地区は、山間部や離島といった「田舎の田舎」において割合が高い。

また、全地区の人口を安定化させる（人口総数の維持・14歳以下子供数の維持・高齢化の防止の3条件の同時達成）ために必要な定住増加は、1319世帯・3077人となり、[*2]ちょうど地域人口全体の1・0％分となる。つまり、地域人口100人に付き毎年1人程度の定住増加により、人口安定化が展望できる状況は続いている。また、30年後の14歳以下の子供人口の減少を1割未満に抑えるために必要な定住増加必要数は、2009~2014年時点における20代前半・30代前半各297世帯から、2011~2016年時点では各269世帯へと少なくなっており、この間の定住ならびに出生増加が加速し、子供人口の安定化へは一歩前進していることがわかる。

図1　島根県中山間地域における30代女性の増減
（2011～2016年）

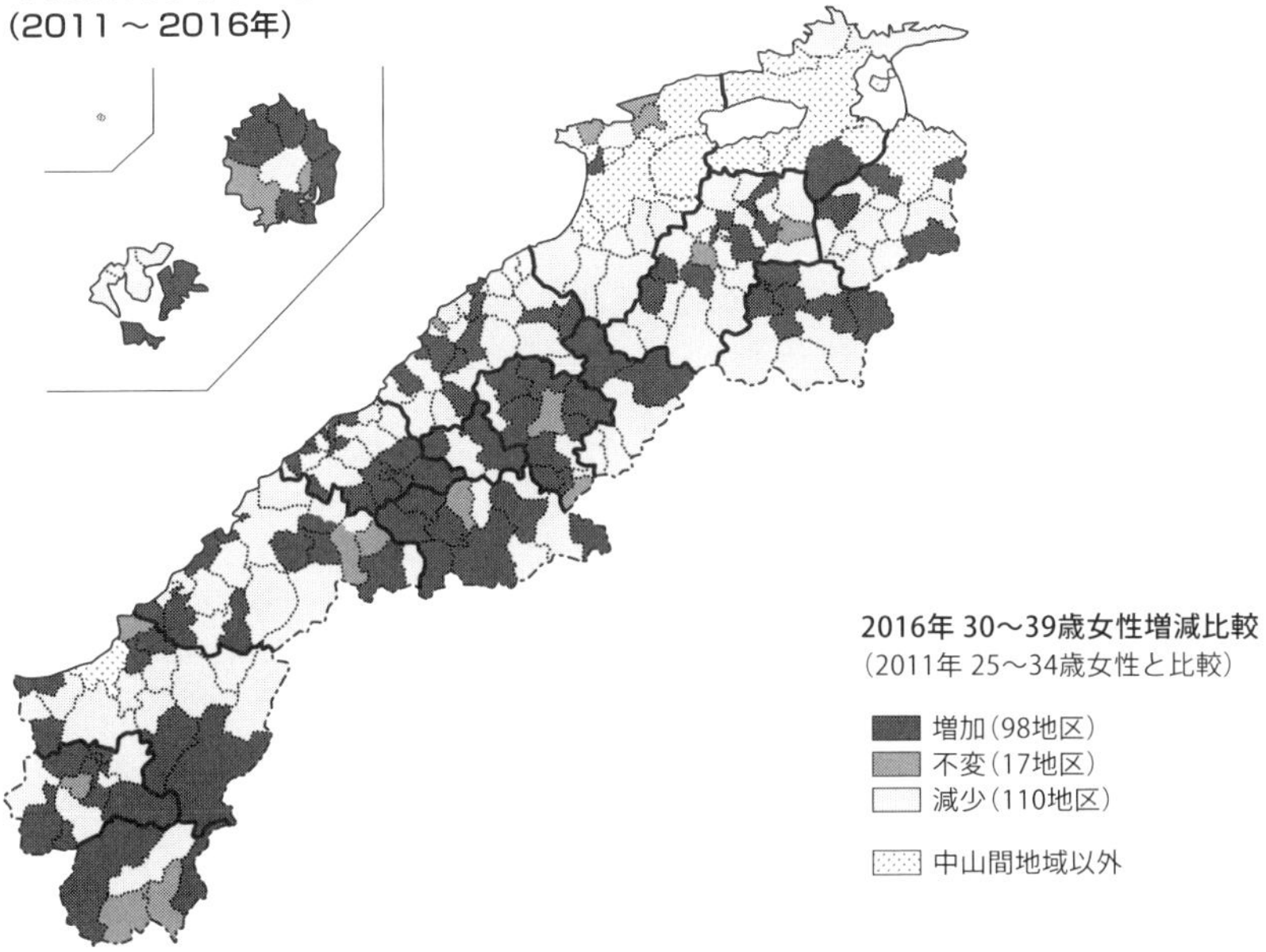

今回２０１１〜２０１６年分析は、東日本から西日本への人口移動の契機となった東日本大震災や福島第一原子力発電所事故発生以降（各年４月末日）のデータであり、やや回帰傾向に鈍りがみられることも予想された。しかし、全体としては、２０１０年代に入ってからの「田舎の田舎」への田園回帰傾向は、持続が確認されている。

（２）「限界集落」は消滅したか？

ちょうど10年前、２００６年頃、「限界集落」という言葉が全国的に話題になった。マスコミの過剰とも思える報道により、65歳以上の高齢者が半数以上を占める集落は、存続が危ぶまれる「限界集落」と呼ばれるようになった。当時は、そうした集落が明日にでも次々と消滅してしまうような論調が目立っていた。

あれから10年、実際は、どうなっているのだろうか。２０１６年９月、その事実を確かめることのできる全国調査の結果が公表された。「平成27年度　過疎地域等条件不利地域における集落の現況把握調査」（国土交通省、総務省）である。

図２　全国の条件不利地域における世帯転入の状況（2010〜15年）

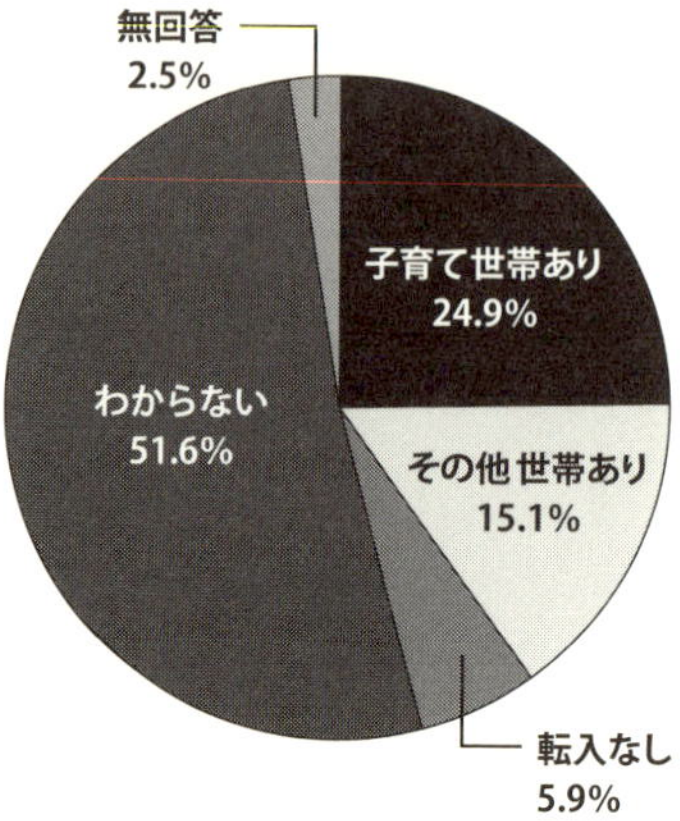

まず、集落消滅の実態については、前回調査（平成22年＝２０１０年）から追跡可能な６４８０５集落の存続状況を確かめたところ、無居住化した集落は、全体の０・３％に当たる１７４集落しかない。そのなかで27集落は東日本大震災による津波被災地の集落となっている。つまり、集落は、10年前に思われていた以上に、しっかり存続しているのだ。

今回の調査では、初めて各集落への転入状況も調べている。2010年4月以降に転入者があった集落は全体の40・0%あり、転入状況が「わからない」集落を除くと、その割合は82・6%にもなる。また、子育て世帯が転入した集落も、全体の24・9%あり、これも不明な集落を除くと、その割合は61・1%に達する。集落への新しい担い手の定住が幅広く発生していることがうかがえる（図2）。

やはり、「限界集落」が続々と消滅するような当時のパニック的な予想は、近視眼的だったと言わざるを得ない。また、集落という最も伝統的かつ基礎的なコミュニティ単位において、一定の持続可能性と子育て世帯を含む回帰傾向が確認されたことの意義は大きい。

（3）過疎地域自治体における年代別の流出入状況

次に、全国の過疎地域自治体について、2010年と2015年の年代別の流出入状況をみてみよう。まず、過疎地域全体としての年代別の流出入状況を、1980年代からみてみると、東京一極集中が目立った1980年代後半と2000年代後半において、過疎地域からの流出に拍車がかかっている。注目の2010年代前半は、東京一極集中の傾向が続くなかでも、子連れアラサー世代（30歳前後）について改善がみられ、60歳前後の流入超過も続いている（次頁の表1）。これらの改善や流入超過の世代について、移動率別の市町村数を図3にまとめてみた。20代後半や60代前半では、過半数の市町村において、その年代の人口取り戻しを達成していることがわかる。

過疎地域全体として、状況の厳しい自治体が数多くあることは事実であるが、2014年に喧伝された「市町村消滅論」がもたらしたような暗黒のイメージにすべての市町村が塗り込められているわけではない。実際に、全国の地域現場を歩いてみると、山間部や離島といった従来条件不利とされてきた地域においても、2010年代に入ってから、継続的に社会増を達成している自治体も目立ち始めている。*3 この社会増への転換は、いわば「過疎」に終止符を打つ偉業であり、貴重な先駆的事例と

*3 たとえば、下川町（北海道）、邑南町・海士町・知夫村（島根県）、梼原町（高知県）、西米良村（宮崎県）など。詳しくは、「消滅しない地域の条件」『季刊地域』No.28（2017年冬号）、104–109頁を参照。

表１　全国の過疎地域における人口移動の状況（コーホート純移動率、各年国勢調査）

年齢区分	1985～1990	1990～1995	1995～2000	2000～2005	2005～2010	2010～2015
［期首］０～ ４歳→［期末］５～ ９歳	△0.88	1.65	1.67	0.79	△0.90	△0.13
［期首］５～ ９歳→［期末］10～14歳	△1.95	△1.11	△0.80	△1.44	△2.20	△2.18
［期首］10～14歳→［期末］15～19歳	△20.95	△18.42	△17.72	△17.75	△17.48	△16.11
［期首］15～19歳→［期末］20～24歳	△38.41	△32.21	△31.75	△33.06	△35.92	△35.57
［期首］20～24歳→［期末］25～29歳	4.28	10.11	7.53	3.52	△1.33	0.27
［期首］25～29歳→［期末］30～34歳	△3.40	△0.08	0.47	△2.34	△3.52	△2.39
［期首］30～34歳→［期末］35～39歳	△2.27	0.03	0.05	△1.67	△2.52	△2.36
［期首］35～39歳→［期末］40～44歳	△2.45	△0.50	△0.42	△1.38	△1.66	△2.06
［期首］40～44歳→［期末］45～49歳	△2.43	△0.46	△0.55	△1.10	△1.45	△1.90
［期首］45～49歳→［期末］50～54歳	△1.80	△0.04	0.07	△0.06	△0.33	△0.85
［期首］50～54歳→［期末］55～59歳	△1.65	△0.08	0.43	0.42	0.19	△0.22
［期首］55～59歳→［期末］60～64歳	△0.75	0.09	1.10	1.48	1.18	0.60
［期首］60～64歳→［期末］65～69歳	0.02	0.29	0.48	0.91	0.53	0.46
［期首］65～69歳→［期末］70～74歳	△0.11	0.77	0.20	0.48	0.14	△0.56
［期首］70～74歳→［期末］75～79歳	0.41	0.40	0.91	0.48	0.15	△0.69
［期首］75～79歳→［期末］80～84歳	0.38	0.75	1.24	1.20	△0.10	△0.94

図３　過疎地域自治体における人口移動の状況
（コーホート純移動率別の旧市町村数　2010年→2015年）

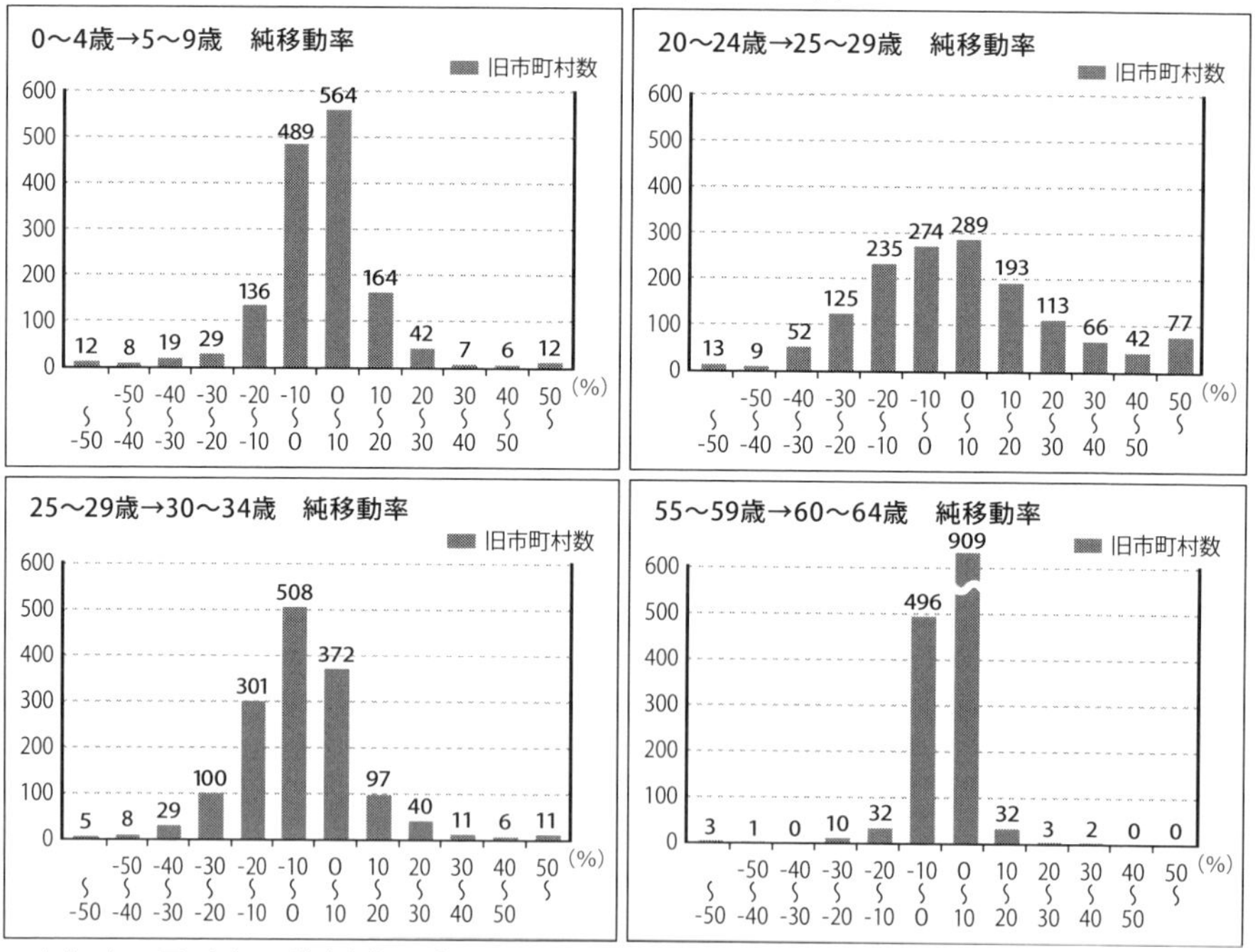

＊出典：表1・図3ともに、総務省第1回「田園回帰」に関する調査研究会 資料

してとらえなければならない。

今後は、次の二つの方向で、より詳細な分析により、田園回帰の実態とその要因を解明していくことが期待される。

第一に、2005年以降、人口減少や高齢化は地方都市の中心部で大規模に進行する傾向が現れてきていることから[*4]、市町村内での地区別分析を進める必要がある。同じ市町村内であっても、前述の島根県中山間地域のように、山間部や離島といった縁辺部においてU・Iターンの増加が目立っていることも考えられる。

第二は、地方ブロックや都道府県別の集約である。私自身が全国をまわってみて、田園回帰の動向には、西日本が先行している「西高東低」の傾向を感じることから、その実状と要因を探ることを進めたい。折しも、2016年12月からは、総務省において「『田園回帰』に関する調査研究会」が設置され、筆者も委員として参画している。今後は、単純な「消滅」か「回帰」かという2分論ではなく、冷静な実態把握と実効的な地方創生につながる議論が期待される。そうであるならば、日本だけでなく、世界に目を見開き、田園回帰の歴史的な動向や可能性、課題を広く共有していくことが、いまほど求められる時はないはずだ。

*4 『田園回帰1%戦略』農文協、2015年、34頁

2 世界の田園回帰動向と社会経済システムの転換

本書第II部で紹介されている世界各国の田園回帰の動向は、実に興味深い。ここでは、各国に共通する田園回帰の様相とそこからみえてきた持続可能な社会経済システムへの転換方向についてまとめていきたい。

（1）幅広く定着している田園回帰

第一に注目したいのは、多くの先進国において、田園回帰傾向が進行あるいは定着している事実だ。我が国で懸念されている「地方消滅」のような極端な人口減少に悩んでいる国はほとんどない。まずフランスでは、1975年時点で農村地域人口は長期にわたる減少局面をほぼ脱し、1999年以降は増加に転じている（第Ⅱ部第1章）。「百姓」になりたがるエリートの存在も注目を集めているという（同コラム）。

ドイツでは、1980年代からの田園回帰傾向が収束し、1990年代末以降はむしろ「再都市化」の兆しがみられるという。ただ、2005～2030年における農村地域全体の人口予測は4％程度の減少にとどまっており、ほぼ安定基調にある。また、何よりも、「農村地域」が、現状においても、国土面積の90％を占め、人口割合では58％、就業人口では52％を占めており、我が国のような極端な都市地域への集住がみられない（同第2章）。

日本と同じく第二次世界大戦後において農業・農村の衰退が進んだイタリアでは、1980年代後半から、有機農業やアグリツーリズモ、スローフードやスローシティといったイタリア独自の食農を通じた農村イノベーションが注目されている（同第3章、コラム）。筆者も、2010年にイタリア山間部の小さな村を訪ねてその活気や徹底した地産地消に感動したことを覚えている。[*5]

英国のイングランド地域は、すでに1980年代から田園地域の人口が増え始めていることで知られているが、[*6]2010年代に入っても、30～44歳世代を中心に流入・増加傾向は続いている（同第4章）。

オーストリアでは、1970年代に原発廃止に踏み切り、徹底した再生可能エネルギー導入に乗り出している。山岳国オーストリアでは、その主役は農山村地域であり、農家林家や地域がバイオマスエネルギープラントを分散的に経営し、地元での収入を伸ばしている（同第5章1）。

＊5
前掲＊4、160－161頁

＊6
Commission for Rural Communities. (2006):The state of the countryside 2005. Commission for Rural Communities

ロシアでは、全国民の6割が「ダーチャ」と呼ばれる菜園付きのセカンドハウスを所有し、都市と郊外の農村部を行き来している。国全体において、ジャガイモの4分の3、その他野菜の3分の2以上が「ダーチャ」で生産されており、食料自給においてもライフスタイルにおいても、国民生活に欠かせない存在となっている（同章4）。

韓国では、新自由主義経済が浸透し競争原理に明け暮れる都市生活のオルターナティブとして、自給的農業を営む農村への帰農者が増えているという（同章6）。

（2）みえてきた田園回帰の光と影

このように先進国では、広く田園回帰の傾向がみられる一方で、田園回帰にともなう課題も浮き彫りになっている。

フランスでは、農村における農業者数の減少は著しく、農業従事者を世帯主とする世帯は全体の7％まで減っているという。

ドイツでは、全体として地方や田園地域への定着傾向は根強いものの、2000年以降、「逆都市化」または「郊外化」が収束する傾向がみられる。また、村の住民の6割強を新住民が占めるような事例もみられ、住民の「異質化」はますます進んでいる。ただし、居住環境や社会関係への満足度は高く、「異質化」が大きな弊害を生んでいるわけでないようだ。

英国のイングランドでは、田園地帯への人口流入増加を受けて、新たな住宅建設などによる田園らしさの喪失が課題になり始めている。キューバでは、世界的に注目されてきた都市の自給農業の将来が不透明であるとの指摘もされている（同章5）。

ただ田園回帰をすればよいというものではなく、問題はその進め方であり、どのような進化を社会や経済にもたらしているかなのだ。

(3)「小さいこと」を活かし、つなげる社会技術——脱「規模の経済」のアプローチ

①「小さい」存在を土台に据える

各国における田園回帰の進め方において、持続可能な社会経済システムへの変革をもたらすものとして私が一番注目しているものは、「小さいこと」の価値を再発見・再創造する社会技術の展開。20世紀の世界を席巻した「規模の経済」に基づく制度設計では、「小さいこと」は、経済のみならず社会や政治においても、非効率で条件不利なものとして排撃され続けてきた。しかし、現在世界で進められている田園回帰においては、むしろ「小さいこと」を積極的に評価し、そこを出発点として新たな社会経済システムを構築しようとしている。

まず、フランスで田園回帰を受けとめているのは、「コミューン」と呼ばれる中世に起源をもつ最小の行政単位である。農村地域の「コミューン」は3万１９２７を数え、平均人口は４７４人（１９９９年の農村地域人口１５１４万人から算出）となる。実際には、１００人を切り数十人クラスのコミューンも多く、その数は、日本の市町村が合併により著しく数を減じているのに対し、むしろ増加傾向にある。フランスの農村生活を支えているのは、こうした小規模なコミューンなのだ。

ドイツでは、基礎自治体を「ゲマインデ」と呼んでおり、全国で1万１１１６を数える。三つの都市州（ベルリン、ハンブルク、ブレーメン）を含む１０７が特別市であり、残り1万１００９の「ゲマインデ」が２９５の郡を構成している。総人口８１２０万人のうち68%・５５２２万人が郡部に住んでいるので、郡部における「ゲマインデ」の平均人口は５０００人程度と比較的小規模である。これらの「ゲマインデ」を舞台にして、コンパクトな行政機能と多彩なクラブ活動により地域社会が維持されているという。

一方、イタリアの基礎自治体は、「コムーネ」と呼ばれ、全国に８１０１存在する。コムーネの全

国的な平均人口は7000人余りとなるが、山間部には1000人を下回る小規模な「コムーネ」が多い。[*7] 筆者が2010年に訪問調査した際も、小規模であっても独自の条例制定権や地域文化を有し、大規模な企業や商店の進出を阻んでいるしたたかさが印象的であった。[*8] 地方自治体のみならずアパレル繊維メーカーにおいても小規模な企業が優越し、田園地域で多様かつ活発なビジネス展開を図っている様子が紹介されている。

オーストリアのバイオマスエネルギープラントの主流は、小規模・分散型で、地元の農林家や自治体によって主体的に経営されている。そのため、収益も地域内に還元し、地域住民の懐を潤す。また、国としても小さいことは、原発廃止のように、望まれる方向への転換がしやすいという。

*7 財団法人自治体国際化協会『イタリアの地方自治』自治体国際化協会、1998年

*8 前掲*4、160—161頁

②「小さいこと」のメリットを活かす

このような「小さいこと」に立脚した社会経済システムのメリットは、いかなるものであろうか。第一に、小規模なシステムは、意思決定も資金調達も運営手法も、地域住民を主人公とした自己決定で対応できる。第二に、そうした地域住民による主体的な選択により、地域の固有性に根ざした設計・運営が可能となる。第三に、「小さい」からこそ、域外に依存するのではなく、地域内の資源や労力で持続可能なかたちで循環利用できる。

まとめると、「小さいこと」を活かした地域における自己決定力・固有性重視・域内循環の実現が、長い目で見た地域の持続可能性を高めている。

③「小さいこと」のデメリットをネットワーク化で解消

当然ながら、小規模なシステムは、専門的な対応能力やマーケティング、情報発信、雇用量など、個々単独では、大規模なシステムにかなわないというデメリットもある。

しかし、フランスのコミューン同士が設置する事務組合やコミューン共同体のように、「小さいもの」を柔軟に横つなぎするネットワーク対応ができれば、小規模による条件不利性を補完できる。イタリア発のスローフードやスローシティの運動や連合体は、小規模な生産者や地域単独では果たせない効果的なマーケティングと情報発信となっている。イタリア繊維産業の強さも、多種多様な事業組織（アソシアシオン）が交錯することで連帯的かつ相互的に成立し、調和的社会システムが構築されているところにあると分析されている。

英国のコミュニティ再生の取り組み体制では、住民・行政・民間とつないだパートナーシップの構築が注目されている。持続的なパートナーシップに向けては、これら3者の媒介役としての中間支援組織や非営利組織の役割が必要という（第I部第4章コラム）。

スウェーデンの地域再生運動も、さまざまな社会的ネットワーク活動の蓄積と地域内のニーズに住民自身が応える小規模な協同組合の結成、そして地元発のネットワークを活性化させる「触媒作用」を担う研究者や中間支援組織の存在が原動力になったとされている（同第5章2）。こうした多様な「つなぎ役」の整備も「小さいもの」同士のネットワーク化に欠かせない社会インフラとして注目したい。

④分野を横断した複合化で「範囲の経済」を目指す

また「小さい」事業体単独では十分な収入や雇用を確保できないというデメリットについても、たとえばイタリアのアグロツーリズモのように、他分野との複合化を進めることで対応策がとられている。オーストリアの再生エネルギー事業も、農林業との兼業が目立つ。スウェーデンでは、日本の「小さな拠点」づくりを先取りするような多分野複合型のコミュニティセンターが1990年代にオープンしている。それぞれの分野ごとに「規模の経済」を創出することが難しい田園地域では、小地域ごとに多角的に分野を横断した「範囲の経済」の実現が、世界的に目指されているといえよう。

⑤「小さい力」を守り、「息を吹き込む」制度設計

単純な市場原理や効率性原則だけが横行すると、「規模の経済」志向が強まり、「小さな」自治体や事業組織、生産システムなどは継続できなくなってしまう。海外における田園回帰を支える仕組みに関連しては、次のような「小さな力」を守り、そこに「息を吹き込む」制度設計がみられる。

第一は、何といっても、それぞれの「小さな」地域に自己決定権を担保する分権的な地方自治制度の存在である。我が国の「平成の大合併」のような極端な基礎自治体の削減・統合は、ほとんど行われていない。フランスの「コミューン」、ドイツの「ゲマインデ」、イタリアの「コムーネ」といった独自の権限・財源・組織・人材を有する基礎自治体が、自らの地域を自ら設計し運営する力を担っている。この地域の自治の重要性は、第I部第1章の大森論文においても強調されている。

第二は、長期的に地域の持続可能性や生活の質を高めていくための各種の制度である。イタリアで先行している有機農業（オーストリアも有名）やスローフード、スローシティの諸制度をはじめ、英国のサステナブルコミュニティやグリーンインフラストラクチャーの政策誘導、北米でのローカルフード運動や食の集水域ともいえるFoodshedの設定（同章3）など、短期的な利潤拡大を求めて地域の循環系や文化を破壊する「大規模・集中・遠隔」型の経済原理に歯止めをかける制度が考案されている。

第三は、地域内外を「つなぎ直す」人材の同時育成である。「規模の経済」に基づく社会経済システムのもとでは、部門ごとの量的成長が重視されるため、その分野に特化した専門家の育成・配置が重視される。そうした専門家を小規模な地域ごとに配置するのは難しいので、どうしても小地域を統合合併するような方向に進んでしまう。また、部門ごとに育成・配置された専門家は、その部門だけの個別最適を求めがちであり、他の部門や分野を含めた地域の全体最適には思いが及ばない。その結果、小規模な地域の特色・可能性・課題とは切り離された広域かつ大規模なシステムづくりがなされる。同時にそれぞれの小規模な地域内においても、部門や分野ごとに分断された最適化が進むことに

なる。このように地域内外において二重の分断をもたらす人材の育成や配置は、それぞれの小規模な地域の持続可能性を大きく損なっている。

今回紹介されている海外事例では、こうした人材面からの「分断」を、二つのアプローチにより防いでいる。

まず、地域内においては、いたずらに専門家を配置するのではなく、あくまで地域住民を中心に一人二役、三役を複合的にこなすことで、限られた人数・財源のなかで、地域社会が求める多様なニーズに対応している。たとえば、自立した合意形成のためには議会の存在が重要であるが、各国とも小規模な自治体では専任の議員でなく無報酬も含めた兼業の議員が目立つ。

次に、地域間においては、イタリアのスローフード・スローシティ運動に代表されるように、地域に根ざした活動や人材を幅広くつないでいくネットワーカー的人材や組織が重要な役割を果たしている。英国でも地元ごとの住民・行政・民間のパートナーシップを支援する中間支援組織の必要性が提唱され、外部人材の導入が期待されている。スウェーデンにおいても、活動の広がりを促す「触媒作用」をもつ外部人材のかかわりが注目されている。

こうした地域内外を二重に「つなぎ直す」人材の育成・配置は、今後「小さな」地域が主体的かつ開放的に進化するうえで、欠かせない条件整備になるものと思われる。

(4) まとめ——「小さな」社会技術の総合展開

ここまで、先進国を中心に世界的な田園回帰の動向をまとめ、そこに新しい持続可能な社会経済システムへの展望が開けているか、考察してきた。むろん、すべての国が順調に田園回帰を進めつつあるわけではない。しかしながら、我が国のように、極端な人口や経済の一極集中が進んでいるところはなく、多くの国では、より都市と農村のバランスがとれた国土と小規模でありながらも主体的な地域づくりへの歩みがみられる。

これは、従来からの支配原理である「規模の経済」の持続に疑問をもち、都市の優位を前提とした「対症療法」に終始していないためではなかろうか。次節で詳しく述べるように、持続可能な社会経済システムの実現を地域社会のあり方とも連動させて考えるならば、いままでの「規模の経済」一辺倒の集中型国土には根源的な限界がみえている。海外の先進国の事例全体からは、むしろ「ゲームのルール」自体をパラダイム転換させ、「小さいこと」の価値を再発見し、それにかかわる社会技術を相互に連関させ総合的に展開するアプローチの有効性が浮かび上がっている（図4）。

図4　各国の田園回帰の推進策から見出される「小さな」社会技術の総合展開

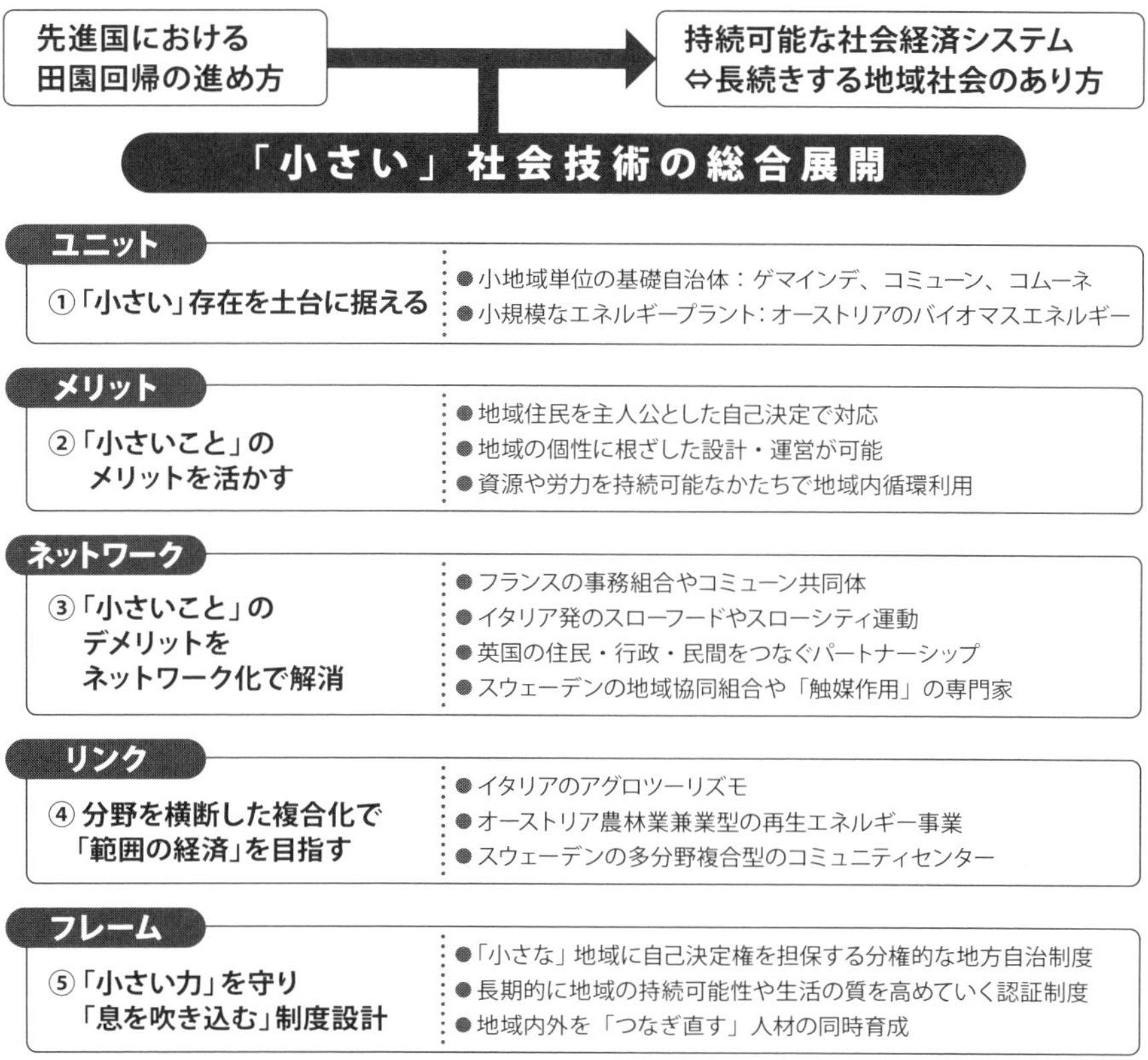
先進国における
田園回帰の進め方
持続可能な社会経済システム
⇔長続きする地域社会のあり方
「小さい」社会技術の総合展開
ユニット
①「小さい」存在を土台に据える
●小地域単位の基礎自治体：ゲマインデ、コミューン、コムーネ
●小規模なエネルギープラント：オーストリアのバイオマスエネルギー
メリット
②「小さいこと」の
メリットを活かす
●地域住民を主人公とした自己決定で対応
●地域の個性に根ざした設計・運営が可能
●資源や労力を持続可能なかたちで地域内循環利用
ネットワーク
③「小さいこと」の
デメリットを
ネットワーク化で解消
●フランスの事務組合やコミューン共同体
●イタリア発のスローフードやスローシティ運動
●英国の住民・行政・民間をつなぐパートナーシップ
●スウェーデンの地域協同組合や「触媒作用」の専門家
リンク
④分野を横断した複合化で
「範囲の経済」を目指す
●イタリアのアグロツーリズモ
●オーストリア農林業兼業型の再生エネルギー事業
●スウェーデンの多分野複合型のコミュニティセンター
フレーム
⑤「小さい力」を守り
「息を吹き込む」制度設計
●「小さな」地域に自己決定権を担保する分権的な地方自治制度
●長期的に地域の持続可能性や生活の質を高めていく認証制度
●地域内外を「つなぎ直す」人材の同時育成

3　長続きする文明と地域社会を取り戻す田園回帰の実現とそのあり方

前節では、先進各国の田園回帰の進め方が、小規模な地域社会に新たな持続可能性を灯し始めていることを総括した。

田園回帰については、短期間における現象面の分析に終始するだけでは、不十分な議論となる。この「シリーズ『田園回帰』」においても、各巻の多彩な内容を通して、仕事や家、地域あるいは都市と農山村との関係性、価値観とライフスタイル、文化や子育て、産業論など、私たちを取り巻く文明全体のあり方から、田園回帰の意義と未来への可能性をみつめてきた。

私たちが問うべきは、我が国で依然として続いている「規模の経済」原理に基づく集中型国土や地域社会、そして暮らしのあり方に、果たして文明的な持続性があるかではなかろうか。そして、そこに限界が訪れているとするならば、田園回帰により国土のバランスを取り戻すなかで、いかにして長続きする文明と地域社会そして暮らしを取り戻すかという未来戦略こそが求められているといえよう。

（1）深まる集中型国土の限界

本「シリーズ田園回帰」第1巻『田園回帰1％戦略』では、この半世紀にわたる人口の都市集中は、その結果生み出された無数の郊外団地の高齢化が中山間地域を次々と超える状況を招いていることを明らかにした。そして、東日本大震災があらわにした集中型国土の危険性、地球温暖化に代表される都市への集中を支えてきた資源大量消費の危機と併せて、集中型国土は、根源的限界に直面している。

また最新の国勢調査データ（２０１５年時）を活用して、東京23区の人口予測をしてみると、

2050年には、高齢者人口は、現在の199万人から279万人へと大幅に増える。これは、平均して、1㎞四方に、高齢者だけで4507人が暮らすことを意味する。つまり、高齢者だけで人口集中地区（DID）を構成し、100m四方に50人近い高齢者が居住することになる。医療や介護の限界も明らかだが、それ以前にどのような暮らし方が成り立ちうるのか、想像を絶する。

2010年代に入って、東京一極集中が再び進んでいる傾向がみられるが、その帰結は長期的に考えると破滅的である。爆発的な首都圏の高齢化に対して、高齢者だけを地方にできるだけ速やかに移住させようとする試みは、「ご都合主義」と「対症療法」両方の誹《そし》りを免れない。『1％戦略』で示したように、3世代のバランスをとりながら、長い年月をかけて国土の人口バランス回復を始動すべき時が来ている。

2020年オリンピック開催等がもたらす一時的な経済的活況は、再び人々を東京に集めつつある。しかし、東京での暮らしは、必ずしも幸せをもたらすものではない。2016年には、あらためて「過労死」が、社会問題として大きな議論を呼んでいる。毎日深夜にしか帰れないような日々では、暮らしの「圧殺」だけでなく、その舞台としての地域社会も、根底から否定されているといわざるをえない。

ここ10年、高層のタワーマンションが、加速度的に大都市の風景を変えている。なかには、1000世帯を超えるような新たな居住空間が忽然と出現する。そこに住む人の間には、いままでの団地やマンション以上に、つながりも連帯感もない。その結果、お互いの「記憶」はほとんど交差しない。そうした一角で、人はどのように生き、老い、死んでいくのであろうか。

集中型の国土や都市構造において、さらなる集中を構築しようとする「定常進化」の恐ろしさ、愚かさに、そろそろ私たちは気づくべきではないだろうか。私は、2010年代に入ってみられる大都市からその対極に位置する「田舎の田舎」への移住増加には、これらの集中持続がもたらす根源的危機をいち早く感じ取ったアラサー世代の存在があると考えている。

（2）何が根本的に間違っているか
——自然、経済、社会、暮らし、そして文明の関係

私たちが一番大切にすべき日々の暮らしやその舞台となる地域社会が、逆に押しつぶされそうな現実。何が根本的に間違っているのであろうか。

①自然と暮らしの間で社会に制約されてきた経済

私たちは、そもそも、日々幸せな暮らしを求めて、生きている。そのために必要なものを自然から取り出し、経済活動により分配し、社会制度により必要な調整を行い、暮らしへと届けている。それは、狩猟採集の時代から変わらない。つまり、経済や社会は、あくまで幸せな暮らしのための手段である。欲望により駆動される経済は、より早く多くを独占しようとするベクトルをもち、それを放置すると自然も暮らしも壊れてしまう。したがって、伝統的な社会においては、それぞれの地域ごとに、採取量の抑制や分配の公平さといった「掟」、つまり社会としての制約を共有してきた。文明とは、このような自然、経済、社会、暮らしの関係性と定義したい（図5）。

②経済の肥大化と持続性危機

しかし、石炭・石油をはじめとする化石燃料の活用は、自然の制約を取り払ってしまった（本当は一時的にだが）。事実上、世界中どこへでもエネルギー源をもっていき、そこで飛躍的に生産を拡大させ、それを世界中どこへでも輸送して消費できるようになった。その結果、都市への人口集中の歯

＊9 吉村仁『強い者は生き残れない―環境から考える新しい進化論』新潮選書、2009年

＊10 たとえば、我が家の裏山で薪ストーブのために切られた雑木林は、ほぼ30年で再生する。

図5　文明を構成する自然・社会・経済・暮らしの関係性

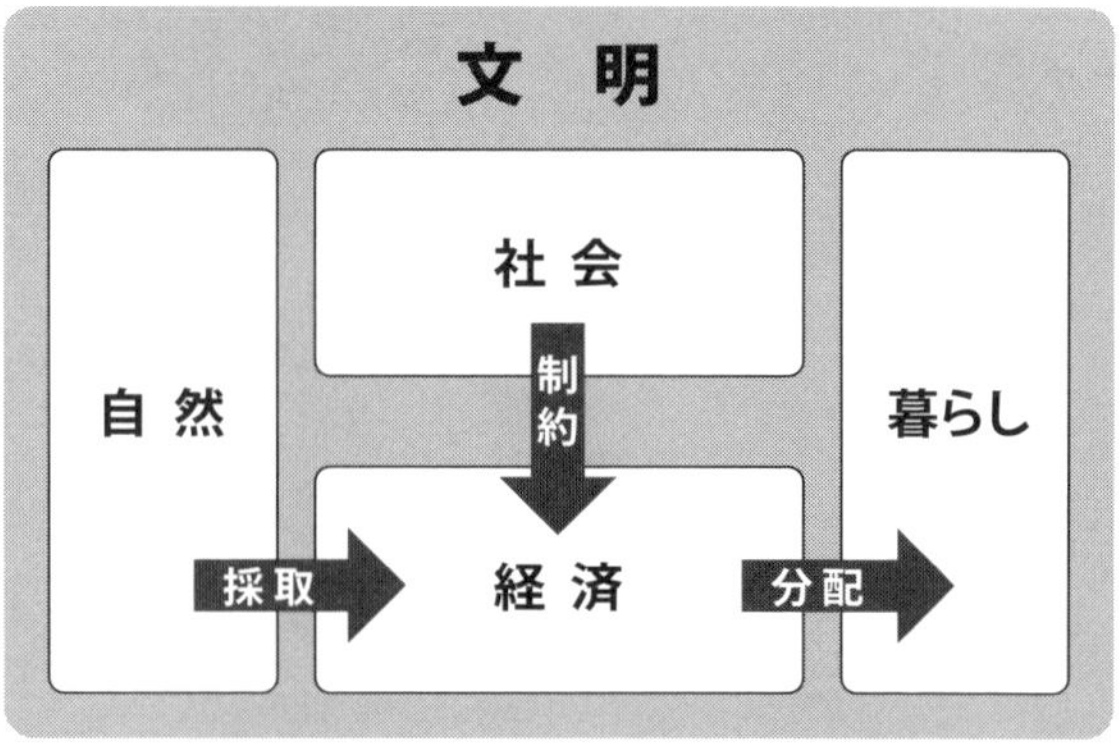

止めもなくなった。このような自然の軛《くびき》が取り払われた結果、文明には二つの大きな構造の変革が相乗的に生じた。

第一に、経済は肥大化し、社会制度との立場を逆転し、自然や暮らしに対する無制約の支配を主張するようになった。日本でも顕著になった新自由主義が主導する規制緩和はその典型例である。第二に、基本的に地域社会ごとに形成していた自然・経済・社会・暮らしの循環系は、域外からの大量の投資や資源採取、商品流入等で攪乱され、従属性を高めていった。同時に広域的な大規模循環（その最たるものが「グローバリズム」）の要となるような先進国やその大都市はますます支配性を高めていった。そして、経済を支配する限られた１％程度の富裕層だけが「ひとり勝ち」となる。

しかし、このような文明構造における成長志向経済の突出と地域間の不均衡という二重の歪みは、当然ながら、早晩、自然と暮らしの両面を破壊し、持続性危機に直面する（図６）。

生態学者の吉村仁は、その著作『強い者は生き残れない』[*9]のなかで、生物資源・自由経済・自由投資それぞれの想定される利益率（年率）を比較して、生物資源の利益率（持続可能な再生産率）２～５％[*10]に比べて、自由（競争）経済の利益率は５～10％と高いので、何らかの制約をかけないかぎり、生物資源の過搾取を引き起こすと主張する。また、金融資本主義による利益率は時には50～１００％に達するため、企業資本を売り払い、短期投資につぎ込む戦略が最適として突き進む。[*11]地球上の有限な資本を短期的な利益を求めて奪い合い消耗させる結果、長期的には経済活動は破壊され、現代文明は崩壊に向かうと警告する。

＊11　このような国際金融システムの暴走をスーザン・ストレンジは、「カジノ資本主義」と名付けた（スーザン・ストレンジ『カジノ資本主義』岩波現代文庫、2007年）。

図６　経済の肥大化と自然、社会、暮らしの支配そして重層的な従属関係

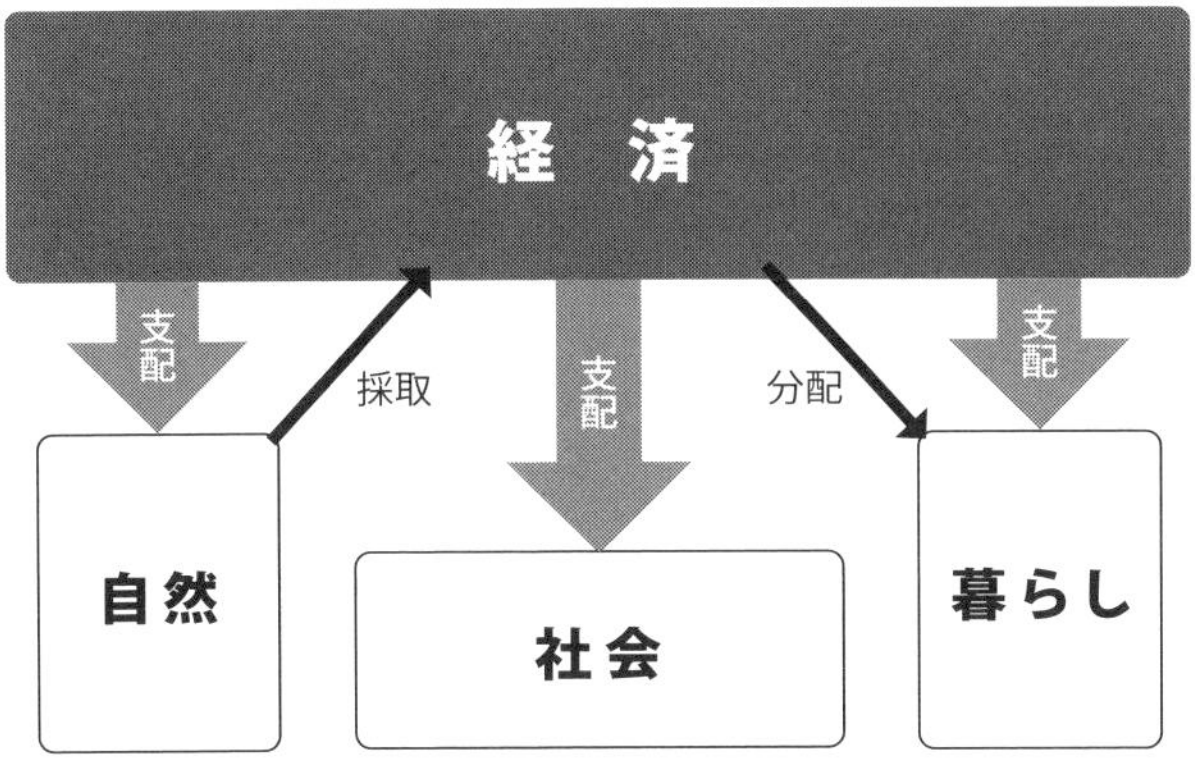

同様に、人間の暮らしに対しても、短期的には「過労死」を起こすほど過収奪することが利益率を高める。また、「規模の経済」に適応するべく、できるだけ集住させ、画一的な需要へと暮らしのあり方を誘導することが進められる。その結果、暮らしの多彩さや潤いは犠牲にされていく。

③ひとり勝ちを許さない「共生」のルールづくりが必要——循環型社会に向けて

私たちは、やはり、経済史家のカール・ポランニーが主張したように、近代化とともに離床した市場経済を再び社会のなかに埋め込むことを、現代の歴史的課題とすべきなのだ。[*12] 前述の吉村仁は、進化の歴史を振り返り、次のようにも語る。

「『強い者』は最後まで生き残れない。最後まで生き残ることができるのは、他人と共生・協力できる『共生できる者』であることは『進化史』が私たちに教えてくれていることなのである」

経済競争のなかで理想とされる「ひとり勝ち」は、長い目でみると、自らが拠って立つ土台の生態系やソーシャル・キャピタルを壊す自滅行為となる。私たちは、生態系に対しても、社会の仲間に対しても、「ひとり勝ち」を抑制し、共生の原理を優先させる文明を再構築しなければならない。そのために必要なパラダイム転換は、先進国の田園回帰の総括から見出されたように、「小さいこと」の価値を再発見することである。そして、生態系がお手本を示しているように、多様な「小さな」存在が共生していく社会経済システムへの組み換えなのだ。まさに、第Ⅰ部第1章で提示されたように、共生の思想を深化させていく時代である。

私たちがいまから目指すべき社会は、限られた資源を末永く利用していく循環型社会であることは自明である。これも生態系が地域ごとに多様な進化を遂げてきているように、それぞれ構成が異なる小地域において、できるだけ域内の資源、生物種で安定した循環を取り戻すことが基本的な方向となる。

現代の肥大化した経済に対応してあまりにも巨大化した都市では、こうした小地域ごとに多様な存

＊12 カール・ポランニー著、吉沢英成・野口建彦・長尾史郎・杉村芳美訳『大転換—市場社会の形成と崩壊』東洋経済新報社、1975年

在が共生し域内で循環する仕組みは、取り戻すことができない。むしろ、豊かな自然のなかで小規模・分散的に暮らしてきた中山間地域にこそ、持続可能な循環型社会への先行可能性が宿っている。*13ここに、田園回帰の文明史的必然性がある。

(3) 長続きする文明の基本デザインと田園回帰の本質

①「2周目」へと進めない「規模の経済」による文明モデル

現在の行き詰まった文明の状況は、次頁の図7のようにまとめることができる。

ひたすら「規模の経済」を求めて、成長と集中を続けてきた20世紀型の文明モデルは、まず生産現場において、モノカルチャー化による生態系破壊や資源枯渇に陥る。また、大量生産・大量輸送を前提としたシステムは、地方単位の小規模・分散的な産業を押しつぶし、域内循環を衰退させる。この文明モデルにおける「勝者」に見える大都市においても、人口の過度の集中は、急激な高齢化などによる地域の「使い捨て」や「過労死」等による人間の「使い捨て」を招いている。また、「規模の経済」の当然の帰結としての大量廃棄や環境負荷増大は、地球温暖化等の不可逆的な環境破壊をもたらしている。

このような「規模の経済」モデルは、地球上にフロンティアが残り、集住した都市住民の多くが若い世代であったときは、その矛盾を露呈しなかった。しかし、「1周目」が終わり、収奪できるフロンティアが消滅し世代が一巡りすると、もう「2周目」へは進めない限界を迎えている。

②「地元の創り直し」を基点とする多角性・多様性・多重性の文明モデル

これに対し、今後の長続きする文明モデルは、図8のような設計原理が展望できる。

まず、小地域(=「地元圏」*14)ごとに、それぞれ固有な資源、人材を多角的に組み合わせた地元の

*13 同様の主張は、総合研究開発機構、植田和弘共編『循環型社会の先進空間—新しい日本を示唆する中山間地域』(農文協、2000年)のなかで先駆的にされている。

*14 一次生活圏を形成し、自然や文化的な一体性を有する300〜3000人くらいの地域社会を想定している。

循環圏を再構築する。現在、国土形成計画や地方創生のなかで、今後の地域づくりの重点事項とされている「小さな拠点」は、この地元循環圏の核として、自治・産業・交通・物流・エネルギー・交流等を束ねる複合的な結節機能の役割を担う。地元圏の循環は閉鎖的なものではない。むしろ、お互いの多様性を許容し相互補完を図りながら、現在の市町村や流域圏等の地方都市圏を形成し、多重的な圏域構成とハブ拠点の整備により、全体として循環性を高めていく。国土全体からみても、画一的な一極集中型よりも、地域ごとに異なる資源・風土を柔軟に活用し、多様性ある分散型で横つなぎのネットワークで結ばれていくほうが、強靭性を増す。

こうした地域内の多角性、地域間の多様性が、多重的に連携した文明モデルを担うために、過大な人口を集中させた大都市圏から地元圏へと田園回帰が進むことが理想である。自らを取り巻く自然や暮らしの状況が身近に共有できる「地元圏」を基本単位とすることで、何よりも住民が主人公となり、暮らしや自然の持続性を守る地域社会を設計・運営することになる。

図7　「規模の経済」に基づく20世紀型文明モデルの限界

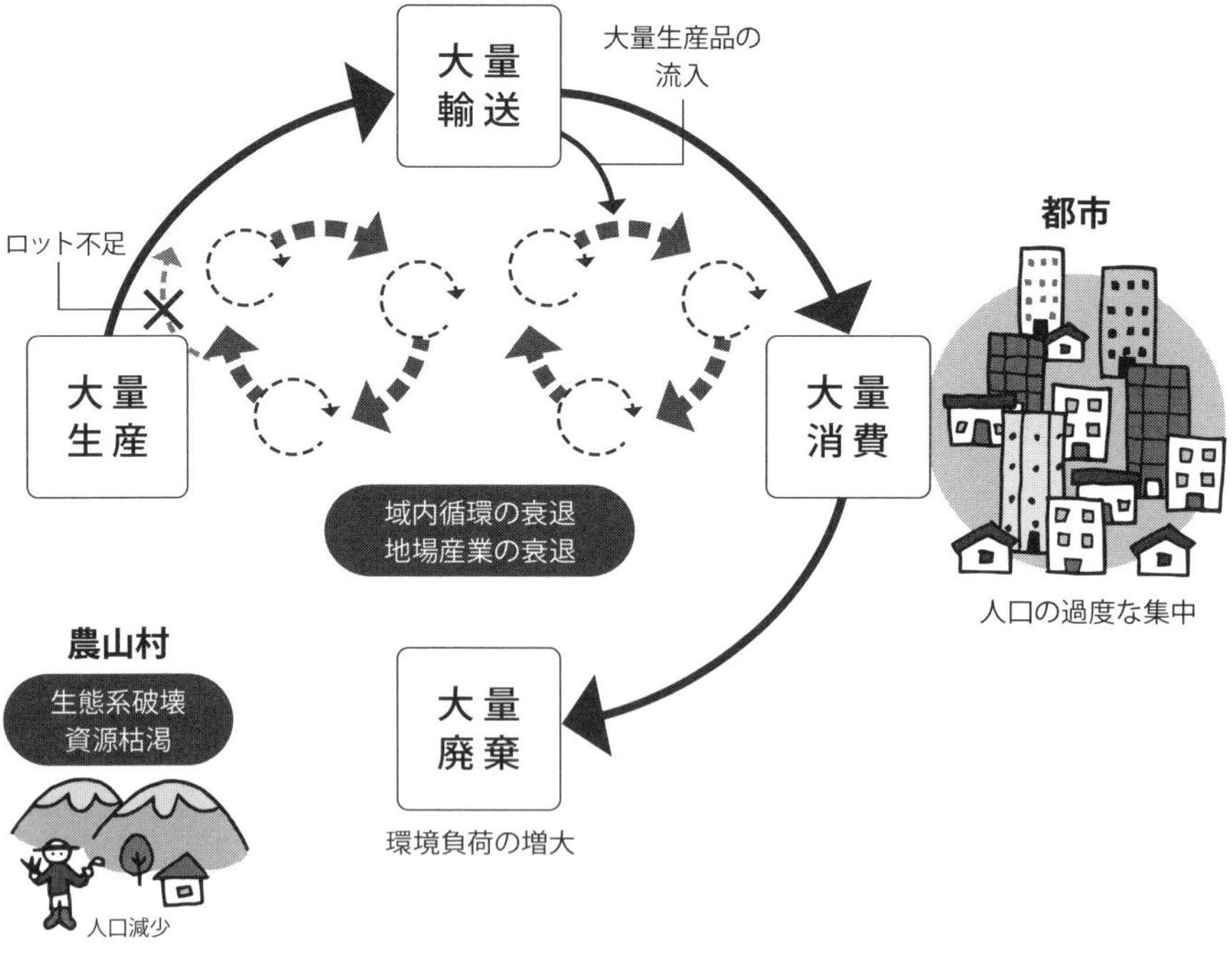

（4）文明と地元を創り直す田園回帰のために——必要な条件整備

最後に、前項で提示した長続きする文明と地元を創り直す田園回帰を実現するために必要とされる条件整備について、四つほどまとめておきたい。

①地元ごとの自己決定権の取り戻し

小地域ごとに異なる生態系や資源に応じて長い目でみて持続可能な循環の仕組みをつくるためには、海外の田園回帰事例からも明らかなように、地域住民が自ら決定・運営する自治・自営の仕組みが不可欠である。広域合併により奪われた自己決定権・自己管理権を地元に実質的に取り戻す自治区あるいは財産区のような制度創設

図８　「地元の創り直し」を基点とした多角・多様・多重的な文明モデル

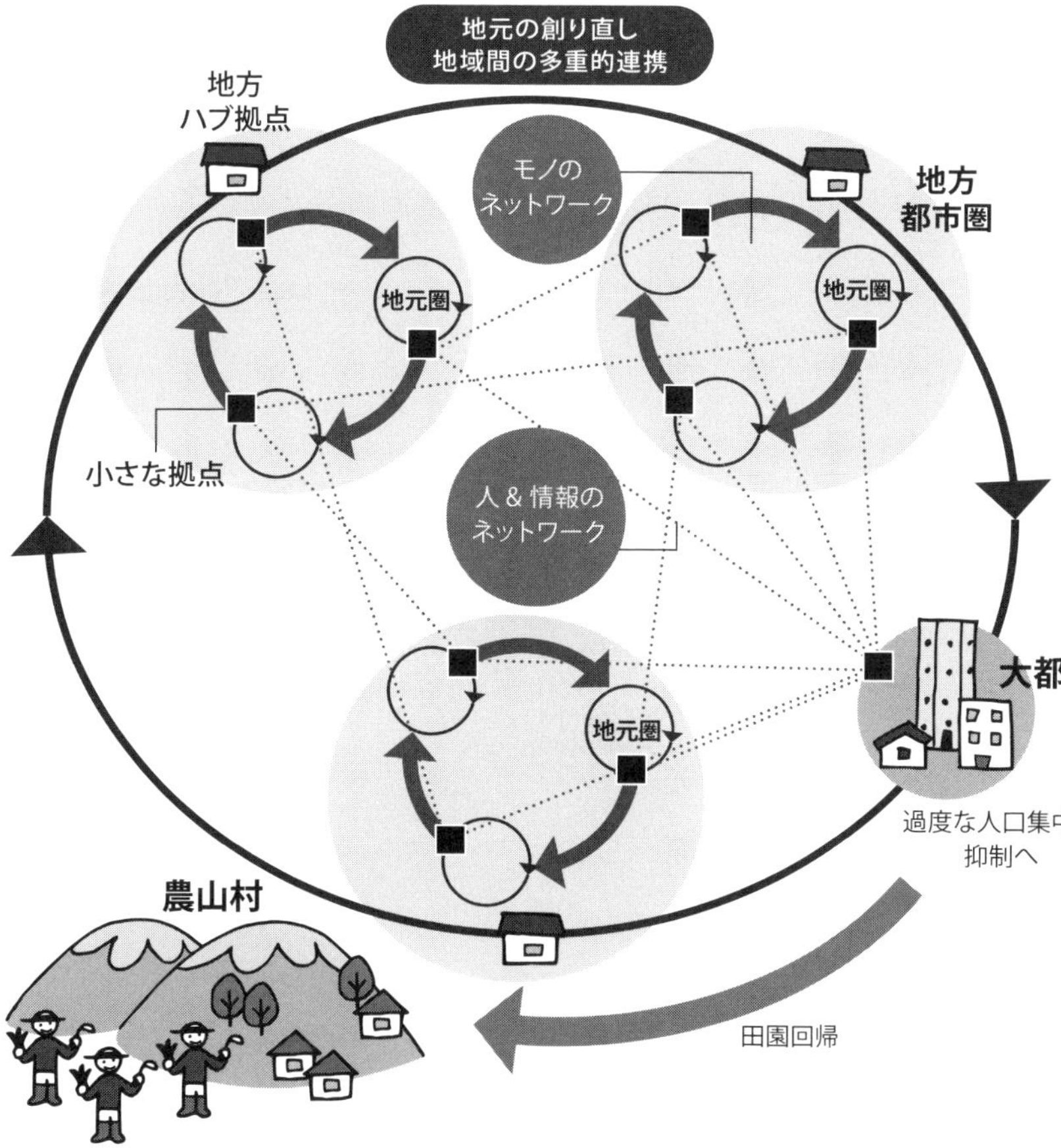

となる。

を提案したい。そうした確固たる循環型社会における基本単位の設置が、息の長い田園回帰の受け皿

②経済への規制強化

新自由主義の横行により、自由な経済活動を最大限に保障することが善であるという風潮があるが、実際に必要なものは、暮らしと自然を健全に守るための経済への規制強化である。経済学者・水野和夫が、近著『株式会社の終焉』のなかで唱えているように、「より速く、より遠くに、より合理的に」から「よりゆっくり、より近くに、より寛容に」へと経済を御していく時代である。[*15]

③都市と中山間地域のパートナーエリア

田園回帰は、都市と中山間地域の対立を煽るものではない。また、一斉に雪崩をうって田園回帰が起こることも、双方にとって望ましいものではない。団地の一斉高齢化等、都市部の持続性危機があらわになるなか、中山間地域側はそうした都市側の危機を緩和する交流の可能性を示し、パートナーエリアとして共生するなかで、ゆるやかに（年に1％程度）に田園回帰が進むことが大切である。

④望まれる人材育成

一番重要な条件整備である人材育成については、三つの方向で進めたい。

第一は、「マス・ローカリズム」に基づくネットワーク型人材育成である。持続可能な地元圏の形成には、決まった正解はない。数多くの地域が同時多発的にチャレンジし、その成功・失敗を共有し、共通する成功・阻害要因を政策化するとともに、広範な情報共有に基づくお互いの学び合いこそが最大の進化の原動力となる。こうした「マス・ローカリズム」展開を地域現場でサポートし他地域

＊15　水野和夫『株式会社の終焉』集英社新書、2016年

とも相互に連携するネットワーカーこそ、田園回帰時代に求められる「志士」である。海外の先行事例を参考にして、政策的な配置を求めたい。

第二は、「全体最適」を見通す研究人材である。従来からの研究人材は、限定された分野・地域・時代における「個別最適」をタコツボ的に追求してきた。しかし、本当の知性とは、分野・地域・時代ごとの「個別不最適」も組み合わせによっては「全体最適」になりうるとの慧眼《けいがん》をもつことである。地域社会や文明の「全体最適」は、生態系がそうであるように、決して「個別最適」の単なる集合体ではない。たとえば、地方ブロックごとの分野を横断した連合大学院等の創設を通じて、新たな総合知を有する研究人材の育成システムを創設したい。

第三は、次の世代の幸せを考える地元人材である。

私たちの地元は、現在の世代だけでなく、死んだ後の世代のことも考えてがんばってきた幾代もの人々の努力で、いまの姿になっている。昨今みんな開き直って「いまだけ、自分だけ、お金だけ」を追い求める風潮があるが、それではよい地域となりえないだろう。目先の利益を超えて高い志を込めた人々の記憶は、地元のなかで世代を超えて伝わっていく。それぞれの地域がだんだんと良くなるとすれば、それは、この世代を超えた記憶のリレーがつながっているからにほかならない。最近、田園回帰した人々が驚くことは、田舎の地域社会では、自分だけでなく現在の仲間や将来の世代を考えて動く住民がまだまだいるという事実なのだ。

未来を語るとき、私たちは若者にだけ目を向けがちだ。しかし、まずは、いまの中高年が自分の代だけの欲得や逃げ切りを図らないこと、次の世代の記憶に残り得る志を示すことが、いまの時代、いまの地域に一番求められているのではないだろうか。

編者・執筆者（執筆順、◎は編著者）

◎**大森 彌**　おおもり・わたる……編著者紹介欄参照
Ⅰ部第1章

◎**小田切徳美**　おだぎり・とくみ……編著者紹介欄参照
Ⅰ部第2章

◎**藤山 浩**　ふじやま・こう……編著者紹介欄参照
はじめに・Ⅲ部終章

石井圭一　いしい・けいいち　Ⅱ部第1章
東北大学大学院農学研究科准教授。1965年、東京都生まれ。博士（農学）。農林水産省農林水産政策研究所を経て、2003年より東北大学大学院農学研究科。専門は農業経済・農業政策、特にEU、フランスの農業・農村問題の研究に携わる。最近の共著に『有機農業がひらく可能性―アジア・アメリカ・ヨーロッパ』（ミネルヴァ書房、2015年）がある。

羽生のり子　はにゅう・のりこ　Ⅱ部第1章 コラム
ジャーナリスト。1991年から在仏。早稲田大学第一文学部卒。立教大学文学研究科博士課程前期終了。パリ13大学で植物療法を学ぶ。環境、農業、美術、文化、仏社会について執筆。仏環境記者協会、仏自然とエコロジーの記者・作家協会、仏文化遺産記者協会会員。

市田知子　いちだ・ともこ　Ⅱ部第2章
明治大学農学部食料環境政策学科教授。1960年、東京都生まれ。博士（農学）。農林水産省農林水産政策研究所（旧農業総合研究所）を経て、2006年4月より明治大学農学部。専門は農村社会学、EUおよびドイツの農業・農村政策。著書に『EU条件不利地域における農政展開―ドイツを中心に』（農文協、2004年）などがある。研究室HP:http:/ichidato.jp/

大石尚子　おおいし・なおこ　Ⅱ部第3章
龍谷大学政策学部准教授。大阪外語大学イタリア語学科卒業。貿易商社勤務後、染織に携わり渡伊。帰国後「種から布へ」をコンセプトに、一からの布づくり「スロー・クローズ」活動を展開。同志社大学大学院ソーシャル・イノベーション研究コース博士課程修了。

蔦谷栄一　つたや・えいいち　Ⅱ部第3章 コラム
農的社会デザイン研究所代表。1948年生まれ。1971年農林中央金庫勤務。株式会社農林中金総合研究所・常務取締役、特別理事を経て2013年10月から現職。主な著書は『農的社会をひらく』（創森社、2016年）、『共生と提携のコミュニティ農業へ』（同、2013年）、『都市農業を守る』（家の光協会、2008年）、『オーガニックなイタリア農村見聞録』（同、2006年）、『日本農業のグランドデザイン』（農文協、2004年）など。

木下 剛　きのした・たけし　Ⅱ部第4章

千葉大学大学院園芸学研究科准教授。博士（学術）。1996年より千葉大学園芸学部助手、助教授を経て現職。専門は造園学。英国エディンバラ・カレッジ・オブ・アート客員研究員（2001年9月～2002年8月）。英国シェフィールド大学客員研究員（2016年4月～2017年3月）。持続可能な生存単位の計画方法論の確立に向けてグリーンインフラ研究や千年村プロジェクトに取り組む。

井原満明　いはら・みつあき　Ⅱ部第4章 コラム

株式会社地域計画研究所代表。1948年、福島市生まれ。市町村の総合計画や中心市街地、都市農業から始まり調整区域、農村地域での計画づくりに取り組む。2010年～15年まで長野県木島平村に招聘され「農村文明塾」の運営にかかわり、農村版大学コンソーシアム（域学連携）、全国村長サミットなどを開催。国の都市農業検討委員や都市農村交流百選委員、廃校活用検討委員、東京学芸大学、東洋大学等で非常勤講師などを歴任。

三浦秀一　みうら・しゅういち　Ⅱ部第5章1／オーストリア

東北芸術工科大学建築・環境デザイン学科教授。兵庫県出身。早稲田大学大学院博士課程修了、博士（工学）。著書（共著）『コミュニティ・エネルギー』（シリーズ地域の再生、農文協、2013年）、『木質資源 とことん活用読本――薪、チップ、ペレットで燃料、冷暖房、発電』（農文協、2013年）ほか。

小内純子　おない・じゅんこ　Ⅱ部第5章2／スウェーデン

札幌学院大学社会情報学部教授。1957年、長野県生まれ。専門は地域社会学、地域メディア論。北海道大学大学院教育学研究科博士後期課程単位取得満期退学。新しい協働の可能性や小さなメディアを介したつながりに注目した研究を継続中。著書（共著）『スウェーデン北部の住民組織と地域再生』（東信社、2012年）など。

西山未真　にしやま・みま　Ⅱ部第5章3／北米

宇都宮大学農学部准教授。滋賀県生まれ。東京農工大学大学院連合農学研究科修了。博士（農学）。千葉大学大学院園芸学研究科准教授を経て現職。専門は農業経済学。ローカルフード運動をきっかけとした都市と農村の関係の変化に注目し、調査研究を行っている。著書『農村と都市を結ぶソーシャルビジネスによる農山村再生』（筑波書房、2015年）など。

豊田菜穂子　とよだ・なほこ　Ⅱ部第5章4／ロシア

上智大学文学部新聞学科卒。フリーライター・翻訳家として雑誌・PR誌・書籍などの制作に携わる傍ら、ニコライ学院にてロシア語を学び、ロシアの生活文化を取材。著書に『ダーチャですごす緑の週末』（WAVE出版、2013年）、『ロシアの大人の部屋』（辰巳出版、2011年）など。

吉田太郎　よしだ・たろう　Ⅱ部第5章5／キューバ

1961年、東京生まれ。筑波大学自然学類卒業。同大学院地球科学研究科中退。サラリーマン稼業の傍らキューバに関心をもち、1999年から現地調査を行ってきた。著書に『200万都市が有機野菜で自給できるわけ』（築地書館、2002年）、『有機農業が国を変えた』（コモンズ、2002年）、『地球を救う新世紀農業』（ちくまプリマー新書、2010年）などがある。

大前 悠　おおまえ・はるか　Ⅱ部第5章6／韓国

2016年、京都大学大学院農学研究科博士後期課程単位取得退学。主な論文に「韓国における帰農現象の特徴―農村移住研究への新たな視座」（『村落社会研究ジャーナル』19(2)、2013年）、「世界の農家／農場から 韓国農業を変える『帰農者』」（『農業と経済』80(5)、2014年）がある。

シリーズ田園回帰

都市から農山村へ、若い子育て世代の移住が増え始めている。この田園回帰の動きを明らかにするとともに、農山村が受け皿としてふさわしい地域として磨きをかけるための組織や場づくり、新しい地域貢献・地域循環型の事業のあり方、それらを総合的にプラン化するビジョンと戦略づくりを示し、都市農山村共生社会を展望する。

協力
全国町村会

編集顧問
大森彌　東京大学名誉教授

編集委員
小田切徳美　明治大学農学部教授
沼尾波子　日本大学経済学部教授
藤山浩　島根県中山間地域研究センター研究統括監・島根県立大学連携大学院教授
松永桂子　大阪市立大学大学院創造都市研究科准教授
（50音順）

編著者

大森 彌 おおもり・わたる

東京大学名誉教授。1940年、旧東京市生まれ。東京大学大学院法学政治学研究科博士課程修了。法学博士。東京大学教養学部教授、学部長を経て、2000年東大停年退官後、千葉大学法経学部教授。2005年定年退職。専門は行政学・地方自治論。現在、地域活性化センター「全国地域リーダー養成塾」塾長、全国町村会「道州制と町村に関する研究会」座長、NPO地域ケア政策ネットワーク代表理事などを務める。近著に『自治体の長とそれを支える人びと』（第一法規、2016年）、『町村自治を護って』（ぎょうせい、2016年）、『自治体職員再論』（ぎょうせい、2015年）など。

小田切 徳美 おだぎり・とくみ

明治大学農学部食料環境政策学科教授。1959年、神奈川県生まれ。東京大学大学院農学生命科学研究科単位取得満期退学。博士（農学）。専門は農業経済学・農村地域政策論。農山村再生のあり方を、集落レベルから国政レベルまで幅広く研究。近著に『農山村は消滅しない』（岩波新書、2014年）、『田園回帰の過去・現在・未来』（共編著、農文協、2016年）、『日本のクリエイティブ・クラス』（共著、農文協、2016年）など。

藤山 浩 ふじやま・こう

島根県中山間地域研究センター研究統括監、島根県立大学連携大学院教授。1959年、島根県生まれ。一橋大学経済学部卒業。広島大学大学院社会科学研究科博士課程後期修了。博士（マネジメント）。著書『中山間地域の「自立」と農商工連携』（共著、新評論、2009年）、『地域再生のフロンティア』（共編著、農文協、2013年）、『田園回帰1%戦略』（農文協、2015年）、『日本のクリエイティブ・クラス』（共著、農文協、2016年）など。

シリーズ 田園回帰8

世界の田園回帰

11ヵ国の動向と日本の展望

2017年3月25日 第1刷発行
2017年7月15日 第2刷発行

編著者……………大森 彌 小田切徳美 藤山 浩
発行所……………一般社団法人 農山漁村文化協会
〒107-8668 東京都港区赤坂7-6-1
電話 03(3585)1141(営業)
03(3585)1145(編集)
FAX 03(3585)3668
振替 00120-3-144478
URL http://www.ruralnet.or.jp/

ISBN978-4-540-16115-5 〈検印廃止〉

造本・DTP……島津デザイン事務所
印刷・製本………凸版印刷㈱

定価はカバーに表示
乱丁・落丁本はお取り替えいたします。

series
田園回帰

本物の「地方創生」ここにあり！
時代はじっくりゆっくり
「都市農山村共生社会」に向かっている

シリーズ田園回帰

全8巻

A5判並製　平均224頁　各巻2200円+税　セット価　17600円+税

1 藤山浩著　田園回帰1%戦略 ―地元に人と仕事を取り戻す

自治体消滅の危機が叫ばれているが、毎年人口の1%分定住者を増やせば地域は安定的に持続できる。人口取戻しビジョンに対応した所得の取戻し戦略と新たな循環型の社会システムを提案。

2 『季刊地域』編集部編　総力取材　人口減少に立ち向かう市町村

U・Iターンを多く迎え入れている地域、地元出身者との連携を強めている地域など、全国の田園回帰のフロンティア市町村を取材。自治体の政策と地域住民の動きの両面から掘り下げる。

3 小田切徳美・筒井一伸編著　田園回帰の過去・現在・未来 ―移住者と創る新しい農山村

農山村への移住のさまざまなハードル――仕事、家、地域とのお付き合いを先発地域はどのように乗り越えたのか。また、現在の「地域おこし協力隊」の若者は、どう対応しているのか。

4 沼尾波子編著　交響する都市と農山村 ―対流型社会が生まれる

都市と農山村の暮らしのいまをとらえ、それぞれの課題を浮き彫りにするとともに、これからの時代を切り拓く新たな都市・農山村の交響する関係にふれながら、田園回帰の意義について考察する。

5 松永桂子・尾野寛明編著
ローカルに生きる ソーシャルに働く
―新しい仕事を創る若者たち

地域をベースに活動するソーシャル志向の高い若い世代のライフスタイルと実践から、新たな共助の意識が地域に根づきつつあることを示す。

6 『季刊地域』編集部編
新規就農・就林への道
―担い手が育つノウハウと支援

第三者継承、集落営農や法人への雇用など、多様化する新規就農・就林の形。農林業とともに地域の担い手となる人材を育てるポイントを、里親体験などから明らかにする。

7 佐藤一子著
地域文化が若者を育てる
―民俗・芸能・食文化のまちづくり

遠野の昔話、飯田の人形劇、庄内の食…それぞれの地域文化の継承と創造の過程で子供や若者がどう育ちあっているかを描きだし、田園回帰への示唆を汲みとる。

8 大森彌・小田切徳美・藤山浩編著
世界の田園回帰
―11カ国の動向と日本の展望

フランス、ドイツ、イタリア、英国、韓国など、世界に広がる脱都市化の動き。その実態をふまえ、日本と比較しながら、田園回帰と都市と農村の新しい関係のあり方を展望する。